全国高校思政课建设项目“全国高校思政课名师工作室（湘潭大学）（21SZJS43010530）”成果。

湖南省教育厅科学研究重点项目“新时代‘大思政课’建设机制创新研究”（22A0097）成果。

湖南省普通本科高校教改研究重点项目“‘四史’教育融入高校思政课教学的内容逻辑与提升策略研究”（202401000542）。

湖南省哲学社会科学规划基金2022年省重点马克思主义学院专项课题“建团百年来青年马克思主义理论教育的历史演进与时代创新研究”（2022YBM10）。

湘潭大学马克思主义学院、湘潭大学毛泽东思想研究中心资助出版。

坚持主导性和主体性相统一

——《毛泽东思想和中国特色社会主义理论体系概论》课研讨式教学改革成果汇编

李雅兴◎主编

湘潭大学出版社
XIANGTAN UNIVERSITY PRESS

前 言

在2021年中国共产党成立100周年前夕，中共中央印发了《关于在全党开展党史学习教育的通知》，就党史学习教育作出部署安排，并明确了“学史明理、学史增信、学史崇德、学史力行”的党史学习教育的目的要求。习近平总书记在党史学习教育动员大会上发表重要讲话，分析了开展党史学习教育的重大意义，指出了开展党史学习教育要突出重点、要务求实效，强调“要抓好青少年学习教育，着力讲好党的故事、革命的故事、英雄的故事，厚植爱党、爱国、爱社会主义的情感，让红色基因、革命薪火代代传承。”思政课是落实立德树人根本任务的关键课程。党的十八大以来，习近平总书记站在维护国家意识形态安全、培养社会主义建设者和接班人的战略高度十分关心思政课建设，先后在全国高校思想政治工作会议、全国教育大会上发表重要讲话，强调思政课要“坚持在改进中加强、在创新中提高，及时更新教学内容、丰富教学手段，不断改善课堂教学状况，防止形式化、表面化”；2019年3月18日亲自主持召开学校思想政治理论课教师座谈会并发表重要讲话，强调“办好思想政治理论课，最根本的是要全面贯彻党的教育方针，解决好培养什么人、怎样培养人、为谁培养人这个根本问题”。习近平总书记明确指出，“办好思政课，要放在世界百年未有之大变局、党和国家事业发展全局中来看待，要从坚持和发展中国特色社会主义、建设社会主义现代化强国、实现中华民族伟大复兴的高度来对待”，充分肯定了许多学校在思政课上采用多种教学方法取得的积极成效，并指示思政课建设要向改革创新要活力，提出了推动思政课改革创新的“八个相统一”，即坚持政治性和学理性相统一、坚持价值性和知识性相统一、坚持建设性和批判性相统一、坚持理论性和实践性相统一、坚持统一性和多样性相统一、坚持主导性和主体性相统一、坚持灌输性和启发性相统一、坚持显性教育和隐性教育相统一。不断增强思政课的思想性、理论性和亲和力、针对性。我们党立志于中华民族千秋伟业，必须培养一代又一代拥护中国共产党领导和我国社会主义制度、立志为中国特色社会主义事业奋斗终身的有用人才。习近平总书记这一系列重要论述和重要指示批示，为办好思政课提供了根本遵循和行动指南。

为学习贯彻落实中共中央关于在全党开展党史学习教育的战略部署，深入学习领会习近平总书记关于党史、党史学习教育和思政课建设的重要论述，湘潭大学马克思主义学院、全国高校思政课名师工作室（湘潭大学）坚持“八个相统一”，在思政课中进行改革创新，利用我校党史学科的特色优势，将党史教育融入高校思政课中，发挥党史立德树人的重要作用，以中国共产党“奋斗百年路 启航新征程”为主题开展研讨式教学，教育引导学生深刻认识红色政权、新中国和中国特色社会主义来之不易，深刻认识中国共产党为什么能、中国特色社会主义为什么好、马克思主义为什么行、中国化时代化的马克思主义为什么行，坚定“四个自信”，增强做中国人的志气、骨气、底气，从而自觉树立起中国特色社会主义的共同理想，自觉承担起强国建设、民族复兴的历史使命。

将党史教育融入高校《毛泽东思想和中国特色社会主义理论体系概论》（以下简称《概论》）课中，要求以小组为单位进行研讨式教学，选择百余年来我党铭载史册的重大事件、重要会议、重要文件、重要人物等，系统展现中国共产党为国家、为民族、为人民建立的丰功伟绩，既呈现历史画卷中的宏大叙事，又展示其个体的精彩片段，讴歌中国共产党的伟大革命精神。小组成员共同研究讨论确定主题，共同查找资料，分工合作，撰写一篇研究性学习成果报告和制作 PPT 课件，并一起上台展示；每个人根据自己的兴趣爱好，撰写一篇党史人物或党史事件的故事；每个人撰写一篇心得体会。

本书选取 2018 级数学类韶峰班、物理学韶峰班、化学类韶峰班和材料类师昌绪班党史教育融入高校《概论》课的教学改革成果，经过仔细筛选和研判，从 120 篇故事中挑选 39 篇，从 25 个小组研究性学习成果报告中挑选 18 篇，从 120 篇心得体会中挑选 54 篇。

成果分为上、中、下三篇，上篇为“独立探索：在撰写党史故事中启智润心”，即每个学生根据自己的兴趣独立撰写一篇关于党史人物或党史事件的故事，通过查找资料和写作，学生心灵得到了陶冶。中篇为“团结协作：在感悟如磐初心中培根铸魂”，即各小组共同对党史人物或党史事件进行探索与研究，每个小组形成一个集体的研究性学习成果报告，分为选题原因、研究内容和观点、不足之处和下一步研究设想、研究体会与收获，既阐述了赫赫有名、人人皆知的党史人物、党史事件的故事，又记叙了隐姓埋名、潜伏在敌人内部的地下工作者等无名英雄的故事；既有宏大叙事，又有细节剖析，涵盖了中国共产党团结带领人民进行革命、建设和改革的全过程，从一定程度上呈现了中国共产党人坚如磐石的初心使命，再现了中国共产党领导人民进行惊心动魄斗争而又取得辉煌业绩的百余年奋斗历程。下篇为“总结评价：在教学改革创新中立德树人”，即学生对课程改革进行总结评价，并说出自己参与改革学习的收获与心得体会，学生们一致认为，党史教育融入思政课堂教学，有助于了解党史，感悟党史人物的家国情怀，从党史中汲取奋进与前行的力量，从而树立崇高理想，牢记使命担当；小组合作学习培养了团队协同精神，提升了科研能力、自学能力、表达能力、思维能力、创新能力、评价能力等多方面的能力；以学生为主体，成果展示丰富多彩，有诗歌朗诵、小品、话剧等，从“被动听”变为“主动讲”，调动了学生学习思政课的积极性、主动性和创造性，增强了课堂的趣味性，等等。同时，学生们提出了很好的改进建议，比如不少人建议在课堂上增加一些党史知识问答环节或抢答环节，等等。从学生的感悟中可以看出，党史教育融入《概论》课的改革创新，充分体现了习近平总书记提出的“八个相统一”尤其是“坚持主导性和主体性相统一”的要求，凸显了思政课是完成立德树人根本任务“关键课程”的地位，为思政课如何引导学生“扣好人生第一粒扣子”，如何促进新时代高校思政课高质量发展进行了有益的实践探索。

2024年2月，中共中央印发《党史学习教育工作条例》（以下简称《条例》）。《条例》明确提出，“用好学校思想政治理论课渠道，推进大中小学思想政治教育一体化建设，推动党史进教材、进课堂、进头脑，发挥党史立德树人的重要作用”。2024年5月，习近平总书记对学校思政课建设作出重要指示强调，守正创新推动思政课建设内涵式发展，不断提高思政课的针对性和吸引力，努力培养更多让党放心、爱国奉献、担当民族复兴重任的时代新人。相信《坚持主导性和主体性相统一——〈毛泽东思想和中国特色社会主义理论体系概论〉课研讨式教学改革成果汇编》的出版，对于贯彻落实《条例》和习近平总书记对学校思政课建设的重要指示精神，推进党史“三进”工作，把党的历史变成高校思政课最生动、最有说服力的教科书，不断推动思政课改革创新，从而实现高校思政课启智润心、激扬斗志的育人目标，确保党的事业和社会主义现代化强国建设后继有人具有重要意义。

目录

上篇

独立探索：在撰写党史故事中启智润心

不惜唯我身先死——记中共一大代表邓恩铭

何碧雯（2018 级物理学韶峰班）

在风景秀丽的济南五龙潭公园，苍松翠柏掩映之中坐落着中共一大代表、山东早期党组织创始人王尽美、邓恩铭的雕像。距离雕像不远的那处历经岁月洗礼的二层小楼，就是二十世纪二十年代王尽美和邓恩铭等人秘密开展早期党组织领导活动的中共山东省委机关旧址。每天都有来自全国各地的党员群众聚集在这里缅怀革命先烈，重温入党誓词，开展党性教育，守望初心使命。雕像右侧那位手持《共产党宣言》的青年就是邓恩铭。

济南于 1904 年开商埠。从此，受西风东渐的影响，济南这座古老的城市以前所未有的开放姿态，逐渐实现了与外界政治、经济、文化的交流融合。勤奋好学的邓恩铭考入山东省立第一中学后，思想受到很大影响，眼界大开。巴黎和会，东西方列强瓜分中国，此时的济南风云激荡，救国救民的浪潮风起云涌。王尽美、邓恩铭等一批爱国知识青年经过五四运动浪潮洗礼之后迅速觉醒，接受了马克思主义，这成为他们寻求救国救民真理的重要转折点。在五四运动的洗礼下，邓恩铭和山东省立第一师范的学生领袖王尽美由于有着追求进步光明的共同志趣，一见如故结为亲密战友。

1917 年秋，16 岁的水族少年邓恩铭从贵州投奔远在山东做官的二叔，辗转来到济南求学。离开家乡时，面对依依不舍的亲人，恩铭赋诗一首告别家人：“赤日炎炎辞荔城，前途茫茫事无分。男儿立下钢铁志，国计民生焕然新。”望着儿子远去的背影，母亲用一首水族民歌为他祝福。

1920 年 11 月，王尽美、邓恩铭等人在济南发起成立励新学会，创办《励新》半月刊，介绍俄国十月革命，揭露社会黑暗，抨击旧礼教旧教育。通过励新学会和《励新》半月刊，邓恩铭积极研究宣传新思想，传播新文化。新文化的交流，为马克思列宁主义在山东全省的传播和推动新文化运动起到至关重要作用，为济南地区党组织的建立奠定了思想上、组织上、干部上的坚实基础。

1921 年春，在上海、北京的中共早期共产党组织领导人的直接影响和帮助下，王尽美、邓恩铭等人在济南发起成立党的早期组织并成为重要负责人。济南共产党早期组织是国内六个中国共产党早期组织之一。同年 7 月，二人代表济南早期党组织出席在上海召开的中共一大会议，年仅 20 岁的邓恩铭是比较年轻且唯一的少数民族代表。回到济南后，他与王尽美一起成立济南马克思学说研究会，进一步推动马克思主义的传播。次年 1 月，邓恩铭又以中共代表的身份，赴莫斯科参加了共产国际召开的远东各国共产党及民族革命团体第一次代表大会，受到列宁的亲切接见。

回国后，邓恩铭一方面大力宣传社会主义的优越性，一方面致力于党组织的发展和山东工人运动的组织发动。发现邓恩铭参加革命活动，叔叔曾中断对他的经济援助，希望他“改邪归正”、安分守己。父母在家乡给他定了亲，来信催他回家结婚，想以此来拖住他。邓恩铭在给父母的信中说：“儿生性与人不同，最憎恶的是名与利，故有负双亲之期望，但所志既如此，亦无可如何……”一边是面对家人对他的期望，一边是他对理想信念的坚持，后来他的父亲最终被他说服了。

中共二大以后，邓恩铭在淄博煤矿区住了下来，建立了淄博矿区第一个党支部。1923 年 1 月，日本归还青岛后，邓恩铭又被派往青岛工作。他利用担任《胶澳日报》副刊编辑的便利，开始有计划地宣传马克思主义。“当时的青岛，党的工作刚刚开展，各方面条件都极其艰苦，但邓恩铭毅然奔走于学校、报社、工厂，成为青岛党的事业的开拓者。”中共青岛市委党史研究院研究二处处长王华艳说。邓恩铭一方面加快发展党团员，一方面组织、发动和领导青岛工人运动。同年底，青岛第一个党支部建立了，邓恩铭担任中共直属青岛支部书记。青岛党组织成立以后，王尽美和邓恩铭一起先后组织发动和领导了胶济铁路全线罢工，四方机厂工人集体大罢工和后来的日商纱厂工人同盟罢工，这迅速使青岛的工人运动进入了前所未有的高潮。在山东发展党组织和开展工人运动期间，邓恩铭曾作诗一首：“读书济世闻鸡舞，革命决心放胆尝。为国牺牲殇是福，在山樗栎寿嫌长。”透过诗作鲜明地展示出他坚守革命初心、倾力舍生取义的人生写照。

1925 年 8 月 19 日，邓恩铭的亲密战友王尽美积劳成疾，不幸病逝。此后，党派邓恩铭接任工作，领导山东省党的各项工作。在随后的几年中，邓恩铭先后三次被反动军阀和国民党抓捕入狱。1929 年 1 月，因叛徒告密，省委机关遭破坏，邓恩铭第三次被捕。虽然酷刑、重病交加，但无法消磨邓恩铭的钢铁意志，他在狱中领导了两次绝食斗争，组织了两次越狱，使部分同志得以脱险。进行党内工作时邓恩铭一直使用黄伯云的名字行事，开始狱方也只是知道他是黄伯云，根本不知道他是中共山东省委书记邓恩铭，可是国民党的元老张苇村在第一次国共合作的时候就和邓恩铭相识，认出了狱中的黄伯云就是邓恩铭，因此在审判的时候，一上来就直呼邓恩铭的名字。当时邓恩铭大义凛然，理了一下杂乱的头发，高昂地说：“是！我就是中国共产党党员邓恩铭！”1931 年 4 月 5 日清晨，邓恩铭、刘谦初等 22 名山东党组织的骨干和杰出共产党员被国民党山东当局枪杀于济南纬八路刑场。牺牲时邓恩铭年仅 30 岁，就义前在狱中，邓恩铭强忍着病痛，写下最后一封家书，成为他的绝笔：“卅一年华转瞬间，壮志未酬奈何天。不惜唯我身先死，后继频频慰酒泉。”

毛泽东在延安时曾说：“王尽美和邓恩铭是山东支部的创始人。”1961 年 8 月 21 日，董必武途经山东，深情忆起王尽美、邓恩铭，并赋诗一首：“四十年前会上逢，南湖舟泛语从容。济南名士知多少，君与恩铭不老松。”

山东博物馆馆藏了邓恩铭当年写给家人的两封信。一封是写给他父亲的，在这封信中，他获悉在柳州的四叔遇害，表达了对匪徒凶手的莫大愤慨，也对亲人遇害表达了深切的哀悼。另一封是在他 1917 年刚到山东求学的时候写给他的父母的，其中有两句非常著名的话：“吾人欲图成一事，必经大艰难、大困苦，而后能达吾人之目的。”这表达了他到山东求学时对未来干大事的决心和对困难的预测。

邓恩铭的生命虽然只有短暂的三十年，但犹如一棵参天挺立的不老松，历经岁月沧桑、雷霆冰雪，依然根深叶茂、熠熠生辉。

参考文献

[1] 孙迪 . 邓恩铭 :“宁死不屈 浩气长存”[J]. 党建 ,2021(06).

[2] 纪福道 . 邓恩铭 : 呕心沥血领导青岛工人运动 [J]. 春秋 ,2021(03).

[3] 张华华 .“不惜唯我身先死，后继频频慰九泉”——记中共一大代表邓恩铭 [J]. 党员干部之友 ,2021(03).

革命青年赵世炎

李星星（2018 级物理学韶峰班）

热播剧《觉醒年代》，以 1915 年《青年杂志》问世到 1921 年《新青年》成为中国共产党机关刊物为叙事主线，展现了新文化运动、五四运动到中国共产党成立这段波澜壮阔的历史画卷，讲述了“觉醒年代”的社会风情和百态人生。观看了这部电视剧后，我被赵世炎这位党史人物深深吸引，这位革命青年为追求真理，燃烧自己的岁月来照亮中国未来。革命老人吴玉章在 1962 年怀念起这位优秀同志短暂而灿烂的一生，专门赋诗缅怀：

龙华授首见丹心，浩气如虹铄古今。

千树桃花凝赤血，工人万代仰施英。

1915 年，赵世炎考入北京高等师范学校附中，受陈独秀主办的《新青年》的影响，投入新文化运动中，并结识了李大钊等人。赵世炎参与主编《平民周刊》《少年》半月刊和《工读》半月刊等进步刊物，宣传反帝反封建思想。赵世炎在《少年》半月刊上连续发表《说少年》等论文，分析当时一般青年的思想状态，揭露封建家庭、旧的教育制度对青少年的思想束缚和毒害。他在主办的《工读》半月刊上撰文，与朋友们共同讨论中国的前途，公开评论当时中国社会的弊病，主张中国应实行社会主义，因为只有社会主义是“最公道，最平等，无军阀、财阀，无种族界、国界经济上固然好，道德上尤其好”的社会制度。

1919 年，赵世炎经李大钊介绍加入中国少年学会，积极参加五四爱国运动，在五四运动中被师大附中学生推选为学生会干事长，组织和领导师大附中的同学走出校门，同各大、中学校的师生一起参加爱国运动。

1920 年 5 月，赵世炎赴法国勤工俭学。他一边工作，一边联络同志，还保证每天 3 小时的学习。在这里，他先后结识了李立三、刘伯坚、邓小平、陈毅、周恩来等同志。1921 年春，赵世炎与张申府、周恩来等发起成立旅法中国共产党早期组织，成为中国共产党党员。从此，赵世炎坚定了对共产主义的追求和崇高的信念，并为此不惜牺牲一切。

1926 年 3 月，赵世炎出席在广州召开的第三次全国劳动代表大会，号召社会各界群众发扬五卅精神，联合起来，组成革命的统一战线，以对付帝国主义的屠杀和进攻。同年 5 月，赵世炎代表北方工会前去广州出席第三次全国劳动大会，他和邓中夏、刘少奇、李立三等一起领导了大会。大会刚闭幕，蒋介石在国民党二中全会上提出了反共的“整理党务案”，广州城内一时满城风雨，街头巷尾纷纷传出“如不杀尽共产党，财产田宅不能保，商人产业银行一切存款都要没收”的谣言。针对这一形势，赵世炎写了题为《最近国民党中央全体会议之意义》的广州通讯，刊登在 6 月 9 日的《向导》周报上。赵世炎的文章针对蒋介石的反动阴谋，发出了尖锐的警告："反革命要杀共产党，革命者必须认清形势。"文章描述了广州的反共气氛后，愤然问道："难道应有共产谣言，我们中央便应当专事抑制共派以自洗刷吗？"赵世炎已经看到右倾错误开始危害革命，文章痛心地说："帝国主义者见着我们这种情形，真正高兴，我们算是中了他们的奸计了。"这是一篇珍贵的文献，在当时也是一篇具有指导革命运动意义的文章。

1927 年 3 月 21 日，在陈独秀、周恩来、罗亦农、赵世炎等领导和指挥下，上海工人举行了第三次武装起义。赵世炎和周恩来一起指挥和带领着拥有 150 支枪的工人纠察队，勇敢地冲锋陷阵，向着直鲁联军发起冲击。经过 30 多个小时的激战，打败军阀部队，占领上海（外国控制的租界除外）。这是大革命时期中国工人运动的一次壮举，为北伐军在江浙战场的胜利作出了重要贡献。

1927 年 5 月，赵世炎出席在武汉召开的中共五大，当选为中央委员。后任中共江苏省委常委、代理书记、上海总工会委员长，回到上海后继续坚持领导革命斗争。他主编的刊物《政治生活》，大力宣传马克思主义，发表抨击时弊的文章。7 月 2 日晚，国民党警探根据叛变的省委秘书长的供词，找到赵世炎的住所，逮捕了赵世炎。7 月 19 日，牢房里早饭刚开过，敌人叫出赵世炎，赵世炎知道，最后斗争的时候到了，他理了理穿在身上的一件半旧西装，系好领带，扣好纽扣，从容得好像是去赴宴，走到牢门口，回过头来，扫视难友，点头告别，一出牢房，他就高呼："共产主义万岁！""打倒新军阀蒋介石！""工农兵联合起来！"的口号。刽子手们看到赵世炎在死亡的路上还是如此镇定，如此神采奕奕，又听到赵世炎英勇的口号声，不禁为之战栗，狂叫"砍，拿刀砍"。赵世炎在上海龙华警备司令部枫林桥畔被砍头杀害，年仅 26 岁。一代英豪，党的好儿子赵世炎为了革命，为了人民，为了共产主义的事业，献出了年轻而又宝贵的生命。2019 年 4 月 30 日，习近平总书记在纪念五四运动 100 周年大会上的讲话中发出号召："新时代中国青年要继续发扬五四精神，以实现中华民族伟大复兴为己任，不辜负党的期望、人民期待、民族重托，不辜负我们这个伟大时代。"赵世炎成长于"五四"时期，建功于"五四"时期，不仅是五四精神的创造者，也是民族复兴的先行者，是新时代中国青年学习的榜样。

赵世炎勤奋好学，他的成绩还很优异。不仅如此，他还十分擅长英语。在好学的同时能够做到经世致用，并帮助其他同学共同提升自身素质。在革命工作中，它能够坚定自己的信仰，对革命工作无私奉献，完全不计较个人得失，赢得了同辈青年和工人战友对他的信任和肯定，也赢得了劳苦大众对共产主义事业的信仰和支持。最后他将自己宝贵的生命奉献给了革命工作，奉献给了国家。

中国在不断变强，如今的中国不再受人欺负，这一头雄狮已经苏醒，而我们作为在这个伟大的国家里成长起来的新时代新青年，更应像赵世炎一般，对祖国充满无限热爱之情，更应有随时做好为国家和人民牺牲一切的准备。入党誓词中有一句誓词是"随时准备为党和人民牺牲一切"，赵世炎是为共产主义事业献身的无数先烈之一，他的爱国精神和革命精神是我们每个人都应该学习的，他的信仰将被我们一代代青年人传承并发扬！

参考文献

[1] 翟佳琪 . 赵世炎 : 浩气如虹铄古今 [J]. 党建 ,2020(07).

[2] 习近平 . 在纪念五四运动 100 周年大会上的讲话 [N]. 人民日报 , 2019−05−01(02).

[3] 辛艺萱 . 论赵世炎对中国革命的历史贡献 [J]. 实事求是 ,2021(03).

中国共产党的奠基人——蔡和森

熊伟（2018级材料类师昌绪班）

蔡和森，字润寰，号泽膺，是一个我从小便耳熟能详的名字。在我的家乡湖南双峰，他是家喻户晓的无产阶级革命家，更是人们心中的英雄先烈，他的英雄事迹，影响了一代又一代人。在我的家乡，建有以他名字命名的“蔡和森广场”。他为共产主义事业奋斗终身，最终英勇就义，他是中国共产党早期的重要领导人、杰出的共产主义战士、无产阶级革命家，更是永远活在我们心中的精神领袖。

少年时期，便萌生反抗剥削、改造社会的愿望 1895年3月30日，蔡和森出生于上海。1899年，蔡和森跟随母亲葛健豪回到了家乡双峰县永丰镇，不久父亲也从上海回故乡，并买下位于双峰县井字镇杨球的光甲堂定居下来。

鸦片战争以后，湖南同全国其他地区一样逐步陷入半殖民地半封建社会的深渊。但是，近代中国的风云际会，也使得地处南北要冲的湖南得风气之先，成为戊戌时期“全国最富朝气的一省”。蔡和森自幼深受湖湘文化滋养，培养了“天下兴亡、匹夫有责”的爱国主义思想和敢为天下先的大无畏精神。他少年时代因家道中落做过三年学徒，经常遭受店主的欺辱和剥削，对劳动人民的苦难感同身受，萌生了改造社会的最初愿望。辛亥革命爆发后，他立即剪掉自己头上的辫子，并推动家乡永丰镇开展剪辫子运动。初次的反抗行动萌生了他朦胧的革命意识，推动着他寻求改造社会良方的探索。

青年时期，立志彻底改造社会、拯救苦难的中华民族 1913年，蔡和森进入湖南省立第一师范学校，与一年后入学的毛泽东相识，结为志同道合的挚友。他们“指点江山、激扬文字”，共同发起组织“新民学会”，以“革新学术，砥砺品行，改良人心风俗”为宗旨，积极投身社会实践和革命活动，在湖南进步青年中产生了很大影响。为求得“对外发展”，1918年6月，蔡和森北上联络赴法国勤工俭学事宜，与李石曾等人取得了联系，他会见了北京大学校长蔡元培和新文化运动的著名领袖李大钊，并投身五四爱国运动，这是蔡和森由探求革命真理向投身革命实践的一次重大飞跃。

1919年12月25日，蔡和森同志与母亲葛健豪、妹妹蔡畅以及向警予一起在上海乘坐“央脱莱蓬”号法国邮船赴法勤工俭学。1920年2月，蔡和森进入了蒙达尼男子中学学习。在法国期间，蔡和森快速而广泛地研读马克思主义经典著作和各种宣传俄国革命的资料，认真研究俄国十月革命的经验，很快成长为一名坚定的马克思主义者，并开始踏出了日后将为之奋斗一生的马克思主义革命道路的第一步。

留法期间，蔡和森在勤工俭学学生中热情宣传马克思主义，将一批先进分子引向崇尚马克思主义的方向；三次领导留法勤工俭学学生的革命斗争，成为杰出的学生运动领袖；与周恩来、赵世炎等同志一起筹组中国共产党旅欧早期组织，是“法国支部的创始人”之一，赴法勤工俭学学生中研究和宣传马克思主义学说的先锋。

中国共产党的奠基人　在那个绝大部分群众因半殖民地半封建社会水深火热的生活压迫而变得麻木不仁的年代，当彼时鲁迅还在对广大国人悲惨的遭遇而“哀其不幸，怒其不争”时，以蔡和森为代表的一批青年已经坚定了以马克思主义改造中国社会、挽救民族危机的信念。他认为，要救国救民，就要走俄国十月革命的道路，就必须建立一个革命政党。

蔡和森是中国第一个提出要成立中国共产党的人。1920 年 8 月至 9 月间，他多次致信毛泽东，还致函陈独秀。在这些信函中，他提出“明目张胆正式成立一个中国共产党”的主张，毛泽东复信，称赞他的主张“见地极当，我没有一个字不赞同”。蔡和森所提出“中国共产党”的名称，在时间上也明显早于 1920 年 11 月上海共产党早期组织所制定的《中国共产党宣言》。蔡和森的建党思想，对国内早期共产主义者的建党活动起到了有力的引导和推动作用。蔡和森虽然没有参加中国共产党第一次全国代表大会，但因他较早形成建党思想和较早开展建党活动，使他成为当之无愧的中国共产党创始人之一。

1921 年 12 月，刚刚回国不久的蔡和森在上海经陈独秀等人介绍正式加入中国共产党，并留在中央，主要负责党的理论宣传工作。中共二大决定由他筹备创办党中央机关报《向导》周报并任首任主编。蔡和森为之殚精竭虑，常常不顾哮喘病缠身，夜以继日地工作，使得《向导》一经创刊发行就在社会上产生很大影响，被誉为黑沉沉中国的“一线曙光”，四万万同胞思想上的“向导”。蔡和森也被誉为“《向导》的灵魂”。几年间，《向导》周报的发行量从几千份扩大到十多万份。在出版的 201 期《向导》中，蔡和森主编超过半数，共有 116 期。同时，他还是《向导》的主要撰稿人，单独署名的文章就有 134 篇。在他的主持下，《向导》周报在传播马克思主义、宣传党的纲领和路线方针政策、鼓舞和动员工农群众奋起斗争上发挥了重要作用。

1923 年 6 月，蔡和森与毛泽东一同出席了中国共产党第三次全国代表大会。1924 年，蔡和森在上海出版了《社会进化史》，这是中国人以马克思主义唯物史观写成的第一部社会发展史的著作。1925 年，五卅运动爆发，蔡和森在期间展现出卓越的领导群众斗争的才能。他率先在党中央会议上提出“要把工人的经济斗争与目前正在蓬勃发展的反帝斗争汇合起来”，主张 5 月 30 日在租界组织大规模反帝示威游行。随后，他又提出号召全上海罢工、罢市、罢课，以反抗帝国主义对中国人民的屠杀策略，以及成立上海工商学联合会作为运动公开的总的领导机关等主张。党中央采纳了他的意见。在党的领导下，五卅运动很快扩展到全国的许多大中城市，参加示威的各界群众达 1200 万人。五卅反帝爱国运动成为轰轰烈烈的大革命高潮到来的标志。1925 年 10 月，蔡和森离开《向导》赴莫斯科参加共产国际执委会第六次扩大会议，其间应邀至东方大学中共旅俄支部，作了长达五万余字的《中国共产党史的发展》报告。这个报告后被油印成册，广为流传，被公认为是中国国内第一部中共党史专著。

蔡和森是中共第二、三、四、五、六届中央委员，第五、六届中央政治局委员、常委。在大革命面临失败的危急关头，他同陈独秀的右倾机会主义进行了坚决斗争，多次提出要对反革命政变进行坚决反击，要以暴动对暴动、发动土地革命、发展革命武装等主张。在党的“八七”会议上，他力荐毛泽东同志进入中央政治局，并对党中央确定武装反抗国民党反动统治的正确方针作出重要贡献。

此后，蔡和森不顾白色恐怖，奉命恢复北方局领导机构，并指导中共顺直省委的工作；他两度往返莫斯科，参加中共六大和出任中共驻共产国际代表团代表，并回国担任党中央和地方党组织的领导工作。

为革命事业英勇献身 1931 年 6 月 10 日，蔡和森出席香港海员会议，被叛徒顾顺章等便衣特务逮捕，随即港英当局将他引渡给广东军阀。蔡和森被捕后，在狱中继续与敌人斗争。他还写诗表达自己要为真理献身的信念。一个曾与蔡和森同狱的人说：“和森同志受尽了严刑拷打，他大义凛然，坚强不屈，什么也没有承认，从容镇定地与敌人展开针锋相对的斗争。狱中的同志见他被打得死去活来，皮开肉绽，一边替他喂饭，一边落泪。敌人百般折磨他的肉体，摧残他的筋骨，但和森同志的斗争意志却更加坚定。他勉励同志们继续斗争，增强信心，说最后胜利一定是属于我们的。”敌人对蔡和森无计可施，最后于 1931 年 8 月 4 日，将他秘密杀害了，生命定格在了 36 岁。

蔡和森作为一代伟大的无产阶级革命家，为了共产主义事业献出了他年轻而又宝贵的生命，他的一生如夏花般绚烂，因为这朵信仰之花的开放，旧中国贫瘠的土地上多了一抹亮色，当这朵花凋零之后，它又化作春泥，滋养出革命胜利的果实！

救国救民的舍命拼搏、忧国忧民的赤子情怀，归根结底，是为了实现强国富民的宏伟梦想，蔡和森是国家富强、人民幸福的追梦者。毛泽东说：“一个共产党员应该做的，和森同志都做到了。”蔡和森永远离开我们了。他为之奋斗的革命事业早已取得历史性胜利；他追求的富国强民梦想正一步步变成现实。2009 年 9 月 14 日，蔡和森被评为 100 位为新中国成立作出突出贡献的英雄模范之一。

而作为新时代青年的我们，肩负着实现中华民族伟大复兴的历史重任，我们要学习蔡和森等无产阶级革命家无比坚定的理想信念、振兴中华的责任担当、爱国爱民的炽热情怀、上下求索的创新精神，在实现中华民族伟大复兴的中国梦的道路上，不畏艰险，勇往直前。

参考文献

[1] 蔡和森 . 蔡和森文集：全 2 册（上下）[M]. 北京：人民出版社，2013.

[2] 张杰 . 蔡和森在留法勤工俭学期间参与领导的三次斗争 [J]. 中国国家博物馆馆刊 ,2021(05).

[3] 春奇 . 蔡和森：“中国共产党”名称提出第一人 [J]. 新长征 ,2020(02).

[4] 杨琳 . 为革命事业英勇献身的蔡和森 [J]. 百年潮 ,2020(11).

[5] 李永春 . 蔡和森与新民学会关系再探 [J]. 党史研究与教学 ,2019(01).

[6] 贾凯 . 中国革命的“普罗米修斯”蔡和森 [J]. 百年潮 ,2015(05).

向警予：中国共产党“唯一的一个女创始人”

朱越（2018级材料类师昌绪班）

向警予是中国共产党的早期领导人和创始人之一，1895年9月4日出生在湖南溆浦一个富商家庭，1919年加入了毛泽东、蔡和森等创办的新民学会，1922年加入中国共产党。中共二大后，她在党中央机关做妇女工作。她于1928年5月被反动派杀害，1936年毛泽东称她为中国共产党的“唯一女性创始人”。本文将从向警予的主要事迹以及她对党的建设作出的突出贡献等两个方面进行阐述。

生平与事迹　向警予出生在一个富裕的家庭。她在内忧外患的岁月中长大。她少年时对知识充满渴求，关心国家兴亡。1912年秋，17岁的向警予考入湖南第一女子师范学校，后转入周南女子学校。在此期间，她将自己的名字从“向俊贤”改为“向警予”，以提醒自己对封建思想和势力保持警惕的重要性。向警予早年就有“教育救国”的想法。从周南女校毕业后，她回到家乡溆浦，开办了溆浦女校，并担任校长。她向学生们讲述国家大事，宣传爱国思想，呼吁大家为苦难同胞的未来而努力。这时，向警予的思想还没有完全成熟。她在给姨妈的一封信中说：“事业一层，不必太求急进。平常人之所视为荣辱得失者，自吾辈视之真不值得一笑。吾辈当求真心得，做真事业。”尽管“真事业”的面目模糊，但她已经将自己的事业与国家的未来联系在一起。1919年，向警予加入了毛泽东和蔡和森领导的新民学会，她的思想逐渐变得更加革命化。同年12月7日，在第八届法国勤工俭学学生会议上，她说：“吾人之求学，宜抱供献于人群之宗旨，以谋振刷东方民族之精神，亦吾人应注意也。”带着“振刷东方民族之精神”的意图，她到法国后边工作边学习。白天工作，晚上学习法语，几个月内她就能用法语阅读《共产党宣言》等作品。她在1920年给父母的信中表达了对革命的热爱：“总要不辱你老这块肉与这滴血，而且这块肉这滴血还要在世界上放一个特别光明。”正是在法国期间，向警予坚定了对共产主义的信念，完成了从民主主义者到共产主义战士的转变，并于1922年初加入中国共产党，成为最早加入中国共产党的女性之一，从此将全部精力投入中国人民的解放事业之中。与此同时，她还为中国妇女运动不断奋斗。

1911年，16岁的向警予在常德女子师范学校读书时，与蒋胜眉（丁玲的母亲）等七名女同学发誓：“七姐妹，誓同心，励志女志，励学，男女平等，取胜，达到教育救国的目的。”向警予从小就有强烈的妇女解放意识。在任溆浦女校校长期间，她写下了校歌，歌词大意如下：“现在男女平等，自然淘汰令人震惊！愿学生们准备好为我们的女性世界发光。”这首歌号召大家奋起反抗，为妇女解放和性别平等进行革命，为妇女世界的美好未来而奋斗。在自己的人生经历中，向警予是走在时代前列的新女性的代表。1918年底，溆浦五区副使、区司令周则范看好向警予，派人到向家求婚。向警予不畏惧封建军阀的威力，也不惧怕封建礼制的束缚，在私婚问题上表现出坚韧不拔的精神。她亲自来到周家，当面拒绝了周则范的求婚。后来，在去法国的旅途中，向警予和蔡和森一起讨论了他们对中国社会转型的理解，并确定了他们对共同理想和志同道合的伙伴的追求。1920 年 5 月，向警予和蔡和森结为革命伴侣。她的婚姻是基于共同的马克思主义信仰的全新的婚姻。她曾在一封信中告诉父母："和森是九儿（向警予在家里排行第九）真正的爱人，志向也没什么不同……我同他是一千九百廿年产生的新人，也可以称为 20 世纪的小孩子。"1922 年初，向警予回国，积极参与领导中国最早的无产阶级妇女运动。中国共产党第二次全国代表大会决定成立由党中央直接领导的妇女支部，开展妇女运动。1923 年 6 月，中共三大通过了向警予起草的中国共产党第三次全国代表大会关于妇女运动的决议，明确提出了关于建立妇女运动统一战线的思想。在此期间，她为妇女运动起草了一系列文件和决议，并亲自担任《妇女周刊》主编，在《妇女周刊》《向导》《前锋》发表系列文章，运用马克思主义理论阐述中国妇女运动，培养了一大批妇女工作干部。她还直接领导了上海丝绸厂女工总罢工和上海南洋烟草厂工人总罢工，打破了"二七"悲剧后中国工人运动的暂时低潮，提高了阶级觉悟，为中国妇女运动和工人运动的进步和发展作出了巨大贡献。1939 年 3 月 8 日妇女节，毛泽东在延安发出号召，为了劳动群众的解放，为了共产主义事业，要"向革命时期牺牲的、为妇女解放而奋斗一生的模范女领袖、女共产党员向警予学习"。

英勇就义 1928 年 3 月 20 日，由于叛徒的出卖，向警予在法租界被捕。向警予已经下定决心，她要去死。在狱中，敌人用尽手段，想从她口中套出党的秘密。她坚定地说："我要为党的事业而死，要有最大的荣誉！"由于向警予是工人爱戴的领袖，在群众中影响很大，反动派为了"树立榜样"，选择在 5 月 1 日国际劳动节当天杀害向警予。在去往刑场的路上，她唱着《国际歌》，向人们喊着口号，敌人急忙往她嘴里塞满石头，用皮带勒住她的脸颊。临死前，她留下了这样的遗言："所有的人都应该珍惜自己的生命，但是当他们不能珍惜的时候，就必须勇敢地牺牲自己的生命。人迟早都要死，但必须死得明白，死得慷慨"。诗人柳亚子怀着悲痛的心情，写了一首诗表示哀悼："雄词慷慨湘江向，情话缠绵浙水杨。长痛汉皋埋碧血，难从海国问红妆。"蔡和森闻听噩耗，悲痛欲绝，撰文悼念："伟大的警予，英雄的警予，你没有死，你永远不会死。你不是和森的个人情人，你是中国无产阶级永远的情人！"这是向警予的真实写照，她抱着坚定的信仰，以激进的精神践行信仰，直到去世。向警予为了党的事业和共产主义理想，牺牲了一切甚至生命，表现出对党的绝对忠诚。

重要贡献 向警予坚持不懈地宣传马克思主义。1922 年，向警予负责中国妇女工作，对党的思想建设给予高度重视。为了激励知识女性摆脱各种非马克思主义思想的影响，她注重传播马克思主义理论的科学内涵，逐步巩固马克思列宁主义的指导地位，牢固树立无产阶级思想的正确领导，帮助她们提高政治觉悟，共同为共产主义事业奋斗。在领导工人罢工时，向警予耐心地用马克思主义理论教育他们，以尽快唤醒他们的觉悟，动员他们团结奋斗，使革命解放事业取得成功。面对无政府主义者，向警予还委婉地引导他们，用辩证唯物主义告诉他们，选择马克思主义，走无产阶级革命道路是正确的。她还通过报刊宣传马克思主义，在《向导》《妇女报》《大江报》等刊物上发表了多篇关于坚持马克思主义正确性的文章。在向警予坚持不懈地宣传下，许多工人和农民开始相信马克思主义，政治觉悟逐渐提高，党的思想建设工作得到进一步发展。

在新时代，发扬马克思主义仍然是全党的一项重要任务。习近平总书记指出："马克思主义理论的科学性和革命性，源于辩证唯物主义和历史唯物主义的科学世界观和方法论，为我们认识世界、改造世界提供了强大的思想武器，为世界社会主义指明了正确前进方向"。坚持把马克思主义的基本原理与中国的具体实际、历史文化和时代要求相结合，从思想上提高全体党员的政治素养和行动能力，有利于推动新时代马克思主义政党的建设和发展。

向警予坚定共产主义理想信念。科学革命理论是共产党人坚定理想信念的源泉。"革命理想高于天"，坚定马克思主义信念，树立共产主义理想信念是思想建党的重要方面。向警予在"干实事 "之前就早有改造社会的雄心壮志，就准备为共产主义事业奋斗终身。当留法同学去监狱看望她时，她向同学表达了视死如归的决心："我早决定必死，为主义牺牲，我视死如归"，体现了她对共产主义信仰的坚守和对共产主义革命事业的忠诚，值得我们继承和发扬。

习近平总书记强调："坚定理想信念，坚守共产党人的精神追求，始终是共产党人的立身之本。对马克思主义的信仰，对社会主义和共产主义的信念，是共产党人的政治灵魂，是共产党人经得起任何考验的精神支柱。"中国共产党人始终坚定共产主义远大理想和中国特色社会主义共同理想，不仅有利于加强党的政治建设，而且为全体党员战胜艰难险阻提供了有力的信念支撑。

向警予强化组织建设。1923年，在中国工人罢工和政治斗争频繁的情况下，向警予带领工人团结起来，与反动派斗争，并教育学生和工人们"如果学生和工人都有自己的团体，他们就会有一个机关，互相教育，保护自己的利益，这是与腐败环境作斗争的最重要途径"。随后，她创办了工人夜校和平民学校，参与成立了南洋烟草工人罢工互助会，从而帮助工人学习文化知识，提高工人阶级的政治觉悟，激励更多的工人和农民加入中国共产党的行列，不断扩大党组织的规模。

"党的力量来自组织。党的全面领导和党的全部工作都要靠党的坚强组织体系来实现"。在新时代，只有"不断增强党的政治领导力、思想引领力、群众组织力、社会号召力，把党员组织起来，把人才凝聚起来，把群众动员起来"，才能更好地为实现新时代的宏伟目标而团结奋斗。

向警予加强思想建设。向警予批评了当时流行的改良主义和无政府主义的错误思想。她指出，只有坚持马克思主义，才能正确指导中国共产党和中国革命事业的发展。向警予是最早到女工群众中去做实际工作的革命家之一，她充分认识到群众的地位和作用。她认为，"只有到群众中去，只有到生活最痛苦、解放要求最迫切、解放精神最充沛的群众中去"，及时唤醒他们的革命斗争意识，引导他们团结奋斗，才能取得革命解放的胜利。当工人处于困境时，向警予亲自带领一批党员深入群众生活，关心群众疾苦，并告诉他们："我们都是知识分子，我们都要有良好的修养，我们都要了解工人和劳苦大众的生活。只有这样，我们才能与他们打成一片，为他们服务”。

慷慨高歌主义真，丹心永照后来人。向警予是革命先驱和时代的领航者、弄潮儿，是中国妇女解放运动的开拓者和创始人，也是中国共产党党内较早用马克思主义理论来系统阐述中国妇女问题的杰出典范。任何时间、任何地点，她都站在斗争前列，是最先行动和处于领导地位的人物。这也为成功推进新时代党的建设新的伟大工程提供了宝贵的经验和借鉴。新一代青年应敢为人先、勇于担当，时刻准备着，承担起时代赋予的历史责任！

参考文献

[1] 马克思恩格斯选集：第 4 卷 [M]. 北京：人民出版社 ,2012.

[2] 向警予 . 向警予文集 [M]. 北京：人民出版社 ,2011.

[3] 戴绪恭 . 向警予传 [M]. 北京：人民出版社 ,1981.

[4] 刘茂舒 . 向警予 传记 · 纪念与回忆 · 论述 · 资料 [M]. 武汉：武汉出版社 ,1995.

[5] 中共“一大”会址纪念馆 , 上海革命历史博物馆筹备处 . 上海革命史资料与研究：第四辑 [M]. 上海：上海古籍出版社 ,2004.

[6] 杜介眉 . 中国妇女运动百年：巾帼不让须眉，书写时代华章 [J]. 新湘评论 ,2021(05).

[7] 彭秀珍 . 论向警予由教育救国论者向马克思主义者转变的原因 [J]. 湘潭大学社会科学学报 ,2001(04).

为信仰而牺牲的杨开慧

戚源（2018 级材料类师昌绪班）

杨开慧，1901 年出生于湖南长沙县清泰乡板仓。她的父亲杨昌济是一位思想进步的学者、教育家。杨开慧从小便受到父亲的影响，接受先进思想的洗礼，剪短发，习得一手娟秀的毛笔字。她在 7 岁时就进入了小学读书，成了班级里年龄最小的学生。在问到将来的打算时，杨开慧用稚嫩的声音坚定地回答："要做对社会有益的事！"别的孩童还在咿呀学语时，她的心中早已埋下了一颗革命的种子。

1913 年，杨开慧随父亲迁往长沙，转入长沙稻田女子师范附小读书，后来停学在家，由父亲指导自学。这时，青年时代的毛泽东经常到"杨寓"求教，这是杨开慧与毛泽东相识的起点。

1918 年，杨开慧随家北迁。这年 9 月间，毛泽东因组织赴法勤工俭学也来到北京，在这期间，毛泽东和杨开慧有了更多的接触，开始相爱。

1920 年冬，杨开慧加入了中国社会主义青年团，成为湖南第一批团员。同年，她与毛泽东在长沙举行了简朴的婚礼，他们既是夫妻，又是战友，更是知音。1922 年初，杨开慧加入中国共产党，成为中国共产党最早的女党员之一。当时，毛泽东的公开身份是自修大学的主办者，而杨开慧则担任学联干事，并身兼多个职务，积极投身党和革命的事业，是毛泽东的得力助手。

早在与毛泽东结婚前，杨开慧就开始为毛泽东分忧。为了解决毛泽东革命活动经费的困难，杨开慧拿出自己的家产作为革命经费。结婚后，从长沙的清水畔，到武昌的黄鹤楼前，再到上海、广州……杨开慧一直紧随毛泽东，在颠沛流离中精心照顾毛泽东的饮食起居，使毛泽东有精力投身于日渐繁重的革命工作，是一名合格的"贤内助"。不仅如此，她还协助丈夫传送党的文件和指示，收集工人运动情况和秘密情报，经常接待各地来访的工人代表，热情向他们宣传党的主张。毛泽东曾打趣妻子说："我这个好秘书，抄写起来，又快又好。"

大革命失败后，毛泽东按照八七会议指示领导湘赣边秋收起义，杨开慧则带着三个孩子回到板仓开展地下斗争。当时，板仓的周围环境十分险恶，面对残酷的白色恐怖形势，在与上级组织失去联系的情况下，杨开慧仍然坚持参与组织长沙、平江、湘阴等地的武装斗争，她组织地下党员、农会骨干建立地方武装，惩治恶霸，救济贫民。

由于秘密交通遭到破坏，杨开慧只能通过报纸寻找丈夫的消息。每当看到国民党对"朱毛"屡"剿"屡败的新闻时，她既为革命鼓舞又为毛泽东担心。随着时间推移，杨开慧的处境愈发危险。1929 年 3 月 7 日，《国民日报》刊登朱德妻子伍若兰被砍头示众的消息。杨开慧对此感到无比愤慨，同时她也感觉死亡的脚步在渐渐接近。

当杨开慧得知堂弟杨开明从井冈山到达上海后，立即提笔给他写了这一封托孤信。杨开慧对着自己的堂弟流露出柔弱的一面，她写道："我是一个弱者，仍然是一个弱者！好像永远都不能强悍起来。我蜷伏着在世界的一个角落里，我颤栗而寂寞！"

接着杨开慧笔锋一转，写下了自己不畏死亡的决心，"说到死，本来，我并不惧怕，而且可以说是我欢喜的事。"可是，身为三个孩子的母亲和杨家的女儿，她割舍不下血脉相连的至亲，"只有我的母亲和我的小孩呵，我有点可怜他们！"

杨开慧恳求堂弟和家人，在自己遭遇不测的时候，能给予自己的孩子关心与照料："我决定把他们——小孩们——托付你们，经济上只要他们的叔父长存，是不至于不管他们的，而且他们的叔父，是有很深的爱对于他们的。倘若真的失掉一个母亲，或者更加一个父亲，那不是一个叔父的爱，可以抵得住的，必须得你们各方面的爱护，方能在温暖的春天里自然地生长，而不至于受那狂风骤雨的侵袭！"

而对于朝不保夕的日子，杨开慧早就做好了最坏的打算。她坦然地写道："我总觉得我的颈项上，好像自死神那里飞起来一根毒蛇样的绳索，把我缠着，所以不能不早作预备！"

而同时身为人妻，她挂念着在外杳无音信的丈夫，她夜夜挑灯将心中血泪诉之笔墨，向爱人诉说牵挂之情。

"润之，几天睡不着觉，无论如何我简直要疯了，许多天没来信，天天等，我不要这样悲痛。孩子也跟着我难过，母亲也跟着我难过，简直太伤心了，谁把我的信带给你，谁把你的信带给我，谁就是我的恩人。""足疾已否痊，寒衣是否备。念我远行人，何日重相逢。"

为了不被敌人发现，这些声声泣血的家书，最终都没有寄出。

我们难以想象，杨开慧在牺牲之前的那三年是怎样度过的。她也只是一名带着几个孩子的二十多岁的年轻妈妈。她强压抑着自己对爱人的思念，对孩子未来的担忧，目光坚毅地投身于共产主义的事业之中。她唯一能发泄自己情绪的途径，就是写下一封又一封和着血泪的书信，然后任由文字消弭在幽暗的烛光中，深埋在破败的板墙里。

时局动荡，天意弄人。她的堂弟杨开明，于1930年2月22日牺牲；她的丈夫毛泽东，在1976年9月9日，也永远阖上了双眼。这两封手稿，在1982年与1990年，才被修缮杨开慧故居的工人们陆续找到。收信人在他们去世之前，都没有收到杨开慧的思念与期盼。

而她在书信中所预料的不幸，终于在1930年10月24日这日降临。这天凌晨，国民党将板仓屋场团团围住，杨开慧在家中被捕。敌人妄图强迫她交出地下党组织的名单和毛泽东的具体地址，对她进行严刑拷打。对此，杨开慧始终大义凛然，表现出共产党人的革命气节。她说："砍头只像风吹过！死，只能吓胆小鬼，吓不住共产党人！"

行刑逼供不成，敌人又心生一计，企图利诱。敌人声称杨开慧只要宣布同毛泽东脱离关系即可自由。杨开慧坚定地拒绝了这个可以给她带来生路的选择，她毅然回答道："要我和毛泽东脱离夫妻关系，除非海枯石烂！"

敌人对着杨开慧没有办法，只能将她处以死刑。在迈向刑场之前，杨开慧搂着孩子们，轻声说："我没有其他话留给你们，如果你们将来能够看见你们的爸爸，就对他说，我没有做对不起党的事情。我非常想他，只是我不能帮他了，望他能够多保重。"

1930 年 11 月 14 日，杨开慧于长沙浏阳门外识字岭英勇就义。这一年，她 29 岁。

据文献记载，杨开慧壮烈牺牲时，毛泽东正在江西境内组织中央红军进行第一次反"围剿"。噩耗传来，毛主席悲痛欲绝，提笔写道："开慧之死，百身莫赎！"1957 年 5 月，毛泽东接到杨开慧的同窗好友李淑一怀念柳直荀烈士的一首词后，当即和了一首词：

"我失骄杨君失柳，杨柳轻飏直上重霄九。问讯吴刚何所有，吴刚捧出桂花酒。寂寞嫦娥舒广袖，万里长空且为忠魂舞。忽报人间曾伏虎，泪飞顿作倾盆雨。"

毛泽东早年的恩师章士钊读过该词后，点头赞许。但他有一点不解，在词中，一般赞美女子用"娇"字而并非"骄"字。毛泽东在听清章士钊的疑惑后，沉思片刻后充满激情地回答："女子革命而丧其元，焉得不骄？"

对于毛主席来说，杨开慧并非娇嫩易折的杨花，而是他心中的那棵骄杨。

杨开慧的"骄"，是对革命的忠诚。心中有理想，脚下有力量。虽是女儿身，却有鸿鹄志。身为一名革命战士，她强忍着白色恐怖的残酷，坚守在革命第一线。杨开慧外表文静，但内心世界丰富，意志异常坚强，信仰非常坚定。杨开慧被捕以后，面对敌人的严刑拷打和威逼利诱，不让敌人从她口中套取一丝一毫革命的情报，她大义凛然、从容就义，表现了一个共产党员的气节，不愧为中国共产党创建时期最早的优秀党员之一和中国妇女解放运动的倡导者和实践者。2009 年 9 月 10 日，杨开慧被评为"100 位为新中国成立作出突出贡献的英雄模范人物"。

杨开慧的"骄"，是对爱情的忠贞。在敌人要她断绝她和毛泽东的夫妻关系时，她放弃了唯一的一条生路，大喊道，"我死不足惜，惟愿润之革命早日成功"，然后如凤凰涅槃一样朝着胜利的火光飞去，湮灭也在所不惜。作为妻子的她，对毛主席忠贞不二，一腔深情至死不渝。"骄杨"的"杨"，不仅是杨开慧同志的姓氏，更代表的是杨树精神。

毛泽东在《湖南农民运动考察报告》曾说过："革命不是请客吃饭，不是做文章，不是绘画绣花，不能那样雅致，那样从容不迫，文质彬彬，那样温良恭让。革命是暴动，是一个阶级推翻一个阶级的暴烈的行动。"

杨开慧的出现与牺牲，是时代的骄傲，同样，也是时代的痛点。在革命的年代，免不了流血牺牲。鲁迅在《雷峰塔的倒掉》中写道："悲剧就是将美好的东西打碎给人看。"杨开慧，一个美好的、风华正茂的女子，为了革命而牺牲，千红一哭，万艳同悲。

而中国，从割地赔款，任人鱼肉到昂首挺胸，走向世界前列，中间牺牲的又岂止一个"杨开慧"？

习近平总书记指出："历史不能选择，现在可以把握，未来可以开创。"历史是一面镜子，中国就是在不断总结借鉴历史经验和教训的基础上向前发展的。我们出生在一个和平的年代，已经有资本与世界上任何一个破坏和平的国家叫板，我们可以很硬气地向世界宣称，我们不会重复杨开慧式的悲剧。

当年的痛点不复存在，但并不代表我们要将它彻底遗忘。在某一款短视频软件中，一名用户对戍边英雄的评价，让人深思："黄昏将至，我吃着白米饭，喝着快乐水。想不通，那些身强力壮的士兵为什么会死。我在深夜惊醒，突然想起，他们是为我而死。"是的，哪有什么岁月静好，不过是有人替你负重前行！

有些青少年处于新时代的温室之中，处于先辈的庇佑之下，不知建国之艰、立国之苦，长成了娇嫩的杨花，艳丽又脆弱地摇摆在新中国的春风中，更有甚者，甘当社会的米虫、国家的败类，真是令人扼腕叹息。

历史，是需要不断温习的。我们要永远铭记，我们的幸福生活，是用无数个"杨开慧"的生命，无数革命先辈的血汗铸就的！我们要传承先烈风骨，铭记先烈遗志，不断从中汲取智慧和力量，勠力同心、锐意进取，在全面建设社会主义现代化国家新征程上披荆斩棘、奋勇前进。

习近平总书记在庆祝改革开放40周年大会上指出："建成社会主义现代化强国，实现中华民族伟大复兴，是一场接力跑，我们要一棒接着一棒跑下去，每一代人都要为下一代人跑出一个好成绩。"

时代的接力棒早已传到了我们的手中，我们绝不能贪恋先辈的荫凉，踟蹰不前。我们要勇敢地站在时代前列，张开我们的双臂，长成骄杨的姿态，为国家，为社会贡献出属于我们自己的一份力量，守护我们的下一代、我们的祖国。虽然每一个人的力量真的很渺小，但只要我们携起手来，就一定能成就一片新时代的绿茵。

而身处伟人故里，身上流着红色血脉，秉承师昌绪老先生遗志的我们，更应该要像师昌绪老先生一样，"不解决卡脖子技术，死不瞑目！"我们要投身于自己的科研事业当中，投身于社会的潮流中，成为新时代的中流砥柱、国家的栋梁，以青春之我，创造青春之中国！

参考文献

[1] 张书志 . 在杨家做客 [J]. 档案时空 ,2017(11).

[2] 富力 . 杨开慧的托孤信 [J]. 党课参考 ,2018(16).

[3] 王桢 . 四封家书，展现共产党人的家国情怀 [J]. 党建 ,2021(04).

[4] 王德蓉 . 杨开慧：毛泽东心中的"骄杨"[J]. 党建 ,2020(10).

[5] 袁忠 . 骄杨丽质 , 英烈忠魂 [N]. 南方日报 ,2007-05-31(12).

[6] 朱柏林 , 孙敏坚 . 杨开慧"死不足惜 , 惟愿润之革命早日成功"[J]. 新湘评论 ,2018(14).

[7] 蔡润林 . 接过历史的接力棒——习近平新时代中国特色社会主义思想中的历史观 [J]. 社科纵横 ,2019(07).

烈火囚徒陈延年

郭红（2018 级化学类韶峰班）

在中国近代史上，有这样一个特殊的家庭：父亲是中国共产党的创建者之一，连任五届中共中央主要领导人，功勋卓越；两个儿子，一个曾任中共广东区委书记、中共江浙区委书记、中共江苏省委书记、中共中央委员，另一个曾任中共北京区委组织部长、中共江苏省委组织部长、中共中央委员。在上海的龙华烈士陵园，馆内沉睡着 256 位悲壮的共产党员。其中有一位年轻的共产党员，他以刚强的意志和浩瀚的党员气节，在中国共产党历史上留下了光辉的一笔。他就是烈火囚徒——陈延年。

毛泽东曾这样评价陈延年："在中国，本来各种人才都很缺乏，特别是共产党党内。因为共产党成立还没有几年，所以人才就更缺乏。像陈延年，的确是不可多得的人才，在许多地方，我看出了他的天才。"那么，为什么毛主席会对陈延年有这么高的评价呢？让我们来了解陈延年短暂而绚烂的一生。

1898 年，陈延年出生于安徽省怀宁县的南水关旧居，他的母亲是陈独秀的结发妻子——高晓岚。陈延年自幼身材壮实，皮肤黝黑，沉默寡言，脾气和他的父亲一样倔。他虽看上去不像一个读书人，可读起书来却十分用功，头脑聪明，记忆力超强。

陈延年生长在一个苦难的时代，他的父亲陈独秀奔走革命，很少和自己的孩子沟通，但他却和他的父亲一样，渴望走出安庆。1915 年，年仅 17 岁的陈延年和 13 岁的陈乔年从安庆来到上海投奔父亲陈独秀。按理说，两个远道而来找寻父亲的孩子本该受到更多呵护和疼爱，但是陈独秀坚持所谓"兽性"教育，不仅坚决不同意两个儿子住在家中，而且几乎不提供生活费，让两个儿子勤工俭学自行解决住宿、学费、生活费。和弟弟独自在外生活的陈延年看到了更多的当时中国穷苦老百姓的苦难，生活的困境并没有让兄弟俩意志消沉，反而使他们更加珍惜各种学习机会和实践锻炼。

陈延年和二弟陈乔年最初进入同济大学学习法语，后又进入复旦大学学习。年轻的陈延年在学校里被无政府主义熏陶，认为无政府主义最激进、最彻底，因而参加了无政府主义组织"进化社"。后由华法教育会负责人无政府主义者吴稚晖介绍，陈延年兄弟于 1919 年 12 月赴法勤工俭学，翌年 2 月 3 日抵巴黎，进巴黎大学尉设学校学习。参加了无政府主义组织"工余社"，主编《工余》杂志。但在勤工俭学学生中，陈延年受到蔡和森、赵世炎、周恩来等人的影响，对马克思主义逐步有所了解。之后的陈延年在勤工俭学学生发动的斗争中对无政府主义从怀疑到失望，当他看透吴稚晖欺世盗名的面目时，思想剧变，奋然而起，毅然与无政府主义者决裂。

陈延年的巨大变化被赵世炎发现，在赵世炎等人争取团结下，陈延年的政治信仰发生根本变化，接受了马克思主义，加入了青年团，出席了1922年6月在巴黎郊区布森林广场举行的“中国少年共产党”（后改称“中国社会主义青年团旅欧支部”）成立大会。他被选为执委，和赵世炎编印《少年》杂志。在同年10月前后，陈延年由法共党员阮爱国（胡志明）介绍加入法共，是年冬，中共旅欧总支部成立，陈延年等转为中共党员。1923年3月，党组织送陈延年、赵世炎等十二人到莫斯科东方劳动大学学习。

陈延年在《我们应做什么》一文中，号召青年们要“坚决与一切黑暗的过去奋斗”，参加到革命斗争中去。陈延年和区委加强青年团和新学生社的领导，成立了广东妇女解放协会，协助周恩来组建青年军人联合会。1924年11月，他协助周恩来建立以徐成章为队长的铁甲车队。1925年6月，陈延年和邓中夏、苏兆征等人领导了震惊中外的省港大罢工。

在1926年1月国民党二大之前，左派和右派的斗争已非常尖锐，陈延年、周恩来等商定了“打击右派，孤立中派，扩大左派”的方针，计划在国民党二大会议中彻底打击右派，但遭到陈独秀的反对。到了1926年3月，新右派蒋介石一手炮制了“中山舰事件”，向共产党发动突然袭击，陈延年没有顾忌到自己的父亲，和周恩来一起支持毛泽东反击蒋介石的正确主张，但又遭到陈独秀、张国焘的反对和阻止。时隔两月，蒋介石又在国民党二届二中全会上抛出了旨在排斥共产党、分裂国共合作的“整理党务案”。当时参加会议的共产党人以及陈延年和中共广东区委都极力反对，但张国焘迫使共产党人接受。陈独秀等接二连三对右派妥协，作了三次大让步，成为导致大革命失败的重要原因。对陈独秀右倾机会主义的错误主张，陈延年一再反对和抵制。他在会议上丝毫没有顾忌陈独秀是自己的父亲，曾尖锐批评陈独秀“不相信工农群众力量”“在行动上始终不敢同国民党右派作斗争，将会把革命断送”。

在广东政治特别复杂的情况下，陈延年始终保持着清醒的头脑，他在中国共产党革命道路上的正确立场表现出了他不可多得的政治家能力，尽管他的正确主张并没有被很好地被接受，但是他在中国共产党成立初期的贡献不可磨灭。

1927年6月26日，陈延年遭国民党军警逮捕，并被叛徒暴露了身份。陈延年的身份暴露后，敌人开始许诺引诱，妄图从这位共产党的高级领导人那里得到宝贵的口供，但一无所获，于是对陈延年施以重刑。陈延年虽然被打得体无完肤，几次昏死过去，仍一声不吭，只字不吐。敌人无计可施，只得下令将陈延年秘密处决。7月4日晚，敌人将他秘密押赴龙华刑场。面对刽子手高高举起的屠刀，陈延年昂首挺胸，傲然站立。刽子手喝令他跪下，他大义凛然地说：“革命者光明磊落，视死如归，只有站着死，决不下跪。”任凭刽子手丧心病狂地嚎叫，陈延年仍岿然不动。刽子手们一拥而上，把陈延年按倒在地，随即挥刀砍去。在这一瞬间，陈延年一跃而起，傲然挺立，双目如怒火喷向刽子手。砍下去的屠刀扑了个空，刽子手们恼羞成怒，蜂拥而上，以乱刀将陈延年砍死。一位优秀的共产党领导人陈延年就这样壮烈牺牲了，年仅29岁。蒋介石下令不准收尸。陈延年牺牲后，斯大林称赞陈延年是“天才的政治家”，董必武称赞陈延年是“党内不可多得的政治家”。

学史增信，就要深刻认识红色政权来之不易、新中国来之不易、中国特色社会主义来之不易，从党史中汲取精神养分，进一步筑牢信仰之基。陈延年的事例是对当代大学生的一种鞭策，陈延年是一个有远见卓识的无产阶级革命家，他在国内混乱政治背景下始终保持清醒地追求真理的态度，在面对敌人的死亡威胁和重重折磨下，他所表现出的对党的绝对忠诚和不畏牺牲的精神，至今仍然值得当代青年铭记与学习。

参考文献

[1] 朱洪．一门三杰——陈独秀和他的两个儿子 [M]. 北京：人民出版社，2018.

[2] 武春霞．坚韧不拔的革命意志：中国共产党人的特质 [J]. 共产党员（河北）,2021,(09).

[3] 陈海燕．《觉醒年代》中的追光青年陈延年 [J]. 党史纵览 ,2021(05).

[4] 汪国梁．学史增信重在筑牢信仰之基 [N]. 安徽日报 ,2021-04-08(01).

夏明翰就义诗的核心内涵及当代启示

贺晨尔（2018级化学类韶峰班）

历史长河奔流不息，人类群星光辉不朽；一些生命稍纵即逝，却值得被永远铭记。他们为了民族独立和人民解放英勇牺牲，为了党和人民的事业不懈奋斗，在全民族抗战中顽强奋战。在2009年评选出的“100位为新中国成立作出突出贡献的英雄模范人物”中的每一位先烈的故事都在中国共产党历史上画下了浓墨重彩的一笔，夏明翰便是其中之一。他为真理而凛然献身，面对敌人的刑讯，他态度坚决，宁死不动摇，在生命的最后时刻留下了一首就义诗：“砍头不要紧，只要主义真。杀了夏明翰，还有后来人。”这是他面对敌人和死亡的从容洒脱，也是对后来革命者的期许和对未来形势的期望。

夏明翰所作的就义诗只有短短二十个字，其中却蕴含着丰富而深远的内涵，它是象征着共产党人坚守信仰的一面旗帜、一座丰碑，它激励了无数后人为共产主义而奋斗。

“砍头不要紧，只要主义真。”这里的“主义真”，就是指能够救国救民的真理，也就是我们党的革命理想和信念。

夏明翰出身于豪绅家庭，本可以过着安逸的生活，但他却选择违背祖父的心愿，与封建家庭彻底决裂，报考新式学校，在校期间他参与并组织了很多爱国运动，不顾一切地追求马克思主义。1921年，夏明翰加入了中国共产党，他极力主张武装农民，在任职中共湖南省委委员期间推动农民运动，还向各级党组织宣传和组织秋收起义行动，推动了中国革命朝着胜利的方向前进。但最终由于叛徒的出卖，在1928年被捕牺牲。在短暂而光辉的二十八年人生当中，夏明翰始终坚守自己的革命理想，坚定不移地实践马克思主义，对待组织内的各项工作都怀有满腔热情，在《夏明翰传》中，谢觉哉曾经回忆道：“什么地方需要人，他就到什么地方去。那时湖南党员少，工作多，工作来了谁适合就调谁去。”夏明翰在参加革命工作期间一丝不苟、任劳任怨，在建党初期对党的建设作出了巨大贡献。

即便身陷囹圄，夏明翰也不改初心，他在狱中给大姐写的家书中说道：“我一生无憾事，认定了共产主义这个为人类解放造幸福的真理，就刀山敢上，火海敢闯，甘愿抛头颅，洒热血。”这句话简单直白，但沉重有力，表明了夏明翰对革命、对信仰的坚定态度和决心。

“杀了夏明翰，还有后来人。”夏明翰用鲜血和生命捍卫了自己坚定的共产主义信念，对比历史上一些仁人志士“绝笔诗”中“有心报国，无力回天”的无奈，夏明翰的就义诗既表现了一个真正的中国共产党党员为信仰置生死于不顾的豁达与潇洒，又充满着对革命事业后继有人、革命终将成功的自信与乐观。

自中国共产党成立以来的一百余年当中，共产主义远大理想激励了一代又一代共产党人英勇奋斗，成千上万的烈士为了这个理想献出了宝贵生命。据统计，仅在夏明翰就义的汉口，被反动派杀害的共产党人和革命志士就有二百余人，但是这丝毫没有阻碍革命先辈们前进的脚步。就像方志敏说的那样："敌人只能砍下我们的头颅，决不能动摇我们的信仰。"只要信仰和意志得到传承，革命便永不会停止。夏明翰的革命精神与信仰是敦促一代代中国人持续奋进、超越自我、实现人生价值、报效国家与民族的集结号。

夏明翰的就义诗抒发了他坚定的革命信仰，其中折射的精神时至今日仍然熠熠生辉，所蕴含的深厚的爱国主义精神以及表达的对信仰的坚定情感对当代青年树立坚定的理想信念、传承先辈革命意志有着重大教育意义。

前进的道路可以曲折，但理想与信仰绝不能动摇。如今我们处于越来越多元的文化环境，青年人接收的信息也日益繁多，在如此背景下我们更加应该坚守自己的初心，毫不动摇地前行，用科学文化知识来武装自己的头脑，将自己所学付诸实践，再从实践中获取经验来完善自身，形成一个良性的循环。

"青年兴则国家兴，青年强则国家强。青年一代有理想、有本领、有担当，国家就有前途，民族就有希望。"在如今这个信息快速更迭、科学技术日新月异、竞争日益激烈的时代，青年人不但应该树立起远大的理想和坚定的信念，而且还要注重增强自己的使命感和责任感，并将二者紧密结合起来。只有抓住时代给予的机遇，不断提高自己，才能学会过硬本领，才能更好地去服务人民，回报社会，担负起祖国、人民和社会赋予我们的重任。

就义诗后两句既是夏明翰对后来革命者的信心，也是对后来人的激励鼓舞。正因为有了像夏明翰这样的革命志士的奋斗牺牲，才有了如今的繁荣盛世，我们应该加倍珍惜，更应该继承他们的精神继续前进。

习近平总书记指出："实现中华民族伟大复兴是一项光荣而艰巨的事业，需要一代又一代中国人共同为之努力。空谈误国，实干兴邦。我们这一代共产党人一定要承前启后、继往开来，把我们的党建设好，团结全体中华儿女把我们国家建设好，把我们民族发展好，继续朝着中华民族伟大复兴的目标奋勇前进。"中国特色社会主义已经进入了新时代，我们青年人是直面这新时代的最年轻的一代人，实现中华民族伟大复兴的中国梦的接力棒已经递交到我们手中，此时此刻，我们更加应该树立远大的理想，坚定自己的信仰，一步步向前迈进，相信在一代代青年人的接力下，我们的理想终会实现！

正是中国共产党人的信仰，挺起了中国人民和中华民族不屈的脊梁，增强了中国人民和中华民族的志气、骨气和底气。新时代新征程，中华民族迎来了从站起来、富起来到强起来的伟大飞跃，革命先辈们的故事已经成为历史，让我们在心底将他们铭记。现在，正是由我们来接过前辈们的信仰火炬的时候，对信仰虔诚而执着、至信而深厚，铸牢坚守信仰的铜墙铁壁，在青春中国书写新的信仰传奇。

参考文献

[1] 习近平 . 在庆祝中国共产党成立 95 周年大会上的讲话 [N]. 人民日报 ,2016-07-02(02).

[2] 习近平 . 决胜全面建成小康社会 夺取新时代中国特色社会主义伟大胜利 [N]. 人民日报 ,2017-10-28(01).

[3] 陈鸿飞，唐春晖，邱鹏 . 夏明翰 :“砍头不要紧，只要主义真”[N]. 湖南日报 ,2021-05-10(03).

[4] 蒋琛 . 夏明翰革命精神的内涵及其美学价值探析 [J]. 衡阳师范学院学报 ,2021(02).

[5] 唐胜一 . 夏明翰在狱中写的三封家信 [J]. 档案时空 ,2016(01).

“半条被子”与“一张借据”

胡宇勇（2018级材料类师昌绪班）

“什么是共产党，共产党就是自己有一条被子，也要剪下半条给老百姓的人。”习近平总书记在纪念中国工农红军长征胜利80周年大会上深情地讲述了“半条被子”的故事。长征途中，中国共产党坚持联系群众、宣传群众、武装群众、团结群众、依靠群众，以自己的模范行动，赢得了人民群众真心拥护和支持。

“半条被子”和“一张借据”的故事都发生在湖南汝城县，一个发生在文明乡沙洲村，一个发生在延寿乡官亭村。身为汝城人，我深感自豪，同时深深地体会到了中国共产党人传递给我们的精神和力量。

半条被子　那是1934年冬的一个傍晚。不幸与红军队伍散失并迷路的三名女红军战士，饥寒交迫，筋疲力尽，跌跌撞撞地来到了沙洲村。她们没有进村，而是敲开了离村几十米的一间破茅草屋。主人是一对年轻的夫妇。女主人叫徐解秀，夫妇刚刚结婚，家里一贫如洗。

夫妇俩没问她们是谁，从哪儿来，但心里明白什么。于是，夫妇俩倾其所有，为饥饿疲惫的客人准备了一顿粗茶淡饭。吃完饭，徐解秀就将三位客人领到了床上。那是一张用楠竹扎成的床架，床上的破席下面垫着稻草，女战士忙将她们唯一的棉被打开……

第二天，天刚蒙蒙亮，徐解秀和女战士同时醒来，她们发现，男主人一直睡在门口的草垛上守护着她们。女战士们的眼睛湿润了。

临走时，她们决定把这唯一的一条被子送给徐解秀夫妇，但夫妇俩说什么也不肯接受，他们说：“你们三个人就共着这么一条被子，天寒地冻的，还要赶那么远的路，我们怎能忍心把它收下呢，我们在家里，至少还有一个躲风避雨的地方啊！”三个红军姑娘怎么也说服不了徐解秀夫妇，于是她们不由分说地把被子往床上一扔，抽身就往外跑，徐解秀赶紧抱起被子，拼命地又追了出去，她们在村口把被子推过来又推过去，僵持不下，这时一个红军姑娘从背包中摸出一把剪刀，她们三个人不约而同对视了一下，坚定地把一条被子剪成了两半。她们拉着徐解秀的手哽咽着说：“大姐，这下你可别推了，这半条你就收下吧，等革命胜利了，我们还会回来看您的。”徐解秀颤抖着双手接过这半条被子，一句话也说不出，泪水不自觉地流了下来……

徐解秀把三个红军送到村口，望着绵绵群山，崎岖小道，担心红军女战士不认识路，徐解秀叫丈夫再送姐妹们一程，送远一点，送到大山的那一边。她站在村口，依依不舍地目送着丈夫和三个姐妹一步步地远去……

2020年9月16日，习近平总书记来到汝城县文明瑶族乡沙洲村，参观“半条被子的温暖”

专题陈列展，走进“半条被子的故事”主人公徐解秀的后人——村民朱小红家中，习近平总书记对他说：“因为有老百姓的支持，我们党才有了光荣历程、辉煌事业。你们家里的变化也说明一个道理，共产党坚持为民本色，说到做到。”

“半条被子”的故事既充分彰显了中国共产党的性质和宗旨，也深刻说明中国共产党必须紧紧依靠人民来克服困难、赢得胜利。无论时代条件如何变化，只要我们始终同人民群众风雨同舟、血肉相连、命运与共，充分调动广大人民群众的积极性、主动性、创造性，我们的事业就会拥有不竭的力量源泉，就能无往而不胜。

一张借据　1996 年暮春的一天，汝城县延寿瑶族乡官坑村村民胡运海家中准备砌一个新灶，他想把老灶墙上的那层黑壁铲掉。挥着铁锹在墙角上来回铲动，黑壁掉落后，墙上露出一个洞，里面有一个用土纸裹住的东西。胡运海取出后发现原来是一个锈迹斑斑的铁盒。打开铁盒，里面竟是一张发黄的毛边纸，纸长 28.5 厘米，宽 26.5 厘米，边缘部分已被蛀虫吞噬。他小心翼翼地将纸铺开时，发现了上面写着一份借据：

借据

今借到胡四德伯伯稻谷壹佰零伍担，生猪叁头，重量伍佰零叁斤，鸡壹拾贰只，重量肆拾贰斤。

此据。

中国工农红军第三军团
借据人叶祖令（印章）
公原（元）一九三四年冬

胡运海挖到爷爷的宝贝了！消息不胫而走，一名香港文物收藏商闻讯而来，开出高价意欲买走这份借条。胡运海没有答应，将此事报告了村委会主任，村主任立即通过县人大代表朱翠娇将此事上报了县人武部、民政局，同时给中央、省、市民政部门去信。不久，便收到了回音：据查实，写借据的叶祖令同志系中国工农红军第三军团司务长，于 1934 年 12 月在贵州省石阡县作战时英勇牺牲，时年 28 岁。

原来，1934 年 11 月红军长征先遣部队到达延寿。当地瑶民闻讯之后，急忙赶着自家的鸡鸭牛羊，扛着仅有的粮食，向偏僻无人的山谷逃去。

为了消除群众的疑虑，红军严令红军战士不得在农户家借宿，就在村宗祠、学校旁自扎草棚，更不能私拿农户家一钱一物。

几天后，东躲西藏的群众陆续回到了瑶寨里。一直关注着红军的胡四德得知红军已有几天几夜没进食时，心里很难受。当晚主动召来族人，一同商讨如何帮助红军筹集粮食等物资。第二天下午，在胡四德带领下，从各家各户筹集来的 105 担稻谷、3 头生猪、12 只鸡便送到了红军第三军团司务长叶祖令手中。一位姓杨的老大娘还特意将自己仅有的高粱、玉米做成糍粑干粮送给红军……

正当红军在延寿境内边休整边向文明、宜章挺进之际，蒋介石又派粤军陈济棠部追至延寿的简家桥、中洞、九如、桑坪一带，三面夹击红军后勤部队。红军最担心的是老百姓，忙指挥群众走小路到山上躲一躲，而红军大批辎重却拥塞于山间小道上。不一会，天下起倾盆大雨，山道坑坑洼洼，行军非常迟缓。中央军委迅速作出指示，命令红五军团后卫师拼死阻敌。

在激烈的战斗中，瑶民们自告奋勇，为红军带路、做担架抬伤兵、治伤员，或砻稻谷，或搬来木柴和木炭在村宗祠、凉亭生火取暖、煮饭。在当地瑶民的大力支持下，经过三天三夜血战，后卫师以惨重的代价终于掩护辎重队伍顺利通过延寿。

就在红军撤出延寿向西转移时，司务长叶祖令在村宗祠旁找到了胡四德，他激动地说："伯伯，我们就要走了，请您受我一礼。"说完，恭恭敬敬地向胡四德伯伯行了一个军礼，他接着说道："我代表长征的红军战士谢谢您和众乡亲，谢谢你们为红军作出的巨大牺牲。"停顿一会，他满脸愧疚地又说道："伯伯，现在红军筹款非常困难，一时拿不出钱还清您的损失，报答您的大恩大德，我们实在欠您的太多！"说到这时，叶祖令解开上衣军扣，探手从左胸褡布里拿出一张土纸，对照所收粮食、生猪、鸡的数量，蘸笔写起借据来，之后，又在纸的左下处方方正正地盖上自己的印章，然后将借据郑重交给胡四德，并深情而又无比坚定自信地说："伯伯，将来全国解放时，请您拿上它去政府兑换吧。虽然这张借据赶不上您对红军恩情的万分之一，但请您相信，红军会永远记住您的！"听到这些话，胡四德不禁眼圈一红，哽咽着说："好、好、好！"接着又揉了揉眼睛，说道："往山眉方向有一条小路，我带你们找大部队去。"

随着时间推移，到胡四德的孙子胡运海挖到这张借据时，它已在墙洞里深藏达 64 年之久！这张红军借据被发现后，引起了上级领导的高度重视，决定如数按原价折款，由汝城县人民政府向胡四德的唯一继承人胡运海归还 1.5 万元人民币。胡运海将其中 13930 元捐给村里新建学校。

如今，写借据的红军叶祖令同志、藏借据的胡四德伯伯、承接兑现借据的胡运海都已不在人世，但党和红军对广大人民群众的承诺没有变！也不会变！

参考文献

[1] 毛胜 ."半条被子"故事发生地——湖南汝城沙洲村 [J]. 实践 (党的教育版),2021(05).

[2] 郑大文 , 范利明 , 郭延清 . 红色汝城的记忆 [J]. 档案时空 ,2007(01).

[3] 王明贵 . 借据见证历史 承诺不忘初心 [J]. 新湘评论 ,2020(24).

[4] 欧阳婧 . 迟到了 64 年的兑现 [J]. 档案时空 ,2014(11).

张闻天：遵义会议的“第一主角”

汤涛（2018 级物理学韶峰班）

张闻天，笔名洛甫，是中国共产党的重要领导人之一，理论宣传和干部教育工作成绩卓著的领导人之一。张闻天于 1900 年出生在江苏省的一个富裕农民家庭；他于 1925 年加入中国共产党，并在同年赴苏联莫斯科中山大学留学；他于 1930 年回国参加革命工作，三年后，根据革命形势来到瑞金，担任中共中央政治局委员、中共中央书记处书记；在 1935 年召开的遵义会议上，以出色的领导能力被推举为党内最高负责人；1976 年 7 月病逝。他的一生经历了中国那段动荡的，由衰败至崛起，能让人挥洒热血于革命之中的岁月。

作为中国共产党的重要领导人之一，张闻天对遵义会议的召开、取得胜利以及会议精神的传达贯彻都作出了重要的历史贡献。

脱离“左”倾路线，推动遵义会议召开　1931 年，张闻天从苏联回国后，正值王明“左”倾路线统治全党时期，张闻天作为中共领导成员之一，曾拥护并贯彻过王明的“左”倾路线，但张闻天在领导苏区革命实践的过程中，对某些“左”倾的路线政策产生了疑问，他批评了一些比较“左”的劳动政策，批评了那些妄图走资本主义道路的错误倾向，批评了那种看低文化教育和惧怕排斥知识分子的政策，也批判了党内斗争扩大化的错误倾向。

红军长征开始时，在毛泽东的主动提议和极力争取下，张闻天的思想倾向已经开始逐渐离开“左”倾错误。由此，他没有被分到各军团去，而是与毛泽东一起行军。共同行军的过程中，毛泽东就红军第五次反“围剿”失败的原因，同张闻天进行了商讨。张闻天很快接受了毛泽东的观点，正如他指出的：“我很快地接受了他的意见，并且在政治局内开始了反对李德、博古的斗争，一直到遵义会议。”凭借着对真理的不懈追求，在毛泽东的帮助下，张闻天从第三次“左”倾路线中分化出来，成功地召开了遵义会议，实现了中国革命事业的伟大转折。

遵义会议上反对博古、李德“左”倾军事错误的报告　在张闻天的号召下，中共中央决定于 1935 年 1 月 15 日至 17 日在遵义召开政治局扩大会议，即遵义会议。会议的主要议题是要对第五次反“围剿”进行总结。会议伊始，博古分析中国共产党第五次反“围剿”失败的原因时，过分强调客观原因，把反“围剿”失败的原因归结为敌人力量的强大。而对于主观方面的错误，即军事路线方面的错误，博古则是避而不谈。

在中国革命处于危难之际，张闻天从革命的需要和大局出发，旗帜鲜明地表明了自己的立场，对博古、李德“左”倾军事错误进行了批评。张闻天在遵义会议上所做的报告中，认为第五次反“围剿”作战失败的原因不在于客观而在于主观，是由于博古、李德的“左”倾错误军事指挥路线造成的。因此，他主张应该由毛泽东掌握红军的军事指挥权。他表示，只有在毛泽东的领导下，红军的长征才能转危为安。

最终，遵义会议恢复了毛泽东的军事指挥权，在中国革命的危急关头，挽救了党、挽救了红军、挽救了中国革命。这一切都是与张闻天的贡献分不开的。

起草通过遵义会议决议，传达贯彻会议精神　1935 年 2 月 5 日，在中共中央政治局常委会上，实行“博洛交接”，张闻天接替博古担任总书记。张闻天担任总书记后，在此后 20 多天的行军中，抓住一切可以利用的时间，以在遵义会议上所作的报告为基础，依据会上毛泽东、王稼祥、周恩来以及其他同志的意见和会后的新情况和新决策，起草《遵义会议决议》。这份具有伟大历史意义的文献，是在党内开展“反对军事上的单纯防御路线的斗争”“彻底纠正过去军事领导上所犯的错误，并改善军委领导方式”，实现“从阵地战战术到运动战战术的坚决的迅速地转变”的纲领性文件，为红军取得长征的胜利，奠定了思想、理论基础。

我们常说遵义会议挽救了党、挽救了红军、挽救了中国革命；在一定意义上也可以说，是毛泽东和张闻天等一起为遵义会议成功召开建立了丰功伟绩。张闻天是促成遵义会议成功召开并使其落实的第一主角。

张闻天是从遵义会议到抗战初期的中共中央总书记，但是，由于种种原因，他毕生为党和人民建立的功绩，他的理论创造，曾一度被埋没。事实上，张闻天对中国革命和建设事业所作出的巨大贡献，铸就了他在中共党史上崇高的历史地位。

张闻天人格魅力的基本特征体现为不屈不挠的坚定信念、坚持真理的革命胆略、相忍为党的博大胸怀、严于律己的做人原则。张闻天人格魅力的形成得益于他革命的人生价值观和坚强的党性。作为当代大学生，我们要学习张闻天伟大的品质，培养健全而高尚的人格。

通过学习张闻天的革命事迹，让我深刻感受到老一辈无产阶级革命家为了民族独立和为解放劳苦大众，具有坚定共产主义信仰和坚强革命意志，真切感受到了中国革命胜利的来之不易，增强了对伟大、光荣、正确的中国共产党路线、方针和政策的认同，激发起大学生为强国建设、民族复兴伟业贡献青春与智慧的豪情斗志。

参考文献

[1] 张闻天 . 张闻天文集（一）(1919—1935) [M]. 北京：中共党史出版社，2012.

[1] 王成元 , 杜君 . 张闻天对遵义会议的历史贡献 [J]. 长白学刊 ,2015(03).

[2] 李茂 . 论张闻天对长征的历史贡献 [J]. 求索 ,2017(02).

[3] 李勤 . 张闻天的人格观及其当下价值 [J]. 学校党建与思想教育 ,2019 (24).

民族英雄吉鸿昌

肖楚楚（2018级物理学韶峰班）

“恨不抗日死，留作今日羞。国破尚如此，我何惜此头！”这是一代抗日名将、共产党员吉鸿昌就义之前以指为笔所写下的诗，气贯长虹令人心生敬畏。

生平简介　吉鸿昌（1895—1934），原名吉恒立，字世五，河南省扶沟县吕潭镇人。1913年入冯玉祥部。1921年冯部扩编为第十一师，吉鸿昌升任营长。1925年10月，吉鸿昌升任绥远督统署直辖骑兵团团长兼任警务处处长，不久后又被推荐任三十六旅旅长。

1926年9月，在中国共产党人刘伯坚等人的帮助下，冯玉祥部在绥远省五原誓师，响应北伐战争，吉鸿昌率三十六旅千里驰救被围困数月之久的西安，使西安城转危为安。

1927年三十六旅扩编为十九师，吉鸿昌升任师长，率部进驻潼关。他一方面大力支持共产党人在部队开展政治工作，一方面同著名共产党人刘伯坚、宣侠父、魏野畴等亲密往来，向他们请教革命道理。

1927年7月蒋、冯徐州会议后，第二集团军内部进行清党“送客”，大批共产党人被“礼送”离队，而在十九师，吉鸿昌不仅没有搞“送客”，还暗中保护了一批共产党员。1931年夏，因特务告发，吉鸿昌的潢川起义计划夭折。

1931年8月，蒋介石解除吉鸿昌的兵权，强令他“出国考察”。吉鸿昌此次出洋，时值“九一八”事变爆发。吉鸿昌环游欧美等十余国，沿途向各地侨胞积极宣传抗日。1932年2月28日，吉鸿昌从国外回到上海。他立即找到中共上海地下党组织，商谈抗日救国活动大计。同年秋天，他在北平加入中国共产党。

1932年10月9日，冯玉祥决心与中共合作，共同抗日，吉鸿昌则在天津为抗日武装发动察哈尔抗战计划而四处奔走。他毁家纾难，变卖家产六万元购买枪械。1933年3月下旬，他按照党的指示，急赴张家口，协助冯玉祥揭旗抗日。

1933年5月26日，察哈尔民众抗日同盟军宣告成立，吉鸿昌任第二军军长。6月20日，冯玉祥任命吉鸿昌为北路军前敌总指挥。他率同盟军主力分3路北进，在一个月内，抗日同盟军接连收复察北四县，使日军遭到九一八事变以来的第一次沉重打击，震动中外。

1934年5月，吉鸿昌参与组织了“中国人民反法西斯大同盟”，他被推选为主任委员。这时吉鸿昌在天津法租界霞飞路40号的家，成了党组织的地下联络站。在楼上一角，他还设立了简易印刷所，印刷反法西斯大同盟的机关刊物《民族战旗》和党的秘密文件。

吉鸿昌的活动引起了敌人的密切注意。蒋介石严令北平军分会不惜一切手段逮捕暗杀吉鸿昌。11月9日晚，吉鸿昌被捕。在国民党北平军分会举行的所谓军法会审时，他义正词严，变敌人的法庭为讲坛，历数国民党反动派祸国殃民、残内媚外的罪恶，庄严宣称："我是中国共产党党员，能够为我们党的主义，为全人类的解放事业而奋斗，这已是我毕生最大光荣。"1934 年 11 月 24 日，吉鸿昌被杀害于北平陆军监狱，时年 39 岁。

背后故事 做官即不许发财 吉鸿昌的父亲吉茂松治家严格，秉持着"人穷志不穷"的观念来教育孩子。在父亲的教诲下和生活的磨炼中，吉鸿昌变得刚直倔强、极具正义感。入伍后的吉鸿昌因吃苦耐劳、作战勇敢、为人正直、不畏权势。虽步步高升，官越做越大，但吉鸿昌一直没有改变他"当兵救国，为民造福"的初心。1920 年，25 岁的吉鸿昌任营长时，父亲得了重病。吉鸿昌前去探视时，父亲对其说道："当官要清白谦正，多为天下穷人着想，做官即不许发财。否则，我在九泉之下也不能安眠。"于是，吉鸿昌将父亲的遗嘱"做官即不许发财"这句话亲笔书写后烧制在白瓷碗上，并分赠给部下。他说："我吉鸿昌虽为长官，但我绝不欺压民众，掠取民财，我要牢记家父的教诲，做官不为发财，要为天下穷人办好事，请诸位监督。"

在当时腐败形势严重、贪官污吏横行的情况下，他能始终坚守住"做官不发财"的信条，实在难能可贵。吉鸿昌时刻谨记父亲的叮嘱，平时省吃俭用，用积攒下来的钱去资助他人。从军以后，他体会到了学好文化的重要性，于是又立志要在家乡为贫困子弟办所学校。1922 年部队移防河南，他回到了一别近十年的老家。探亲期间，吉鸿昌把自己积攒的一百多块银元全部拿出，与乡亲们共同努力把一座破庙改成了校舍，让贫穷儿童免费上学。他率部所到之处，也都尽力捐款，帮助地方兴办学校。

"我是中国人！" 1931 年初到美国，吉鸿昌就接二连三地遭到意想不到的刺激，如那里的头等旅馆不接待中国人，对日本人却奉若神明。一次，他要往国内邮寄衣物，美国邮局的职员竟说"不知道中国"，吉鸿昌非常气愤，跟着监视他的国民党特务却劝告他说："你若说日本人，便可受到礼遇。"他怒斥道："你觉得当中国人丢脸，我却认为当中国人无上光荣！"。为抗议帝国主义者对中国人的歧视，维护民族尊严，他找来一块木牌，用英文仔细地在上面写上："我是中国人！"并将其挂在胸前，走在美国的大街上，让每个人都能看到。

疾恶如仇，认法不认亲 吉鸿昌在短暂的一生中铁骨铮铮、疾恶如仇，令人们敬仰。吉鸿昌有一个名叫吉星南的侄子。此人敲诈勒索，欺男霸女，横行乡里。1926 年，一个叫赵兴运的外村人认识了吉星南，两人相谈甚欢。赵兴运接受吉星南的建议，带着老婆孩子租住到吉家，靠卖凉粉度日。岂料，吉星南和赵妻勾搭成奸，两人合谋杀害了赵兴运和他的老娘，赵家的孩子们也不知所踪。这样一个大案，地方当局却无人过问。吉鸿昌赴南京途经家乡时听说了此事后十分愤怒。经查访落实，他即派随从给县长杨宗敏带去亲笔信，要求从严处理此案。而县长却认为，吉鸿昌此举不过掩人耳目，缓和民愤而已。吉鸿昌听说后，又利用回家省亲的机会，派人开着汽车飞驰扶沟县城，将二人提出监狱。吉星南见叔父来提领自己，得意扬扬上了汽车。没想到汽车飞驰至郊外，吉鸿昌将他推下车，抓住其衣领，严词历数其罪行。吉星南吓得浑身发抖，连声哀求宽恕。吉鸿昌厉声喝道："你仗势欺人，无法无天，姘妇害命，该当死罪。今天是认法不认亲，执行枪决！"随即，二人被枪毙。消息很快传开，百姓拍手叫好，纷纷对吉鸿昌大义灭亲的行为表示称赞。

吉鸿昌生前曾说："我能够毁家纾难，舍生报国，拒绝利诱，见危授命，这样来抗日救国，这正是党给我的感召，这正是党的意志。"这句话讲出了吉鸿昌一生思想发展和迈上革命道路的核心和根源。他给我们后辈不仅仅留下了大义凛然的牺牲精神，还有"做官即不许发财"和"认法不认亲"的刚正不阿、铮铮铁骨。吉鸿昌的女儿吉瑞芝说："父亲已经离开 87 年了，但我一直觉得他就在我身边，他的精神一直激励着我。父亲是我们党的骄傲，民族的骄傲，他的英雄事迹，已化作不朽的民族精神和不竭的精神财富，他身上体现的崇高精神和浩然正气，必将激励一代又一代人为党和人民的事业不懈努力。"我想吉鸿昌女儿的这一番话是对民族英雄吉鸿昌的最好的总结与歌颂。作为青年人的我们，更应弘扬伟人精神，为祖国而强大，为国家的富强贡献自己的一份力量。

参考文献

[1] 王德蓉 . 吉鸿昌：爱国恤民 刚直清正 [J]. 公民与法（综合版）,2018(09).

[2] 张爱凤 . 吉鸿昌：热血报国 壮怀激烈 [N]. 中国社会报 ,2021-06-09(08).

[3] 朱漓江 . 民族英雄吉鸿昌 [J]. 求知 ,2018(04).

抗日民族英雄——杨靖宇

雷鸣（2018 级材料类师昌绪班）

2020 年 8 月 15 日，这一天是中国人民抗日战争胜利 75 周年纪念日，是我国战胜侵略，迎来和平的纪念日，经过 14 年的浴血奋战，亿万中国人的奋力抵抗，终于迎来最终胜利，而在这场伟大的胜利之中，涌现出了许多英雄先烈，他们以血肉之躯保家卫国，英勇就义，其中，有一位著名的抗日民族英雄，他是一名中国共产党优秀党员，是无产阶级革命家、军事家、著名抗日民族英雄，是鄂豫皖苏区及其红军的创始人之一，也是东北抗日联军的主要创建者和领导人之一，他的名字叫杨靖宇。

杨靖宇，1905 年 2 月 13 日出生，身高 1 米 93，他出生在河南省确山县的李湾村，幼年丧父，家境贫寒。1923 年，杨靖宇考入河南省立第一工业学校。他阅读进步书刊，学习马克思主义，为马克思主义在东北地区的传播发挥了至关重要的作用。和当时的许多热血青年一样，他秘密参加了革命，并在 1926 年加入了中国共产主义青年团，成为一名共青团员。1927 年，杨靖宇加入中国共产党，成为一名中国共产党党员，同时他在自己的老家发展农民运动，短时间内农民协会会员就发展到 1 万人；同年，杨靖宇领导了豫南农民起义，率领 5 万农民武装占领确山县城。1929 年 8 月，杨靖宇被刘少奇看作是“得力同志”而被派到抚顺，任中共抚顺特别支部书记，化名张贯一。他一到抚顺，即在西露天矿当上了一名矿工，曾在这里洒下一片深情。

由于在抚顺领导当地矿工罢工，杨靖宇又两次入狱，备受日本警察署的严刑拷打，他坚贞不屈，始终不承认自己是共产党员和从事的活动。“九一八”事变后经组织营救出狱，出狱后，杨靖宇不顾在狱中被敌人摧残的极度虚弱的身体，从沈阳赶到哈尔滨，向党组织提出尽快参加工作的要求。中共满洲省委的领导，时任省委书记兼组织部部长的罗登贤同志没有马上给他安排工作，考虑到几位出狱的同志身体还需要康复一段时间，准备等他们身体恢复后再安排具体工作，但是，杨靖宇表示：“现在国难当头，我怎么能待得住呢？”在杨靖宇的要求下，中共满洲省委安排他担任东北反日总会党团书记兼任中共哈尔滨市道外区委书记。

1931 年“九一八”事变后，整个东北已经落入日本人手中，但是当时被命令一枪不许放的东北军撤出之后，东北依然不断涌现出血性十足的抗日英雄，这批人统称为“东北抗日义勇军”。但是因为缺少系统的指挥，充足的补给，同时只有一腔热血却不知配合，最终导致义勇军被各个击破，不得已化整为零。在危急存亡之时总有人力挽狂澜，这个时候，中共决定在东北建立党领导下的抗日民族统一战线，以南满游击队和海龙游击队为基础，成立东北人民革命军第一军独立师，而担任师长兼政委的，正是杨靖宇。在此基础上，1935 年 8 月，中共满洲省委决定，以共产党领导的东北人民革命军、抗日联合军和游击队为基础，联合其他抗日武装，成立“东北抗日联军”，杨靖宇任抗日联军第一军军长兼政委。

1936年，离东三省沦陷已经过去了5年的时间，这片属于中国的土地，已经被日本人冠上了“满洲国”的称号。但是有一件事情让日本很头疼，有一支中国的军队一直在进行抵抗，甚至日本将这支军队活动的地带称为“癌肿地带”，把他们的领导者，称为“东边道社会治安之癌”。这个人不是别人，正是杨靖宇。杨靖宇将军当时深得游击战之精髓“敌进我退，敌乱我打”，这样一来就搞得关东军和伪满军队对杨靖宇恨得咬牙切齿。当时关东军有多恨杨靖宇呢？据日本当时的记录是这样的：从1938年开始，日本关东军司令部调集了6万人的部队和警察大队，专门剿杀杨靖宇，当时整个抗联巅峰战斗力也就3万人。当时下达的命令是：看到抗联和其他队伍，其他放过，只打抗联；看到抗联里有杨靖宇的队伍，其他放过，只打杨靖宇。由此可见，日本侵略者如此忌惮杨靖宇将军，这位伟大的抗日民族英雄，用他的伟大的民族气概，用他伟大的身躯尽力守护好中国的每一寸领土。

然而，在那个年代并不是每个人都能做英雄，也不是每个人都想去做英雄。1938年7月，杨靖宇麾下东北抗联第一军第一师师长程斌，叛变投敌。程斌不但自己下山投降，还带着手下115个人，带了大量的枪支弹药，包括现金，他带着日本人摧毁了蒙江县境内70多个杨靖宇设立的“密营”，而这个“密营”是杨靖宇精心设计的抗联的补给生命线，“密营”中存放的都是弹药，布匹，粮食。由于当时抗联已经失去了当地老百姓的补给支持，所以这70多个“密营”是杨靖宇最后的支撑，在程斌一口气带着日本人摧毁了70多个“密营”后，杨靖宇部队陷入了弹尽粮绝的绝地，就像一个恶性循环一样，叛徒的数量有增无减。1939年秋天，关东军开始对杨靖宇部队展开全面扫荡，打先锋的是岸谷隆一郎手下的10个警察大队——包括程斌在内，10个大队长，都是叛徒。其中为首的杨斌更是熟悉杨靖宇的打法，每每都能猜中杨靖宇下一步要转移的地点。在这期间抗联又蒙受了大量的损失。

1940年1月，杨靖宇的部队弹尽粮绝，在零下二十多摄氏度的冰雪环境下，他们开始用布包裹着脚在雪地里前行，饿了只能啃树皮。为了解决部队补给，杨靖宇命令大部队北上突围，自己带着贴身的十几个战士，继续与敌人周旋。1月22日，又一个叛徒出现了，杨靖宇的警卫旅参谋丁守龙被伪通化省警察大队捕获，随即变节，杨靖宇的隐蔽位置、兵力情况均被日军获知，这导致包围圈大大缩小。2月1日，另一个叛徒出现了，杨靖宇警卫员张秀峰携大量经费和一些绝密文件投敌，张秀峰是杨靖宇一手养大的，两人情同父子，因此杨靖宇从来没想过他会主动投敌，并且最关键的是，由于张秀峰带了大量的资料导致日本方面分析出了杨靖宇之后的突围路线以及行动方向，而这一次的出卖几乎让日本人可以精准定位到杨靖宇的位置。22日，再次出现了叛徒，而这一次的出卖，是最致命的。这一天的上午，杨靖宇孤身一人，他的另外两个警卫员已经在买粮途中牺牲，已经5天5夜没吃过东西的杨靖宇，在保安村以西五里的山里，终于等到了4个砍柴的村民，其中的一个村民，是伪军的排长，叫赵廷喜。杨靖宇恳求他们，能否回去带点食物和棉鞋回来，重金酬谢，赵廷喜劝他：“我看你还是投降吧，如今满洲国对投降的人不杀头的。”杨靖宇回答道：“老乡，我是中国人呐！不能做这样的事。我们中国人都投降了，中国就完了！”然而本答应给杨靖宇弄点粮食的赵廷喜，在回去的路上碰到了另一个汉奸李正新，因为怕其他三个人先报告看到了杨靖宇，赵廷喜立刻把整件事情全盘说出。2 月 23 日下午 3 点左右，日军赶到，包围了杨靖宇最后的藏身处。当时日军指挥官西谷喜代人在距离杨靖宇 50 米远的地方下令停止前进，并开始喊话：“君是杨司令否？”杨靖宇回答：“是的，我就是杨司令。”西谷喜代人继续喊话道：“我们是通化的警察队。在我们的部队里面，曾经是君之同志的，都归顺了。若是君能归顺，岸谷厅长必会热切相迎。现在这个地方，要逃脱是不可能的了，何必急着去死呢？考虑一下归顺可好？”杨靖宇回答：“我珍惜自己的生命，但不可能如你所愿。很多部下都牺牲了，我如今只剩了自己一个人。虽临难，但我的同志们在各地转战，你们灭亡之日必将到来。我将抵抗到底，无须多说，开枪吧。”话音刚落，之后便枪声大作，杨靖宇手持双枪，不断射击，在右臂被击中后，左手持枪继续还击。眼看生擒无望，西谷喜代人下令击毙杨靖宇，一颗子弹随即击穿了杨靖宇的胸膛，一位伟大的抗日英雄就此倒下。

当日本侵略军终于确认他们击毙的就是杨靖宇时，既兴奋又诧异，最让他们无法理解的是，杨靖宇是怎么在零下二十多摄氏度的环境下，在没有任何补给的情况下坚持这么久的，后来日本人切开了他的胃，发现里面没有一粒粮食，只有三样东西：棉絮，稻草，树皮。

2015 年，习近平总书记在颁发中国人民抗日战争胜利 70 周年纪念章仪式上的讲话中列举了抗战中牺牲的 4 位中国共产党英烈，他们就是杨靖宇、赵尚志、左权、彭雪枫。可见，杨靖宇是当之无愧的民族英雄。

“为中国人民谋幸福，为中华民族谋复兴，是中国共产党人的初心和使命，是激励一代又一代中国共产党人前赴后继、英勇奋斗的根本动力。”杨靖宇将军就是以这样的初心和使命为我们执着坚守着，他是中华民族的脊梁、民族英雄，他身上体现中国共产党人的浩然正气、不屈不挠的大无畏革命精神，值得全中国人民永远缅怀、永远学习。

在新时代的中国，哪有岁月静好，只不过是一直有人在替我们负重前行，也正是因为有着无数像杨靖宇这样的伟大英雄，在人民解放和民族独立的斗争中抛头颅、洒热血，在战场上视死如归、勇往直前，奉献自己宝贵的生命才会换来当代中国社会的和平与安宁。作为当代大学生，作为新时代的青年，我们要高举中国特色社会主义伟大旗帜，拥护中国共产党，缅怀民族英雄与先烈，坚定不移跟党走，为实现中华民族伟大复兴而努力奋斗！

参考文献

[1] 习近平．在“不忘初心、牢记使命”主题教育工作会议上的讲话［N］．人民日报,2019-07-01(01).

[2] 赵俊清．杨靖宇传［M］．哈尔滨：黑龙江人民出版社，2015.

[3] 中共黑龙江省委党史研究室．黑龙江抗日烽火［M］．长春：吉林大学出版社，1995.

从舒城走出的传奇特工——胡底

梁世昂（2018 级材料类师昌绪班）

上海滩的武打明星演员、国民党特务机关天津站的负责人、苏区的红色戏剧家、红军长征中的侦察尖兵……拥有众多传奇身份的胡底，最为知名的就是作为中共早期情报战线“龙潭三杰”之一。

在安徽省档案馆馆藏着一份珍贵的档案，它是 1981 年 12 月民政部向安徽民政厅发函，通知舒城县民政局，将胡底同志的名字编入《革命烈士英名录》，并将已批准为革命烈士的情况告知其家人。

以演员身份作掩护，从事地下工作　“胡底同志，原名胡百昌，又名胡北风，安徽舒城人，一九二五年加入中国共产党，为我党初期情报工作战线三杰之一。”在省档案馆，馆藏着一份 1981 年 12 月民政部向安徽民政厅发的《关于批准胡底同志为烈士的函》的档案，“根据《革命烈士褒扬条例》第五条的规定，我部批准胡底同志为革命烈士。”

那么胡底是怎么样走上革命道路的？又是如何成为红色特工的呢？这要从胡底的经历说起。1905 年 3 月 10 日，胡底出生于安徽省舒城县干汊河镇松元村一户地主家庭。幼年随伯父胡继章读私塾，以后入城关植民小学和合肥省立第一中学读书。1919 年，胡底考入中国大学。在这里，他结识了恩师李大钊，阅读了大量的进步书籍，受到五四新文化运动的影响和马克思列宁主义的熏陶，积极投身革命活动。经同学吴鹿鸣介绍，胡底与钱壮飞在安徽会馆相识，从此来往密切，关系深厚。1925 年，胡底和钱壮飞夫妇一起加入了中国共产党。次年，胡底、钱壮飞和剧作家徐光华等在北京创办了一家电影公司——“光华电影公司”。当时拍摄的《燕山侠隐》是我国早期的一部武侠片，曾经送到日本等国放映。胡底和钱壮飞全家上阵，都当演员。

当时，胡底一面扮演影片里的角色，一面借此掩护开展党的秘密工作。正当胡底以极大的热情投入革命生涯时，1927 年 4 月 28 日，中国共产党创始人之一、胡底的启蒙恩师李大钊惨遭杀害。胡底和钱壮飞等受到通缉。同年冬天，胡底和钱壮飞转移到上海。一面积极寻找党的关系，一面寻找职业进行掩护。1928 年，胡底进入了上海影片公司，在江湾昆仑电影制片厂当演员。为不暴露身份，他拍摄过《盘丝洞》《昆仑大盗》等以演武侠为内容的片子。由于胡底文艺底子厚，加上他之前在北京演片的基础，很快就脱颖而出，被誉为“东方范朋克”（范朋克是美国好莱坞的当红动作明星）。

八七会议后，党中央机关从武汉陆续秘密迁往上海，而此时的胡底与钱壮飞也在上海与党组织取得了联系。1928 年 4 月，为加强对敌人特务机关的进攻，及时搜集掌握情报，中央特科设立情报科，由陈赓担任科长，经周恩来亲自挑选决定，胡底与钱壮飞一起参加了情报科。胡底继续以演员身份作为掩护，从事地下工作，而钱壮飞则在上海无线电管理局找到一份职业。精明能干、才华出众的钱壮飞，得到时任上海无线电管理局局长徐恩曾的赏识，将钱壮飞留在身边，担任秘书。1929 年初冬，正在摄影棚里拍戏的胡底，见到了时任中共上海沪中区宣传委员的李克农。在胡底介绍下，李克农认识了钱壮飞。当时已在上海电讯管理处（实际是国民党特务机构）担任秘书的钱壮飞，得知上海电讯管理处要扩大规模，随即向上级汇报，希望党组织利用这个时机，派人打进去。周恩来领导的中央特委对此十分重视，指示钱壮飞、胡底、李克农组成中共特别小组，打入国民党特务机关，潜伏下来，直属中央特科单线联系。在钱壮飞安排介绍下，胡底、李克农先后进入上海无线电管理局工作。从此，他们三人在周恩来的亲自指挥下，深入虎穴，分别开始了在南京、天津、上海的情报工作，也由此开始了“龙潭三杰”的密切合作。

潜伏在敌人内部，获取众多重要情报　恰巧，当时钱壮飞的顶头上司、上海电讯管理处处长徐恩曾，被任命为国民党中组部党务调查科长，徐恩曾准备让钱壮飞随他到南京担任机要秘书。徐恩曾到南京上任后，委托钱壮飞以其机要秘书名义，筹划组织一个秘密指挥机关，选用配备机要人员，设立秘密电台，建立各地基层机构。钱壮飞、胡底、李克农借此机会开展工作，李克农到上海任上海无线电管理局编辑。胡底先在南京主持“民智通讯社”，之后，他被派到天津创办“长城通讯社”，兼任社长。

其间，钱壮飞在国民党最高特务指挥机关开始发挥作用。胡底除协助钱壮飞外，掌握了国民党在天津的最高情报机关，李克农掌握了国民党在上海的最高情报机关。虽然他们不在一起工作，但为了保证党的领导，三人成立了党小组，组长由李克农担任。南京、天津方面有重要情报，钱壮飞和胡底就马上用密码报告在上海的李克农。就这样，钱壮飞和胡底，一南一北，分别收集国民党的机密情报。他们潜伏于国民党的机要机关，为党提供了大量反动当局核心机密，对中央苏区红军作战、粉碎敌人“围剿”起到重要作用，为保卫党中央作出卓越贡献。

1931 年 4 月，负责特工工作的顾顺章在武汉叛变，国民党武汉行营和特务机关连续向徐恩曾发出顾顺章叛变的密电。4 月 25 日夜里，这些密电均被钱壮飞截获，千钧一发之际，他立即派人赶到上海向中共中央报警。经周恩来、陈云等领导采取紧急措施，结果使敌人对上海的大搜捕全部扑空，中共中央领导人、中共江苏省委以及共产国际在沪机关全部迅速地安全转移，从而使党避免了一场特大灾祸。

与此同时，在天津的胡底也接到了钱壮飞“潮病重速返”的电报，连夜乘船离开天津，赶到上海，与李克农和从南京潜入上海的钱壮飞在上海闸北地区隐蔽起来。胡底、钱壮飞、李克农极其出色地完成了党交给他们的艰巨任务，为保卫党中央作出了卓越贡献。后来周恩来对他们给予了高度评价，称赞他们是早期党的情报战线上的“龙潭三杰”。

光辉事迹永流传　为了保护这些暴露的地下工作者，在党组织的安排下，1931 年底，李克农、钱壮飞、胡底先后秘密到达江西中央苏区红都瑞金。胡底在苏区担任国家政治保卫局执行部审讯科长，除了从事政治保卫工作，还兼任了红军总政治部俱乐部主任，承担了大量宣传教育方面的工作。早期的演员经历、从事地下工作的生活经验、苏区朝气蓬勃的社会环境等都为胡底剧本创作提供了丰富的素材和借鉴，他创作题材广泛，内容深刻，主题鲜明，艺术性强，不但因地制宜、创造性地组织红军开展丰富多彩的文娱活动，还动笔创作了很多短小精悍的话剧为部队演出，在中央苏区剧团编演过许多政治内容丰富、形式活泼多样的话剧、双簧等，成为苏区最高产的戏剧作家。值得一提的是，为加强苏区的宣传工作，胡底又同钱壮飞、李伯钊等同志筹建"高尔基戏剧学校"，为苏区培养了一大批宣传文化工作骨干。

1931 年 12 月，在红军反"围剿"不断取得胜利和全国抗日反蒋浪潮推动下，国民党第 26 路军 17000 余人在江西宁都起义，被改编为中国工农红军第五军团。宁都起义使红军增加了一支新的力量，但是对他们进行思想教育、转化思想却是一项十分艰苦细致的工作。为慰问起义将士和宣传我党政策，根据毛泽东的意见，胡底、钱壮飞、李伯钊等人创作和改编的《为谁牺牲》《黑奴恨》等话剧，在起义部队演出，效果出奇的好，对国民党起义部队起到了极好的教育作用。

长征途中，胡底奉命到红一方面军，担任红军总部保卫局侦察科长，为大部队做开路先锋。令人惋惜的是，胡底并未走完长征路。他在长征途中不幸牺牲，时年仅 30 岁。

为了纪念这位红色特工的传奇一生，2015 年，安徽省舒城县干汊河镇修建了胡底烈士纪念馆，用大量图文资料展示了胡底的生平事迹及其参加革命活动的贡献。2018 年，经党中央、国务院批准，在四川省阿坝藏族羌族自治州马尔康市松岗镇修建了"胡底革命烈士纪念碑《北望》雕塑"，该纪念广场成为"全国国家安全教育基地"。

参考文献

[1] 姚永森 . 中共初期情报战线三杰之一——胡底的一生 [J]. 上海党史研究 ,1995(01).

[2] 刘琦 . 我所了解的情报战线三杰之一胡底 [J]. 江淮文史 ,1994(06).

[3] 何立波 . 红色戏剧运动的主将胡底 [J]. 检察风云 ,2017(18).

不朽的红色旋律——以《黄河大合唱》为例

卜玉田（2018 级物理学韶峰班）

“风在吼，马在叫，黄河在咆哮！黄河在咆哮！”这是《黄河大合唱》的歌词，试问哪个华夏儿女听到这首歌，不会感到热血沸腾，不会想到那抵抗侵略、战火纷飞的年代？！日寇铁蹄践踏中国的土地，屠杀中国的人民，黄河在咆哮，中华民族在咆哮，掀起千层巨浪、万重波涛，激励和呼唤它的儿女们用血肉之躯“保卫家乡！保卫黄河！保卫华北！保卫全中国！”《黄河大合唱》是为中华民族的尊严、为中国人民的生存发出的震天怒吼，是为保卫家乡、民族解放、团结杀敌发出的战斗号角；它镌刻着时代印记的红色音符与旋律，凝结着中国人民的价值理念和道德情感，承载着抗战时期中国人民的集体记忆。

《黄河大合唱》是先有诗再有曲的，诗的作者正是光未然。光未然无法握笔，躺在病床上口述给胡志涛。光未然拖着生病的躯体，他只花了五天的工夫，便完成了一首长诗。有了歌词，还要有曲，完成这项工作的正是冼星海。

冼星海原籍广东番禺，1905 年出生于澳门，幼年时随母亲侨居新加坡谋生，1918 年回国后，先后入岭南大学（今中山大学）附中和岭南大学，1926 年后先后入北京大学音乐传习所和上海国立音专，1929 年去巴黎勤工俭学，师从著名提琴家帕尼·奥别多菲尔和著名作曲家保罗·杜卡斯，1931 年以优异成绩考入巴黎音乐学院。1935 年，他毅然放弃法国优渥的条件，回到朝思暮想的祖国后，积极参加抗日救亡运动。

回国之后他来到上海，可那时的上海竟是一番歌舞升平的景象，这让冼星海无比失望。可就在这时，他看见了希望——延安！1938 年冬，刚成立的鲁迅艺术学院邀请冼星海赴延安任教，冼星海激动地跳了起来，随即奔赴延安。不久之后，《黄河大合唱》便诞生了！

光未然完成歌词的几天后，在延安西北旅社的一孔窑洞中，他向冼星海和第三队的队员们朗诵了全篇。冼星海听完，兴奋地把歌词抓在手中，答应在第三队离开延安前全部谱好曲子。或许令今人难以想象的是，《黄河大合唱》这么雄伟的作品，冼星海只能在上山垦荒和繁重的教学之余，抓紧每分每秒工作，为此他连续熬夜。他多次到黄河边寻找灵感，且只花了六天时间即完成了《黄河大合唱》的全部曲调。

冼星海因谱曲《黄河大合唱》一举成名后，很快出任鲁艺音乐系主任，成为延安音乐界的领军人物。冼星海在短暂的生命中，创作了许许多多的救国歌曲。他曾对母亲说：“没有祖国的孩子是耻辱的，祖国的孩子们正在争取让那青春的战斗的力量支持那有数千年文化的祖国。我们在祖国养育之下正如在母胎哺养下一样恩赐，为着要生存，我们就得一起努力，去保卫那比自己母亲更伟大的祖国。”冼星海把音乐作为战斗的形式，一曲《黄河大合唱》从历史深处走来，也将持续奏响华夏！

冼星海坚信："大众化的音乐，必须服从政治，而不是高出政治或领导政治。"他也曾明确提出：中国音乐内容应该是新民主主义的，形式应该是民族的。在冼星海的作品中，数量最多的是救亡歌曲。他曾说，这种创作并不被当时的一些音乐家们理解，但作为"有良心的音乐工作者"，就必须看到祖国和人民的苦难，必须把其传播出去以唤起更多、更大范围的关注。正是这种对祖国同胞受难的悲悯和对祖国未来希望的坚定，激发了他用歌曲唤醒国人的创作意愿，这也是革命歌曲之所以生生不息与广泛传播的根本缘由——它是一个民族在压迫下的怒吼！

他的音乐是大众的。他作品中的主题、形象以及所使用的音乐语言，都是以人民的劳动、斗争和人民的创作为根据的，既教育了人民，提高了人民的劳动和斗争热情，又丰富了人民的音乐语言。

他的音乐是民族的。对于中国音乐的民族形式，冼星海有着自己独特的见解。他认为，讨论音乐民族形式的基本出发点，应该是为了发展中国工农大众的音乐。冼星海指出：重视民族形式问题还能提高一个民族的自信心，能激发人们的爱国主义热情。因此，"在统一战线的提出后，民族形式的被重视，无疑是发扬民族的自尊心，也就是一切艺术部门不应忽略的一点"。他对于民歌的重视，就是力证。

他的音乐是艺术的。冼星海在创作中努力探索一种新的艺术形式，探索中国新音乐道路。冼星海创作时十分注重歌曲的艺术性，如《黄河大合唱》中运用了独唱、朗诵、多声部轮唱等多种演唱方式，《在太行山上》融合了颂歌、抒情歌和进行曲等多种音乐风格。

冼星海充分肯定革命歌曲在民族革命中的宣传作用，这些革命歌曲激励着一代又一代的英雄儿女们前赴后继为祖国的壮美河山和革命事业而无私奉献。在冼星海短暂的一生中，一共创作了五百多首脍炙人口的革命歌曲，它们是在人们心中长久激荡的不朽乐章。

红色音乐传递了中华民族的审美情感与价值追求，借鉴了不同国家和民族的艺术表达方式，融合了其优秀文化成果。历史变迁中的红色音乐文化蕴含着中国人民不畏强敌的抗争精神、敢于拼搏的革命精神、与时俱进的创新精神。红色音乐文化的发展史一定意义上代表了社会主义先进文化的传播史。

党的百余年奋斗历程中，红色音乐文化始终以自强不息为主旋律和主基调，铭记着这段历史进程中中国人民创造的历史成就，这些红色旋律、红色艺术作品，经由一代代人传唱，传递的是信念，承载的是记忆。这些红色旋律不会落伍，这些集体记忆会流淌在中华民族的血液里，生生不息！

参考文献

[1] 李杨．圣咏中国——《黄河大合唱》与延安文艺的"民族形式"问题 [J]. 文艺理论与批评，2021(02).

[2] 罗慕赫．从延安唱响的时代之声 [N]. 中国纪检监察报，2021-04-09(01).

[3] 孙黄澍．集体记忆：红色音乐文化的情感表达 [N]. 中国社会科学报，2021-12-04(01).

王震的“垦荒精神”

谭敏（2018级化学类韶峰班）

1908年4月11日，王震出生在湖南省浏阳县北盛仓乡马跪桥村一个佃户家庭。少年时代，王震有感于旧社会的黑暗和不公，开始萌发反抗压迫的思想。1922年，王震到长沙从军，后当铁路工人，在此期间，他接触到进步思想和先进的中国共产党。

1929年，王震加入中国工农红军，在土地革命战争以及后来的抗日战争、解放战争中作出了突出贡献。中华人民共和国成立后，王震担任党和国家的重要职务，积极参加社会主义革命和建设。改革开放后，王震又积极投身于社会主义现代化建设，为党和国家的发展作出了重大贡献。

率三五九旅将士开发南泥湾　1941年皖南事变后，国民党设置了5道封锁线，切断了陕甘宁边区同外界的一切联系。是年2月底，毛泽东在与王震谈话时说：“国民党封锁我们，我们面对严重的困难。是饿死呢？解散呢？还是自己动手呢？饿死是没有一个人赞成的，解散也是没有一个人赞成的。还是自己动手吧！这次调你们三五九旅到南泥湾是守卫延安南大门。你们不但要随时准备迎击国民党可能发动的军事进攻，还要通过开荒生产，尽快做到生产自给，从根本上打破国民党的经济封锁。”

1941年3月初，王震亲率三五九旅开进南泥湾。南泥湾几十里荒无人烟，虎啸狼嚎。部队进驻时正值大雪天气，寒风刺骨。王震与战士们夜间露宿，为了御寒和防范野兽袭扰，共同点起堆堆篝火。王震带领部队搭窝棚、挖窑洞，在荒坡上安营扎寨。王震提出了“一把镢头一支枪，生产自给保卫党中央”的口号，规定从旅长到每一个战士，无一例外地参加生产，开荒种田。王震身先士卒，和战士一起开荒，双手打满血泡。在他带动下，部队掀起了你追我赶的劳动竞赛，仅1941年一年的时间，全旅就开荒了1.1万亩荒田。王震以及三五九旅的广大指战员以大无畏的革命乐观主义精神，将荒无人烟的南泥湾改造成“陕北的江南”。毛泽东对此亲笔题词称赞“有创造精神”。一首《南泥湾》传唱大江南北，王震和他的三五九旅闻名天下。从此，南泥湾不仅是一个地名，而且成了一种精神。南泥湾大生产运动，也为新中国的农垦事业作了组织上、思想上、经验上、精神上的各种准备。

开创祖国的农垦事业　王震曾说：“我这个人的革命生涯，就是从南泥湾开荒，到全国农垦，还是开荒。”1954年，王震到北大荒汤原县看望即将退伍的铁道兵官兵，他乘车驰骋在广袤的千里荒原上，兴奋地说道：“这片处女地，真是搞农业机械化的好地方啊！”在部队营地，他抓起一把黑土，更加兴奋：“这土真肥啊，一使劲就能攥出油来！”，他瞬间萌发了将退伍官兵安置在这里垦荒的念头。王震立即开动员会作报告，一下子把广大退伍官兵的热情鼓动起来了，大家一致表示愿意在北大荒屯垦戍边。1956年，中央决定成立农垦部，毛泽东亲点王震任部长，统筹全国军垦、农垦及国营农场管理。王震开始指挥一场旷日持久的大规模的垦荒战役，继承南泥湾“自己动手，丰衣足食”的垦荒精神，亲手点燃开发北大荒之火，昔日的“北大荒”变成了“北大仓”。

“生产建设兵团”的缔造者　在新疆和平解放后，新疆的经济建设水平及各方面建设都十分落后，党中央在总结历史经验的基础上，作出了在新疆开展大规模屯垦戍边的决定，王震在这项事业中担任了重要的角色，是这项伟大实践的策划者、指挥者和直接参与者。1951年至1954年，王震为巩固新疆人民政权，促进部队生产建设，提出成立新疆军区生产建设兵团的建议，得到了中央的批准。

在带领军队进入新疆后，王震做出了长期屯驻的打算。将解放初期的新疆建设好并不是短时间内能够完成的事情，要经过长期的艰苦奋斗。为了使屯垦的军民能够决心长期在新疆参与建设，王震一方面对他们进行思想政治教育，安抚其情绪，另一方面动员广大女青年也来参加新疆建设。但是王震并没有盲目地对新疆进行建设，他详细考察了新疆的实际情况，对新疆的情况有着深刻而清晰的认识。在初期，王震就深刻认识到了粮食的重要性，他提出并发展了“农业为主，多种经营”的思想。王震尊重客观事物的发展规律，因地制宜，与时俱进。他除了重视农业的发展，也认为当地可以发展多种经济。如今的新疆已经实现了从沙漠到绿洲，从荒芜到繁荣的转变，这都离不开王震“超前规划，因地制宜”的经营。

王震为促进各族人民团结，巩固西北边疆，呕心沥血，东奔西走，倾注全部精力，为实现新疆工农业的现代化奠定了重要基础。王震的辛勤付出，使新疆的长期稳定和后来的全面发展有了良好的开端。王震对新疆各族人民饱含无限热爱，对这片热土怀有深沉眷念，受到各族人民真诚爱戴。

1993年3月12日，王震将军走完了他85年的壮阔人生，遵照他的遗嘱，他的骨灰被撒在了新疆，魂归天山，没有留下墓地，更没有留下墓碑和碑文。一个伟大的灵魂永远地和新疆连在了一起。巍巍天山葬忠骨，王震永远与天山同在。

垦荒精神的内涵　王震在为《当代中国的农垦事业》一书所作的序言中，谈到中国农垦创业者的精神时指出：“什么是中国农垦创业者的精神呢？我以为，最主要的，一是艰苦奋斗，一是勇于开拓。在今天，坚持和发扬这种精神，对推动我国农垦事业以至整个社会主义事业的进一步发展仍是非常重要的。在中国农垦创业的初期，几十万大军，开进浩瀚无垠被称为能进不能出的沙漠戈壁滩里，开进连绵数十里被称为‘大酱缸’的沼泽地里，开进瘴气弥漫的热带丘陵地区，开荒生产，种树种草，建设农场，其条件之恶劣，生活之困难，现在的人们是难以想象的。”王震还说：“戈壁变绿洲，沼泽变良田，炎荒变胶园。这些成果的出现，靠的是创业者艰苦奋斗的精神。”从中可以大致总结出垦荒精神的内涵：是不畏艰险、顽强拼搏的艰苦奋斗精神；是解放思想、敢闯新路的勇于开拓精神；是胸怀全局、富国强民的顾全大局精神；是不计得失、勇于牺牲的无私奉献精神。这一艰苦开拓的垦荒精神注定会被代代传承延续。

参考文献

[1] 沈韬 . 浅谈王震的农垦思想 [J]. 世纪桥，2009(19).

[2] 李全玲 . 王震屯垦思想的求真务实性及其在实践中的应用 [J]. 兵团党校学报，2014(04).

[3] 张传辉，韩炜 . 王震农垦思想研究 [J]. 安徽农业科学，2014(22).

[4] 王黎 . 兵团屯垦戍边事业的杰出领导者——王震 [J]. 兵团建设，2002(01).

[5] 宗言 . 王震 :“要为人民办好事”[J]. 新长征，2014(08).

[6] 何立波 . 情系新疆生产建设兵团的王震 [J]. 党史纵横，2008(03).

革命英雄王若飞

郝昱庚（2018级物理学韶峰班）

王若飞，原名王运生，1896年10月生于贵州省安顺县。从青年时代起，他就饱含热情地追求革命真理。1923年由法国共产党党员转为中国共产党党员，先后任豫陕区党委书记、中共中央秘书长、中共江苏省委农委书记，并作为中共代表团代表之一，与毛泽东、周恩来赴重庆谈判，同国民党政府签订了著名的《双十协定》。王若飞曾说过：“我生为真理生，死为真理死，除了真理，没有我自己的东西。”这是一个真正的革命英雄，一个真正的可以为党献身的战士，有信仰，有担当，他的一生都奉献给了党的事业。2009年，王若飞被中央宣传部、中央组织部等11个部门评为“100位为新中国成立作出突出贡献的英雄模范人物”。

王若飞的英勇事迹 王若飞的英雄事迹有很多，但让我震撼最大的是他被捕后在狱中对党和人民的忠贞不渝。

1931年，王若飞回国，领导开辟陕甘宁绥一带农村革命根据地的工作。由于被叛徒出卖，不幸在包头被国民党当局逮捕。被捕之时，为保护同志和党组织，王若飞将原本装在裤兜里面的两份文件掏了出来，塞到了嘴里，把它们咬烂咽到肚子里去，最终是被敌人发现后，几个警察冲上来用力卡着他的喉咙，王若飞只能拼命将这些纸咬烂，最终是被敌人从喉咙里抠出了一些血肉模糊的纸张。面对严刑拷打，他坦然应答：“招字，早就从我的字典里抠去了。”当被押赴刑场以执行枪决相威胁时，他泰然处之，平静地对刽子手说：“开枪吧！”

王若飞在绥远监狱中面对种种残酷虐待以及恶劣的生活环境，他从没有唉 声叹气，一直保持着积极乐观的人生态度，为难友们注入正能量。王若飞还组织难友展开斗争。他鼓励别人：“要想与敌人斗争到底，就必须有个好身体和丰富的知识。”于是他天天带着大家锻炼；和难友一起学习，教他们识字，并提高文化水平，增长知识，了解革命道理。在他的帮助下，难友们学会了法语、俄语，还用拉丁语出宣传革命真理的墙报，让敌人看不懂。

他在狱中刻苦学习，深入研究中国古代哲学、历史等，并写了大量著作。他书中“死里逃生唯斗争，铁窗难锁钢铁心”的高尚革命情操，激励着一代又一代的热血青年。

狱中生活极其艰苦，王若飞曾在写给亲人的书信中据实以告：“居狱中久，气血渐衰，皮肉虚浮，偶尔擦破，常至溃烂”“人间地狱，信非虚语”。然而，同一封信里，转而谈及狱中心志却是另一番豪情万丈：“以为弟居此环境中，将如何哀伤痛苦，其实不然。一息尚存，终当努力奋斗。现实所受之苦难，早在预计之中，为工作过程所难免，决不值什么伤痛也。”其忠贞坚定跃然纸上，坚持斗争的决心也一目了然。

王若飞在狱中曾说：“为了保存一个人的生命，而背叛了千万人的解放事业，遭到千万人唾弃，那活着还有什么意思。”不论在狱中如何艰苦，他始终坚定着自己的信念，就算没有人来救他，他也不肯放弃革命，不肯放弃解放事业。为了追求革命真理，他视死如归，在长达 5 年 7 个月的牢狱生活中，王若飞始终坚贞不屈，严守党的机密，用实际行动践行了入党誓词中的庄严承诺，真正做到了“对党忠诚”，完美诠释了共产党员的忠贞与坚定。

王若飞精神永垂不朽　抗日战争胜利后，蒋介石三次电邀毛泽东到重庆谈判。1945 年 8 月 28 日，王若飞陪同毛泽东、周恩来飞抵重庆，参加国共两党和平谈判。1946 年 1 月，他代表中共方面出席在重庆召开的政治协商会议。会上，他按照党中央要求，既坚持原则，又掌握灵活的斗争策略，在改组政府和国民大会等重大问题上，团结各民主党派，同国民党独裁政权进行针锋相对的斗争。

4 月 8 日，王若飞携带中共代表团就宪法、国民政府组成等问题同国民党谈判的最后方案，与秦邦宪、叶挺等 13 人乘飞机回延安，准备向中共中央请示汇报。临回延安前，他向周恩来同志道别说：“一切要为人民打算。”因气候恶劣，飞机在山西兴县黑茶山撞山坠毁，同机 13 人全部遇难，王若飞时年 50 岁。

毛泽东为“四八”烈士题词：“为人民而死，虽死犹荣”。周恩来在《“四八”烈士永垂不朽》这篇悼念文章中写道：“若飞！你最后一席话，是为中国人民及其代表所受到的统治者的压迫鸣不平的。我记住，我永远记住。”对于王若飞的逝世，他的战友陈毅伤心难当，留下了这首《哭若飞》：“廿年患难如交久，失事高空恨更长。豪饮把杯惊满座，深谈携手忆河梁。折冲樽俎鞭撒旦，追贼关牢出雎阳。有志愿傍青冢宿，英雄肝胆亦柔肠。”

缅怀王若飞的历史功绩，就是要学习他追求真理、坚定信念、不懈奋斗的革命精神；学习他密切联系群众、坚持实事求是、一心为人民谋福利的优良作风；学习他讲党性、讲原则、胸襟坦白、严于律己的优秀品质；学习他坚持以大局为重、从国家和民族的利益出发、团结一切可以团结的力量的博大胸怀。

王若飞的英雄事迹在我心中打下了深深的烙印。我深切地体会到，今天的幸福生活是多么的来之不易，它是多少革命先烈用生命换来的呀！我们不应该好好地珍惜吗？现在，我们能做的就是为实现人生目标而拼搏，为学好科学知识而发奋图强，从自己做起，从现在做起，壮大自己的实力。青年强则中国强！做有理想、有抱负的新时代好青年，为实现中华民族伟大复兴而添砖加瓦。

参考文献

[1] 李传华 . 王若飞同志生平简介 [J]. 中共党史研究 ,1997(01).

[2] 赵岩 . 试论王若飞对抗日民族统一战线的历史贡献 [J]. 福建党史月刊 , 2017(02).

[3] 苗体君 . 青年王若飞马克思主义世界观形成的过程 [J]. 湖南第一师范学院学报 ,2017(04).

革命先烈江姐的事迹及红岩精神

高嘉慧（2018级数学类韶峰班）

回望百年党史，无数革命先烈用鲜血诠释忠诚和信仰，用生命构筑民族脊梁，换来了革命的成功和新中国的建立。重庆解放前夕，国民党军统局在重庆市西北郊的歌乐山下制造了惨绝人寰的大屠杀，300多名革命者恨饮枪弹，壮烈捐躯。一大批共产党人和革命志士面对酷刑和屠刀，宁死不屈，顽强斗争，谱写了壮烈的英雄诗篇。为了弘扬爱国主义，培养家国情怀，缅怀为了祖国的解放和人民的安宁而英勇牺牲的烈士，颂扬他们的丰功伟绩，我国于1963年在该处建立重庆歌乐山革命烈士陵园。其中，江竹筠就是诸多烈士中的代表。

江竹筠（1920—1949），曾用名江志炜、江雪琴，江姐是人民对她的爱称。她1920年8月20日出生于四川省自贡市大安区大山铺镇江家湾。1939年加入中国共产党，1945年与彭咏梧结婚，婚后负责中共重庆市委地下刊物《挺进报》的组织发行工作。1948年，彭咏梧在中共川东临时委员会委员兼下川东地委副书记任上牺牲，江竹筠接任其工作。1948年6月14日，江竹筠在万县被捕，被关押于重庆军统渣滓洞监狱，受尽酷刑仍坚不吐实，1949年11月14日被敌人杀害并毁尸灭迹。

“红岩上，红梅开，千里冰霜脚下踩，三九严寒何所惧，一片丹心向阳开。”七十多年前，一个女人面对严刑拷打，遍体鳞伤却仍死死守住心中的秘密。抛下不足两岁的孩子毅然赴死。这个母亲就是中国最刚强的红岩烈士——江姐。

1943年，那时是重庆最黑暗的时候，抗日战争也进入了最关键的时刻，江竹筠等人在最危难的时候担负起了最危险的任务。年仅23岁的江竹筠，接受组织上安排的假结婚任务后，一边进行进步报刊《挺进报》的秘密发行工作，一边用妻子的身份帮助彭咏梧与其他革命志士取得沟通联络。1945年，经过党组织批准，江竹筠真正嫁给了彭咏梧，两人关系融洽，生活得十分幸福。然而，在1948年1月，战友卢斯特给江竹筠带来了一个惊天噩耗：1月8日的一个起义行动，彭咏梧那一支队伍基本全军覆没。出乎大家的意料，江姐出奇冷静，她没有哭，而是很冷静地开始布置工作。实际上，她的内心很悲伤，但在其他战友面前她从没有表露过那种悲伤。她一个人把内心的难过隐藏起来，因为她不想大家为她难过。当时，川东临委做了一个决定，让江竹筠留在重庆。因为她的孩子还小，丈夫又刚刚去世。她认为要在丈夫倒下的地方继续工作，所以就接替了丈夫彭咏梧的工作。1948年4月，中共重庆市委正副书记刘国定、冉益智被捕叛变，由于他们告密，1948年6月，江竹筠等在万县的一批同志被特务逮捕，并被押往重庆，并押在“重庆中美合作所渣滓洞集中营”。当敌人从叛徒口中得知江竹筠是彭咏梧的妻子和助手，并掌握着川东云阳、奉节、巫溪、巫山等县党组织和游击队的情况时，妄图把她当作突破口。特务在提审江竹筠时，开始时煞有介事地一连提了十多个问题，江竹筠都一概是一问三不知，甚至连彭咏梧都说不认得，后来干脆啥都不回答了。特务命令军士对江竹筠使用酷刑，夹竹筷子，老虎凳，江竹筠多次痛得昏死过去，又被凉水浇醒。反复多次，但得到的仍是江竹筠的厉声斥骂。面对酷刑她说："你们可以打断我的手，杀我的头，要组织是没有的。毒刑拷打，那是太小的考验。竹签子是竹子做的，共产党员的意志是钢铁！"江竹筠的坚贞不屈，感动了狱中难友，他们自发地秘密展开了慰问活动，并亲切地称之为"江姐"。慰问品有小小的罐头、几滴鱼肝油乃至半个烧饼，更多的则是难友们用竹签子蘸着红药水或自制炭黑写在黄色草纸上的诗和慰问信。她的坚贞不屈和英勇斗争，扫却了因为组织遭到大破坏而给监狱注入的沉闷气氛，更激励了整个渣滓洞监狱的难友，使全体难友更加坚定了革命意志，凝聚力也空前增强。为鼓舞狱中战友的斗志，她提出"坚持学习、锻炼身体、迎接解放"的口号。她在重庆渣滓洞坚定地说道"我身在炼狱，以建设新中国为志，为共产主义革命事业奋斗到底。"

这位看似文弱的女性有这样坚强的表现，是由于对旧社会及其代表国民党反动派的极度仇恨，也是由于对共产党领导的新中国的无限向往。当新中国的五星红旗在天安门升起时，她和渣滓洞里的难友们虽不知国旗的图案，却也以憧憬的心情商议着绣制这面代表解放的旗帜——尽管她们知道自己已看不到胜利的那一天。

正如何雪松的诗《灵魂颂——献给江竹筠》中写的那样："江姐，你是丹阳的化身，你是苏菲亚的精灵；不，你就是你，你是中华儿女革命的典型。你又带着镣铐回来了，毒刑仍没有屈服你的坚贞。多少战友，因你的坚贞而安全了；革命工作，因你的坚贞而更展开飞腾。你是丹娘的化身，你是苏菲亚的精灵！你是受着考验的灵魂。叛徒见你而战栗，敌人见你而震惊。你今天的事迹，将化为美的旋律，成为千万人歌颂的声音。"

假设彭云没有了妈妈，江姐没有了孩子，是个什么感觉？

江姐可能心里也想过这个问题，但是她更多考虑的是天下的母子、天下的孩子。这就是共产党员革命者的情怀。

我们每个人都应该怀有这样的家国情怀，家国情怀是中华民族最为深厚的历史情感，爱国精神是中华民族传承至今的强大动力。岳飞背后"精忠报国"的铮铮誓言；顾炎武"天下兴亡，匹夫有责"的崇高担当；革命先烈的英勇就义，在中华文明五千年传承史中，先驱模范总能激发起人们对中华民族共同体最深沉的情感，每一位共产党员都应怀揣家国情怀，时时不忘初心、牢记使命，始终保持一腔忠心，一心一意为党着想，一心一意为党服务，不断提高为人民服务的水平，切实让百姓有更多的获得感和幸福感。

1949 年，中国人民解放军胜利进军的消息不断传来。江竹筠隐约感到敌人会在失败前进行疯狂的大屠杀。此时，她心中时刻思念着寄养在亲戚谭竹安家中的儿子彭云。

1949 年 8 月 26 日，江竹筠将吃饭时偷偷藏起的筷子磨成竹签，蘸着由烂棉絮烧成灰与水调和在一起制成的墨水，在毛边纸上写下了致谭竹安的信。

竹安弟：友人告知我你的近况，我感到非常难受。幺姐及两个孩子给你的负担的确是太重了，尤其是现在的物价情况下，以你仅有的收入，不知把你拖成什么个样子。除了伤心而外，就只有恨了……我想你决不会抱怨孩子的爸爸和我吧？苦难的日子快完了，除了这希望的日子快点到来而外，我什么都不能兑现。安弟！的确太辛苦你了。我有必胜和必活的信心，自入狱日起我就下了两年坐牢的决心，现在时局变化的情况，年底有出牢的可能。蒋王八的来渝固然不是一件好事，但是不管他若何顽固，现在战事已近川边，这是事实，重庆再强也不可能和平、京、穗相比，因此大方的给它三四月的命运就会完蛋的。我们在牢里也不白坐，我们一直是不断地在学习，希望我俩见面时你更有惊人的进步。这点我们当然及不上外面的朋友。话又得说回来，我们到底还是虎口里的人，生死未定，万一他作破坏到底的孤注一掷，一个炸弹两三百人的看守所就完了。这可能我们估计的确很少，但是并不等于没有。假若不幸的话，云儿就送你了，盼教以踏着父母之足迹，以建设新中国为志，为共产主义革命事业奋斗到底。孩子们决不要娇养，粗服淡饭足矣。幺姐是否仍在重庆？若在，云儿可以不必送托儿所可节省一笔费用。你以为如何？就这样吧。愿我们早日见面。握别。愿你们都健康。

信写好后，江竹筠通过争取过来的看守黄茂才，悄悄把信带出了监狱，辗转交给了她的表弟谭竹安。没想到，这封信成了江竹筠留给亲人的绝笔。

江姐做好了两手准备。如果出狱了，就继续为革命事业奋斗。但如果不幸牺牲了，她便将儿子托付给谭竹安，并希望他能踏着父母之足迹，以建设新中国为志，为共产主义革命事业奋斗到底。她对革命事业充满执着，虽然自己深受牢狱之灾，而且生死未卜，但她仍然希望儿子继承父母的遗志，继续奋斗。在这封家书的最后，江竹筠留下了这么一句话："孩子们决不要娇养，粗服淡饭足矣。"从这句话里，可以看到江竹筠崇尚艰苦朴素的共产党人家风。虽然彭云是独子，自己又没能在身边照顾，但江竹筠没有因此对孩子娇惯，而是希望他不要娇生惯养，尽量穿得简单，吃点粗茶淡饭就行。这是一个革命先烈的真情流露，字里行间既有对革命事业的坚贞不屈，又体现了对亲情的眷顾，展现了一个慈母的形象。

这不仅是一封家书，还是一本教子书，一本育儿经，充满了一个母亲对孩子的爱。母爱是温热心灵的太阳；母爱是滋润心灵的雨露；母爱是灌溉心灵的沃土；母爱是美化心灵的彩虹。江姐，对她的孩子饱含深情与殷切的期望。她，就是天下慈母的一员！

牢房里的特务说："这些共产党，真不知是什么造的，那么多刑罚都受得住。""一个人，如果单凭肉体，是无论如何也受不住的，唯一能解释的，就是有一种精神的力量支撑着。""精神的力量？""那叫信仰，信仰的力量无穷，我们这边就太缺乏这种信仰了。"对于这一点，心中只有自己，缺乏坚定信仰的人是无论如何都参不透的。正如渣滓洞看守"猩猩"评论"歌乐山下悟道，渣滓洞中参禅"这副春联"颇有仙风道骨的味道"一样。不错，唯有精神与智慧才是最强大的。一个叛徒曾是江姐的上级，在江姐的丈夫彭咏梧牺牲后曾语重心长地安慰过江姐："要革命就会有牺牲，你的丈夫死得其所，我们每个党员随时都要经得住考验，随时做好牺牲的准备。"但是，他被捕后，轻易就背叛了组织，奉命前来狱中劝降江姐。"我们当初参加革命，目的不就是过上幸福生活吗？如果自己生命都没有了，那幸福生活还和我们有关系吗？"江姐答曰："你说的幸福生活是指自己，只要大多数人能幸福生活，我就觉得自己是最幸福的。"

是啊，共产党人最崇高的境界就是"为中国人民谋幸福，为中华民族谋复兴"，唯有真正把人民群众的幸福当成自己的幸福的人，才是有信仰的人，才是真正的共产党人，才有自觉拒腐防变的信心和勇气。这，就是"红岩精神"的精髓吧！今天，我们重温党史，重读英烈们的故事，就是要让我们的党员干部们，深入领会其中的内涵，将其"内化于心、外化于行"。回眸百年奋斗史，伟大的中国共产党人怀揣梦想，一路走来，践行的正是那种"无我"的境界，那是为人民的幸福而奋斗的源动力。

"革命何须问死生，将身许国倍光荣"，黎又霖烈士牺牲前用竹签子写下的《狱中诗》，道出了英烈们共同的心声，那就是"为国而死，无上光荣"。再读不朽的红岩精神，重温闪光的"狱中八条"，一方面催人奋进；另一方面也将更加坚定党员干部的崇高信仰。"以史为镜，可以知兴替"，从波澜壮阔的百年党史中总结经验，吸取教训，是党员干部陶冶情操、提高站位的"必修课"，更是推动新时代高质量发展的需要。让我们用红岩精神激励斗志，让"狱中八条"在新时代绽放夺目的光芒！

时代变迁、岁月更迭，江姐的革命精神历久弥新，持续散发着革命英雄主义的永恒光辉。烈士已然故去，而岁月的长河中一代又一代共产党员却用青春，诠释着江姐等革命先烈的英雄形象，铸刻着永恒的红岩精神。

我们纪念江姐，缅怀那些为中华民族作出突出忘我贡献的先辈，我们大学生都应该向他们学习，不忘初心、牢记使命！把我们所学的知识运用到实践中去，进一步改善我们的生活，为把我国建设成为富强、民主、文明、和谐、美丽的社会主义现代化强国而努力奋斗！

参考文献

[1] 杨新．"江姐"的成长人生 [J]. 红岩春秋 ,2019(02).

[2] 仲江．出生入死的跨世情缘——革命烈士江姐百年纪念 [J]. 炎黄春秋 ,2020(09).

[3] 于蓝．像江姐那样忠诚于党 [J]. 党建 ,2019(05).

中国人民的“骆驼”——任弼时

吴可怡（2018级物理学韶峰班）

滚滚的历史长河，留下了无数的名字与不朽的事迹，铸就了中华民族伟大复兴的历史篇章，而任弼时无疑是刻在历史丰碑上那最耀眼的名字之一。

任弼时16岁参加革命，46岁英年早逝，在他30年的革命岁月里，他同中国共产党的建立、发展、壮大紧密地联系在一起，他以钢铁般的意志和刻苦耐劳的精神，一辈子都在为中华民族的独立和中国人民的解放事业而奋斗，奉献出了自己的一切。

曾国藩曾说：“士人第一要有志，第二要有识，第三要有恒，有志则断不甘为下流，有识则知学问无尽，不敢以一得自足，有恒则断无不成之事”。而在汨罗诞生成长、走向革命的开国元勋任弼时同志，在读书启蒙时便展示出爱国情怀与远大志向，他少年有志，青年有恒，一生有为，他的一生注定是要成大事的，是抛头颅，洒热血的一生。

少年有志：“凡人之生，宜有爱国之心。” 1904年，任弼时出生于湖南一个旧知识分子家庭。他的父亲是一个教书先生，数辈以来的读书家风以及父亲的职业因素，使得任弼时于3岁就开始接受读书启蒙，他父亲教他习字诵诗，并且给他讲岳飞精忠报国的历史，花木兰代父从军的故事。并且7岁入明德小学，12岁去长沙考入师范附高小。

任弼时在其小学期间，年龄也就10岁左右，却早已展现鲜明的爱国情怀和国家观念，他在自己的作文《爱国说》中这样写道：“凡人之生，宜有爱国之心。何也？因身与国家大有关系，故宜大家保存。”世人如何爱国？他这样答道：“有战事宜以勇敢之心御之，勿徒多以自谋口腹自得安居而已。”这段话表明在少年任弼时看来，具有爱国之心，对于所有人来说都是应当与生俱来的，因为个人与国家有着很紧密的关系，故而国难当头之时，每个人都应该勇敢站出来去抗击外来侵略者，不能因为自己的私利而安之若素。

列宁曾指出：“爱国主义就是千百年来巩固起来的对自己祖国的一种最深厚的情感。”而当时的任弼时来到这世上不过短短十载，却有如此深厚的爱国之心，他的心中早已经有了“天下兴亡，匹夫有责”的底蕴。这正预兆着任弼时从一个充满稚气的乡间孩童开始向为人民的民主而奋斗的人民战士的转变。

1920年8月，16岁的任弼时加入毛泽东、何叔衡组织的俄罗斯研究会。同年，加入了中国社会主义青年团，正式踏上了革命的道路。

1921年春，中国共产党诞生的前夕，17岁的任弼时与刘少奇等一起从上海坐船赴苏联求学。他在给父亲任思度的信中说：“只以人生原出谋幸福，冒险奋勇男儿事，况现今社会存亡生死亦全赖我辈青年将来造成大福家世界，同天共乐，此亦我辈青年人的希望和责任，达此便算成功。”

17 岁的任弼时满怀忧国忧民的爱国意识和救亡图存的远大抱负，心怀改造社会的大志，只为造成“大福家世界”！

青年有恒：“能坚持走一百步，就不该走九十九步。”习近平总书记曾指出：“战争不仅是物质的较量，更是精神的比拼。”“没有顽强的意志，没有敢于牺牲的品质，再好的武器装备也不能保证胜利。”我们能够有现如今美好和平的生活，全靠任弼时等革命先辈以坚韧不拔的革命意志一步步渡过难关，全心全意为人民着想。

1927 年国共合作破裂，年仅 23 岁的任弼时成为党史上最年轻的中共中央政治局委员。面对白色恐怖，他不顾自己的安危，为党和人民四处奔走，一直从事地下工作。这段时期，中国共产党人不断遭到国民党反动派的残忍迫害，一直笼罩在死亡的危险中，但任弼时仍为了党的发展先后两次被捕。

1928 年 10 月，他去安徽巡视，不幸被捕，被羁押于安庆饮马塘监狱达半年之久。

1929 年末，他在上海主持中共江苏省委工作时，又被租界当局逮捕。

敌人对任弼时严刑拷打，甚至使用电刑，在他的肩背上烙出了拳头大小的窟窿，他仍宁死不屈，英勇抗争，始终坚守党的秘密，令敌人无可奈何。幸得地下党通过关系营救，他才得以逃脱监狱。任弼时却因遭受酷刑，从此留下病根。

此后多年，任弼时经常感到头晕眼花，身体虚弱，出现血压高等各种情况。尽管身体如此虚弱，任弼时却从未想过放弃革命事业，放弃为中华民族崛起而奋斗的信念。

1934 年，任弼时率领红六军团西征时，不幸患上疟疾，身子虚弱得连马都不能骑，他却仍不愿离开战争前线，最后他就躺在担架上指挥部队行军打仗。当战场转至陕北时，中央机关移驻西柏坡后，他仍夜夜辛劳，常常彻夜不眠地与毛泽东等人研究讨论全国局势。医生劝他多休息，他却回答：“我们要迅速夺取全国胜利，建立一个新中国，有多少事情急需办啊！我能躺得住吗？我们都是共产党员，肩负着革命的重任，能坚持走一百步，就不该走九十九步！”

正如习近平总书记指出的，“一代代革命军人正是靠着向死而生的英勇决绝，形成了压倒一切敌人而决不被敌人所屈服的伟大气概。”任弼时从 16 岁正式参加革命，他为国家、为人民奋斗的理想与抱负从未改变。他一直坚守着自己的初心，他将小我融入大我，并持之以恒地为革命事业奉献出自己的一生，他做好了“随时用我们的生命去殉我们的事业”的准备。

一生有为：全心全意为人民服务。叶剑英曾这样评价任弼时：“他是我们党的骆驼，中国人民的骆驼，担负着沉重的担子，走着漫长的艰苦的道路，没有休息，没有享受，没有个人的任何计较。他是杰出的共产主义者，是我们党最好的党员，是我们的模范。”

在任弼时的四十多年的一生里，革命生涯已占据了他的大半岁月。他为党的事业和中国革命事业奉献了毕生精力和心血，在夺取新民主主义革命胜利的过程中发挥了重要作用。任弼时除了协助毛泽东主持党中央的工作和指挥全国解放战争外，还在党的建设、土地改革运动、统战工作和青年团工作等方面开展了大量工作，作出了卓越贡献。

任弼时为党的思想建设付出了很多。他将马克思主义关于党的学说基本原理同中国共产党建设实践有机结合起来，为了更好地践行党的宗旨——全心全意为人民服务，他深入细致地进行调查研究，坚持理论联系实际，强调要从关乎党的领导是否正确的高度来重视共产党员向群众学习的问题。

任弼时认为党员对群众的态度“不是站在群众之上，而是站在群众之中，并有虚心向群众学习的决心”。

正是任弼时对党建的思想进行进一步完善和发展，形成了较为完整的理论体系，成为党的建设的重要思想武器。之后无论是纠正土地革命时期的“左”倾错误，还是为中国青年运动的理论和实践都作出了不可磨灭的贡献。

任弼时不仅为中国革命事业奉献了毕生的精力和心血，而且一心一意为人民着想，每时每刻都践行着全心全意为人民服务的宗旨。他关心爱护干部，情系民众疾苦，待同志平易近人、和蔼可亲，设身处地地为他们考虑各方面的问题，所以很多同志遇到问题都愿意来找他商量，并亲切地称他为“党内的老妈妈”。

任弼时有“三怕”：“一怕工作少，二怕麻烦人，三怕多用钱。”这“三怕”无一不反映着任弼时的崇高革命精神。他心里装着党，装着人民，却唯独忘了自己。他就像一支红烛，不断燃烧了自己，却照亮了别人，给世间留下了永恒的光和热，给世人留下坚韧不拔的革命精神。

参考文献

[1] 王海蛟 . 任弼时在解放战争时期的历史贡献 [J]. 中国国家博物馆馆刊 ,2015(08).

[2] 赵伟 . 中国青年运动开创与推进的先驱任弼时 [J]. 兰台世界 ,2015(07).

[3] 陈华文 . 家书里的百年信仰 [N]. 河南日报 ,2021-04-09(15).

[4] 喻文 . 传承“骆驼精神”勇担时代使命 [N]. 岳阳日报 ,2021-05-20(04).

开国大将黄克诚：共产党人的楷模

王祎隆（2018级物理学韶峰班）

信仰坚定的革命者 黄克诚在回顾自己的入党经历时曾这样写道：“我的这个决心不是轻易下定的，而是认真、郑重的，经过长期考虑的，因而是不可动摇的。”

1922年，黄克诚来到位于衡阳的湖南省立第三师范读书。入学第二年，学校因克扣学生伙食费引发了学潮，学校和省政府非但不解决问题，反倒开除了很多学生。学生奋发反抗，在共产党和青年团的支持下学潮愈演愈烈。学潮给了黄克诚很大震动，他逐渐了解到整个中国都处在水深火热之中。黄克诚开始跳出个人的小圈子，立志为国家民族找出路。他经过摸索与探求，选定了马克思主义，并于1925年加入了中国共产党。从此，党组织成为黄克诚终身的精神寄托，不论遇到什么样的艰难困苦，他都矢志不移。

1928年底湘南起义失败后，黄克诚与党组织失去了联系，他动身去上海寻找党组织。这是一段艰难的日子，黄克诚身无分文，流离失所，甚至差点被人认出告发。万般无奈下，黄克诚只能求助他人——昔日的共产党员曹勤余。他了解到黄克诚的艰难处境后，劝黄克诚跟他到他所在的部队中做事，条件是改变个人信仰。但黄克诚毫不迟疑地回复道：“个人信仰决不会改变。”终于，黄克诚在同学曾希圣帮助下联系到了党组织。此后，他再也没有跟党组织分开过，并一生为党的事业奔劳不息。

眼光卓越的军事家 陈毅曾这样评价黄克诚：“别看你们的黄师长戴着近视眼镜，他的眼睛可看得远嘞，是‘千里眼’！”

1945年8月15日，日本宣布无条件投降。9月，新四军三师师长黄克诚正在准备两淮战役，夺取苏北抗战的最终胜利。当黄克诚途经中共中央华中局驻地时，得知苏联红军已将日本关东军消灭，我军少量部队进入东北。黄克诚认为，在国民党大部队尚在大后方的情况下，可利用我军占据华中等离东北较近地区的地理优势，进军东北，开辟东北战略根据地。1945年9月14日，黄克诚以个人名义向中共中央发电，提出《对当前局势和军事方针的意见》，建议立即派部队赴东北，并应尽量多派，“至少应有5万人，能去10万人为最好”，以创建一块大的战略根据地。9月23日，中央军委即令其率新四军第3师主力3万余人进军东北。9月28日黄克诚率部出发，马不停蹄，日夜兼程，跨陇海、过黄河、穿津浦、越华北，于11月25日进抵辽宁锦州附近，胜利完成挺进东北的战略任务。就这样，我军逐渐在东北打开了局面。东北有着较为雄厚的工业基础，成为我军在解放战争中重要的战略基地，而这一切都跟黄克诚一系列极具战略眼光的建议密不可分。

讲了一辈子真话的人 黄克诚曾这样说：“我认识到，作为一个革命者，自己应该有独立的思考和见解，不能够一味地盲从，人云亦云。这样才是真正对革命事业负责。”

1978年底，几近失明的黄克诚也被任命为中共中央纪律检查委员会常务书记。在拨乱反正的过程中，社会上出现了一股全盘否定毛泽东和毛泽东思想的错误思潮，这种倾向引起了黄克诚的注意。在中纪委一次全会上，黄克诚一连讲了几个小时，号召要全面客观地评价毛泽东，指出毛泽东的功绩是第一位的、错误是第二位的，毛泽东晚年的错误不能归到他一个人身上。他还指出，毛泽东是党和国家的一面旗帜，如果丢掉了这面旗帜，社会主义国家就会变质。黄克诚的讲话在国内外引起了轰动，但也有少部分人不能理解。黄克诚说：“只要我还能讲话，就要这样讲……不能从个人恩怨和利害得失出发去考虑问题，更不能对历史开玩笑！”

家风清廉的楷模　黄克诚曾跟妻子唐棣华约定家规：“棣华，今后孩子们就和我们生活在一起了，条件比过去好了，但一定要记住，我们是党的高级领导干部，高级干部的家风影响着党风政风。我们的一言一行对子女、对周围的人都会产生影响。从今天起我们家要订两条规矩。一、不准动用公家的汽车办私事；二、不准向公家伸手要照顾。”

黄克诚的儿子黄晴结婚时，社会上婚嫁迎娶都讲究用小轿车。工作人员请求黄克诚破一次例，允许黄晴用小轿车接新娘。黄克诚坚决不同意。黄克诚认为：“年纪轻轻的，坐公共汽车、骑自行车，都可以上门嘛，为什么要开着小车抖威风？”后来，结婚那天黄克诚的儿子骑着自行车把新娘接到了家。全家人简简单单地欢聚一堂，就把喜事办了。黄克诚对儿子如此，对孙子也不例外。一次，黄克诚不满7岁的孙子黄健发烧起床晚了，顾不上吃饭便要步行去上学，那天恰好还下着大雪。司机心中不忍，便准备开车送孩子去上学。黄克诚发现后，连忙制止。黄健也很懂事，带病冒着雪，和平常一样徒步上学去了。

1986年，重病缠身的黄克诚住进医院，但他拒绝治疗和用药，一旦清醒他就拔掉自己身上的输液针头。他说：“我这样一个油尽灯枯的人，为人民做不了什么，为什么还要花费人民的钱财来治病？”在生命的最后时刻，他想的依然不是自己，而是为国家节约钱财。12月28日，开国大将黄克诚永远地闭上了眼睛，走完了他光荣的一生。

黄克诚是一座英雄的丰碑。观其一生，初心不改，信仰不变。“初心”二字，是共产党人的初心，也是老一辈无产阶级革命家不断坚守和践行的初心，那就是：为中国人民谋幸福，为中华民族谋复兴。我也深深认识到，唯有信仰坚定、坚持真理、清廉公正，才能成就伟大的人格。我坚信黄克诚将军这样的人物，将在历史的星空中闪闪发光。

参考文献

[1] 李果．黄克诚：忠诚无私、善谋敢谏的开国大将 [J]. 湘潮 ,2019(12).

[2] 孙迪．从严治家的黄克诚 [J]. 机关党建研究 ,2020(07).

[3] 胡树民．缅怀黄克诚大将 [J]. 大江南北 ,2020(01).

[4] 王子君．黄克诚的廉洁家风 [J]. 新湘评论 ,2019(10).

大将王树声

洪禹（2018级物理学韶峰班）

王树声，原名王宏信，湖北省麻城市乘马岗人。他1926年加入中国共产党，参与领导了麻城暴动和黄麻起义；1928年后，他历任中国工农红军团长、副师长兼团长、师长、红四方面军副总指挥兼第31军军长、西路军副总指挥兼第9军军长等职。王树声英勇善战，战功显赫，为创建鄂豫皖、川陕革命根据地和红四方面军建立了不朽功勋。1946年9月，他领导创建了以武当山为中心的鄂西北革命根据地，流动指挥于官山河、白浪、茅塔河、十堰、黄龙一带；1955年，他被授予大将军衔。王树声是忠诚的共产主义战士，是久经考验的无产阶级革命家，是杰出的军事家，还是我国军械装备建设和军事科学研究事业的重要奠基人和领导人。

坚持革命，大义灭亲　王树声1905年5月生于湖北省麻城县的一个贫苦家庭。上小学时曾因拒绝信仰天主教大闹教堂而被开除，后转入董必武开办的武昌高小补修学校读书，接受革命思想。1926年加入中国共产党，并担任中共麻城县委委员、县防务委员会委员、县农民协会组织部部长。

1926年秋，在北伐军打下汉口、汉阳、武昌后，王树声积极创办农民协会。他在大会上说："穷人翻身的日子来到啦！我们农民协会就是要为贫苦农民办事。贫苦的农民兄弟要团结起来，同土豪劣绅作斗争，把田地夺回来。"于是麻城乘马岗地区广大贫苦农民踊跃加入农民协会。地主恶霸丁枕鱼在当地占良田千亩，房屋几十套之多，乡民多为他雇佣的长、短工，平日横行乡里，欺压百姓，无恶不作，引起极大民愤。农民协会开展的农民运动，触及了丁枕鱼的利益，他仗着自己是王树声的嫡亲舅爷，集结当地其他地主恶霸带头反对革命，组织起红枪会，多次打击破坏农民运动，殴打农会人员、撕毁农民协会张贴的告示、砸毁工作人员的办公室。

丁枕鱼恶行累累，激怒了农友们，但大家顾忌他与王树声的亲戚关系，对于如何处置犹豫不决。王树声听到此事，义愤填膺，他说："大家都顾虑我和丁枕鱼的关系，但是要革命，亲戚情面就讲不得，谁反对农会，谁就是我们的敌人。"在王树声的带领下，大家一窝蜂冲向罗家河丁宅，活捉了丁枕鱼，并判他死刑。王树声大义灭亲之举激发了麻城长期被欺压的贫苦人民坚决斗争的决心，无数有志青年和觉悟的群众看到了希望，纷纷参加革命。

公私分明，家风正直　新中国成立后，王树声相继出任总军械部部长、军事科学院副院长兼第二政委、国防部副部长等职。有些亲戚求王树声帮忙在城里找工作，他教育劝说道："我的职权是党和人民给的，是用来为党工作，为人民服务的，没有丝毫营私的权力。你们有困难，应该依靠当地政府解决，依靠自己努力生产。"于是，他的侄女等人一直在家务农，过着普通农民的生活。20世纪50年代末60年代初，国家物资供应比较紧张，粮、油、布等按人口凭票供应。王树声要求家人，按北京市政府的规定，供应什么吃什么，供应多少买多少，不能多吃多占搞特殊。

按规定，他除专车外，还可以配一辆生活用车，但王树声却一再婉拒给他再配车。他说：“国家现在还有很大困难，我有辆车上下班用就可以了。”直到他去世，从未配过生活用车。而且王树声要求专车只许他本人办公使用，任何人都不能乘坐。王树声夫人杨炬，是一位1938年参加革命的老党员，20世纪50年代调回北京。从家到单位，坐公共汽车往返得2个多小时。酷暑严寒，她都坚持坐公共汽车上班下班，从没用丈夫的专车接送过。

1972年底，王树声的长子王鲁光要结婚了。王鲁光把室外的一个石头茶几搬到屋里，用桌布蒙上，并把两张旧椅子放在两边。王树声的警卫员看不过去，自作主张地将单位休息室的两把金丝绒面椅子和一张大理石茶几，暂时借来布置新房，等婚后再归还。王树声看到后问：“你这是干什么？”警卫员忙说借给王鲁光结婚时用用，婚后还回来。王树声吼道：“你给我送回去，公家的东西不能动！”警卫员只好将东西放回原处。

克己自责，清廉一生　相比于他人，王树声最不留情面的还是自己，对自己要求极为严苛。建国后，王树声就任总军械部部长，按照规定，有关部门打算给他修建一套设备齐全、装修较好的住房。但王树声谢绝了。他坚持不建单独小院、楼房，只建一般平房。这样，他全家六口人，就居住在一幢狭窄低矮的平房里。总军械部撤销后，他到军事科学院工作，组织上决定为他另觅地方，建造新居。开始，找的房址在玉渊潭附近，风景宜人。老将军一眼看中，正待说定，忽然看见不远处有几处民房，即问碍不碍事。规划人员说，如果要在这里建房，就动员那几户人家搬迁。王树声思考片刻，摆手说：“还是算了吧，凭什么要撵人家老百姓！”后来规划人员在故宫筒子河畔找到一处明清时期古建宅院，当时无人居住，就请王树声过目。王树声觉得很不错，便问“这么好的地方，为什么没有人居住呢？”陪同人员说，这原是西藏某上层人物的住所，后来搬走了，如果首长选中这个地方，把老房子拆改一下就行了。王树声一听，连连摇头说：“不妥，不妥，少数民族同志的住房不能占，这是民族政策，他现在不住，以后还是会把他请回来的。再说这是古建筑，破坏不得的，麻烦你们再选一处看看吧。”又过了一阵子，规划人员在北京饭店西边找到一处无人居住的四合院。王树声一看比较满意，但一问，这原是某民主党派的办公场所。王树声断然说：“算啦，算啦，怎么好占人家民主党派的机关呢。”“民主党派关系到我党的统一战线政策，我怎么能占人家的房子呢，他们迟早会回来的。”就这样，王树声一家仍住在原来简陋、低矮的平房里，一住就是十几年，直到他去世。

这位骁勇善战、一身正气，又有着高尚品德和善行的革命家虽已逝去多年，但岁月的烟尘非但没有淹没其伟岸的身影，反倒让人对之敬重万分。王树声是一位大写的人，作为新时期的青年，我们肩负着建设祖国、保卫国家的重任，我们应该立足于中国特色社会主义伟大实践，学好思想政治理论课，提高科学文化素养，努力把理论和实践结合起来。我们应该学习王树声赤胆忠心、精忠报国、不懈奋斗的革命精神，学习他公私分明、严于律己、一心为人民的优良作风，立鸿鹄志，做奋斗者，勇挑重担，砥砺前行。

参考文献

[1] 刘华清 . 开国大将王树声 [J]. 神州 ,2008,(01).

[2] 陈先义 . 大将王树声的家规 [J]. 当代党员 ,2016(10).

[3] 冯晓蔚 . 大写大将王树声 [J]. 文史春秋 ,2012(09).

邓颖超的“家”与“国”

李秀霞（2018级物理学韶峰班）

邓颖超的“家”　邓颖超幼年丧父，为了谋生，1910年母女背井离乡来到天津。那时中国正处于新旧交替的革命时期，人民没有安定的生活，更不要说对于无依无靠的一对母女。但是邓颖超的母亲在艰难险阻下找到一份工作，暂时在天津长芦育婴堂担任医生。

年幼的邓颖超受母亲影响，逐渐意识到，女子是要自强自立、自尊自爱的，是要靠自己的奋斗在社会上立足的。

1925年8月，邓颖超与年长六岁的周恩来通过六年多鸿雁往来，结成了革命伴侣，从此，她有了自己的家。同年10月，周恩来以东征军总政治部主任兼第一军党代表的身份参加国民革命军第二次东征。此时，新婚不久的邓颖超发现自己怀有身孕，她觉得此时不是生孩子的时候，要全身心投入广东省妇女运动的革命工作中去，便自作主张地买了打胎药，结果一个人痛得在床上打滚。周恩来得知后，因妻子不爱惜身体而发了很大的火。1926年，邓颖超发现自己第二次怀孕了，这次她吸取上次教训，一边工作，一边注重自己的身体，选择了让母亲留在身边照顾。1927年3月，周恩来在上海领导第三次工人武装起义，而邓颖超的预产期也临近了。可是这次，由于母亲照料得好，胎儿体重超过正常标准，邓颖超难产了，孩子三天三夜也没生下来。当时还不能施行剖腹产手术，只能用产钳助产。因孩子头颅受到严重损伤，生下后不幸夭折了。正逢以蒋介石为代表的国民党叛变革命，对共产党和革命群众实行残酷屠杀，全国各地处于白色恐怖之中。邓颖超因要躲避大屠杀，从广州转移到香港，又从香港坐船辗转到了上海，生孩子后过度紧张疲劳，子宫没有收缩，身体受到极大损伤。邓颖超当时全力注意时局发展，对这事并没太放在心上，此后便没有了生育。实际上，她是为革命永远牺牲了她和周恩来的孩子，牺牲了这个小家。

邓颖超虽然没有自己的亲生的孩子，但是她却把全天下的孩子当成自己的孩子，她和周恩来出于“对国家和社会负一份责任”，以其博大的爱，关心呵护收养了很多孩子，有烈士遗孤、社会遗孤及其亲属家的孩子，可以说“养育孤困一群”。

邓颖超的“家”是全天下孩子的家。

邓颖超的“国”　近代以来，面对山河破碎、民不聊生，无数仁人志士发出了激荡着家国情怀的呐喊，进行了不屈不挠的抗争，激发起全体中国人众志成城、保家卫国的伟大力量。五四爱国运动席卷全国，影响天津。天津各校学生也举行示威游行。邓颖超积极投身到轰轰烈烈的反帝爱国运动中，走上革命道路。为唤醒更多的女同胞共同救国，天津女界爱国同志会成立。邓颖超不但进行公开演讲，还带领队员深入大街小巷、走进家庭，她们风雨无阻，慷慨陈词，“讲的是要大家起来齐心救国，要达到惩办卖国贼的目的；讲述朝鲜亡国后，当亡国奴的惨痛；我们应有爱国开会的自由，抗议当时北洋政府对学生的迫害等等”。五四运动中，为救国救民，为争取民族独立和反对封建压迫，邓颖超和许多有满腔爱国热忱的男女青年一道，在反帝反封建的斗争中，不怕牺牲，冲锋在前。

新中国成立后，作为《婚姻法》起草小组主持者的邓颖超，为《婚姻法》的起草和颁布实施做了大量的工作，倾注了大量的心血。邓颖超的《关于中华人民共和国婚姻法的报告》，在报纸上发表后，当即成为当时宣传和贯彻《婚姻法》的重要教材，推动了《婚姻法》在全国各地的实施。千万妇女和青年从《婚姻法》的颁布中得到斗争的武器和力量，勇敢地冲破封建婚姻制度的枷锁，走上婚姻自主、婚姻自由的光明之路，建立了幸福美满的家庭生活。

邓颖超的“家”与“国”　邓颖超的“国”是全天下人民的“家”。

不论是新民主主义革命时期还是社会主义革命和建设时期，邓颖超始终把“国”放在“家”前面。作为一名女性，她没有封建妇女的腐朽气息，没有儿女情长的优柔寡断。她在战争年代积极投身到轰轰烈烈的反帝爱国运动中，站在时代前列，呼喊爱国与自由；她还参与制定并积极贯彻党的妇女工作的各项方针政策，重视保护妇女儿童的合法权益，积极培养妇女干部，热情鼓励优秀妇女和先进典型，号召广大妇女奋发图强，做自尊、自信、自立、自强的新女性。邓颖超同志为增进中国妇女同各国妇女的友谊、推动世界和平运动做了大量工作，赢得了各国妇女的敬重。

邓颖超始终坚持生命不息、战斗不止的革命精神。改革开放以后，她不顾年事已高、体弱多病，仍以顽强的拼搏精神继续为党和人民兢兢业业地工作。她积极参与党和国家一系列重大决策的制定，为确立和贯彻党在社会主义初级阶段的基本路线，推进我国改革开放和社会主义现代化建设，发展新时期我国对外友好事业作出了重要贡献。

她说，希望你们不是贪图安逸、坐享其成的一代，而是艰苦创业、造福人类的一代；不是因循守旧、墨守成规的一代，而是勇于创新、开拓前进的一代；不是满足现状、不思进取的一代，而是向往明天、创造未来的一代。

正是因为有千千万万敢于抛头颅洒热血的勇士，把“小爱”升华为“大爱”，牺牲个人和家人的幸福，用鲜血和生命去践行自己的信仰与追求，才有了 70 多年前天安门城楼上那声荡气回肠的“中国人民从此站起来了”！正是因为有邓颖超这样把小家建设好，把大家照顾好的革命英雄，才有了现在人民安居乐业的生活！让我们再次缅怀这位顽强拼搏一生的伟大女性！作为新时代的大学生，我们应当以史为鉴，在党史学习教育中做到学史明理、学史增信、学史崇德、学史力行，继承先辈遗志，传承以伟大建党精神为源头的革命精神，为实现中国式现代化贡献青春力量！

参考文献

[1] 金凤 . 邓颖超传 (上)[M]. 北京：人民出版社，1993.

[2] 杨颖 . 青年邓颖超的道路选择 [J]. 求知 ,2020(03).

[3] 徐晓兵，徐忠 . 邓颖超与新中国首部《婚姻法》[J]. 党史博采 ,2010(03).

[4] 汤兆云 . 邓颖超与新中国第一部《婚姻法》的起草 [J]. 世纪 ,2010(01).

讲述闪光故事，致敬百年风华

刘乐（2018级化学类韶峰班）

提起陈毅，我们会联想到他是英勇善战的中华人民共和国十大元帅之一；他还曾是沉着坚毅的中华人民共和国外交部长。作为一名中共党员，他的一生都在为中国人民鞠躬尽瘁，他坦荡无私、爱憎分明，不仅有惊人的胆识还有坚定的意志，在许多方面都作出了不可磨灭的贡献。下面笔者将通过一些有关陈毅元帅的小物品来叙述陈毅元帅的小故事，了解陈毅元帅的一生。

一台水力轧花机　1922年，21岁的陈毅回乡时，做过一件至今仍被乡亲们传为佳话的事情。当时，农村生产力极为落后，只有一些清代时安装的人力驱动的农业机械。以轧棉花的机械为例，需要三到五个壮劳动力轮番上阵才能驱动，且效率十分低下。一天，陈毅步行于羊岔河畔，看着潺潺流水，突然想到村里的轧花机太过笨重，费时又费力。于是，他利用将学到的知识用之于民，将理论付诸实践。经过试用，陈毅改装的轧花机不仅节省了劳动力，轧棉花更提升了一倍多。1923年初，陈毅离开故乡到北京，加入了中国共产党。从此，他坚定地走上了革命的道路。如今，这台水力轧花机仍然保存在陈毅生平事迹陈列馆中。

一支睡在马路上的部队　1949年，上海战役持续15天，终获全面解放。就在枪声停息后的第一个清晨，市民们依然惶惶不安，可当他们打开家门那一刻，他们被眼前的景象深深感动了，湿漉漉的马路两侧睡满了身着黄布军装的解放军战士。原来，早在4月1日，上海战役发起前，身为第三野战军司令员的陈毅就颁布了《入城三大公约·十项守则》，十项守则的第二条，白纸黑字写着进城后一律“不住民房店铺”。5月，陈毅在苏南丹阳县发表讲话，明确指出：入城纪律是执行入城政策的前奏，是我们解放军给上海人民的见面礼。这条纪律在制定之初，却不被很多指战员理解。陈毅始终坚持认为上海情况复杂，不能将过往经验完全照搬。他电报中共中央军委，很快就收到了毛泽东的电报批示，只有八个字——很好，很好，很好，很好！

一盘开局的围棋　陈毅故居景区有一处景点，用花岗石雕刻了20颗巨型棋子，形如一盘开局的棋，名为“友谊广场”，旨在纪念其著名的“围棋外交”。陈毅任中华人民共和国外交部部长后，他在日记中曾表示对负责外交工作“实有绠短汲深之惧”。顶着压力，他仍然出色地完成了党交予他的这项重任。陈毅的外交手段极为丰富，其中一个明显特征，就是善于借力。1958年，中国对日本提出改善中日关系的政治三原则后，浅沼稻次郎、石桥湛山和松村谦三等日本政界知名人士相继访华。在一次会见中，陈毅对松村谦三先生提出一条建议，“围棋、乒乓、书法、兰花都可以交流，不谈政治，只谈友好”。松村谦三先生极为赞同，回国后，他积极奔走，终于促成了1960年日本围棋代表团首访中国的中日关系破冰之行。陈毅这一外交创新，也被运用到了中美两国建交进程之中。陈毅，以其外交工作的辉煌成就，为新中国真正登上世界舞台建立了功勋。

一台水力轧花机，流动着陈毅对村民们生活的关心与关切，他利用自己所学知识付诸实践改善村民们的生活、让村民感受到知识的力量；一支睡在马路上的部队，展现了陈毅元帅与百姓的深切的军民鱼水情，也展现了他卓越的军事才能；一盘开局的围棋，体现了他作为外交部长别具一格，独出心裁的外交理念！

参考文献

[1] 春奇 . 陈毅的故事四则 [J]. 新长征 ,2019(06).

[2] 范莎莎 . 陈毅的知识分子思想与实践研究 (1949—1966)[D]. 华东师范大学 ,2017.

[3] 郑学富 . 陈毅千里走单骑 [J]. 世纪风采 , 2019(10).

从王淦昌看“两弹一星”精神的形成

张奕羲（2018 级材料类师昌绪班）

“两弹一星”工程是中国于 20 世纪 50、60 年代以研制导弹、原子弹和科学试验卫星为主要内容的重大国防工程。面对国际上严峻的核讹诈形势和军备竞赛的发展趋势，为尽快增强国防实力，保卫和平，以毛泽东同志为核心的党的第一代中央领导集体毅然作出发展“两弹一星”、突破国防尖端技术的战略决策。“两弹一星”精神是爱国主义、集体主义、社会主义精神和科学精神的生动体现。

立志以身许国　在清华大学读书的王淦昌满腔热血，当他看到当时的中国积贫积弱，北洋政府一味崇洋媚外、欺软怕硬时，他悲愤不已。

他和同学们走上街头抗议，卫兵却向学生举起了枪，眼看自己身边的同学被打死，北师大的女生也倒下一大片，内心极度悲痛的他，当晚就来到叶企孙老师家里，控诉白天的经历。没想到被叶企孙严厉斥责：“谁叫你们去的？你们明白自己的使命吗？一个国家，一个民族，为什么会挨打？你们明白吗？弱肉强食是亘古不变的法则，要想我们的国家不受外国人凌辱，只有靠科学！科学，只有科学，才能拯救我们的民族！”说罢，叶企孙老师泪流满面，不能自已。也正是在那一刻，王淦昌暗下决心：以身许国，走科学救国的道路。

在那个风雨如晦的时代，对于许多像王淦昌一样的青年学生而言，在这个内忧外患之中成了真的猛士，敢于直面惨淡的人生，敢于正视淋漓的鲜血。在“德先生”“赛先生”的庇护下，中国新青年正野蛮生长。积贫积弱的时代背景不仅没有掩盖中华儿女骨子里的家国情怀，反而愈发闪亮。

勇于攀登的求知精神　王淦昌曾三次与诺贝尔物理学奖擦肩而过，这足以证明他在物理学研究上的造诣之深。在柏林学习期间，王淦昌曾提出了关于可能发现中子的实验设想，这个设想被英国的科学家查德威克证实，最后真的发现了中子的存在，查德威克也因此一举拿下那一届的诺贝尔奖。回国之后，王淦昌在教书之余也继续着自己的研究。1942 年，王淦昌在论文中提出了利用轨道电子俘获检测中微子的可行方案。可惜当时正是抗日战争最艰难的岁月，教授连工资几乎都拿不到，哪有条件去购买精密仪器来做实验呢？在万般无奈之中，王淦昌只好把他的设计方案写成文章寄给美国的《物理评论》。王淦昌的文章在美国刊登之后，仅仅两个月时间，就有一位美国物理学家阿伦按照王淦昌的方案，找到了中微子。

王淦昌虽然未处在世界顶尖科研实验室，但他的心从来都在科学前沿。无论身处何方，总有一群人仰望星空。正是他们的存在让人民有信仰，国家有希望。

无私奉献的牺牲精神　新中国成立后，王淦昌被国家派往苏联杜布纳联合原子核研究所任研究员。在苏联工作期间，他领导的小组首次发现了反西格玛负超子。这在当时的科学界引起了轰动。很多科学家都认为，如果他能够坚持自己的研究方向，将很有可能获得诺贝尔物理学奖。这一次，一封来自国内的电报，却让王淦昌消失了 17 年，也再一次和诺贝尔奖错过了。

此时苏联撕毁了援助我国的协议，撤走了所有专家。我国的核武器研究事业遇到了严重困难。在危急时刻，党和国家调王淦昌返回国内参与核武器研究。而此时回国，则意味着之前的研究要中止，冲击诺贝尔奖的希望也很可能泡汤。而且在当时这是绝密，王淦昌还需要改名换姓，隐姓埋名，不能和家人联系。当上级征求王淦昌的意见时，王淦昌回答只有 6 个字“我愿以身许国”。

王淦昌把生命中最辉煌的 17 年投入祖国的核事业中去了，他和其他老一辈科学家一起，隐姓埋名，与世隔绝。他们在艰苦的条件下工作和生活，从没有过一丝怨言。他们错过了个人科研成就，错过了子女的成长，错过了与家人相聚，而这一切都是为了祖国。

许多人都会思考，王淦昌放弃诺贝尔物理学奖是否值得呢？对于科学界而言，错过了一个顶尖科学家，但是对于中国来说，在他们的努力下造出了原子弹，也造出了“争气”弹，让中华民族有底气屹立于世界民族之林。如果将那时的中国比作寒门，那么王淦昌就是寒门中的贵子，但寒门贵子未忘寒门，是“两弹一星”工作者们“舍小我为大家”的无私奉献，才有了今日之中国的强大。

两弹元勋的故事值得我们永远铭记。他们牺牲小我，奉献大我。党史故事不仅是时代的故事，更是流淌在中国人血脉中的家国情怀和终极追求。道之所在，虽千万人吾往矣。强烈的责任意识和担当精神是中华传统文化的优秀基因，值得我们继承与发扬。

参考文献

[1] 星言．传承“两弹一星”精神，谱写中国梦想 [J]. 初中生之友，2021(07).

[2] 云峰．王淦昌“错失”诺贝尔奖 [J]. 现代班组，2020(12).

[3] 葛慧颖．强流粒子束与激光研究室：传承王淦昌精神 发展强激光事业 [J]. 军工文化，2018(07).

[4] 钱丹．致敬最闪亮的“星”[N]. 新华每日电讯，2020-09-18(11).

刘华清：中国不发展航母，我死不瞑目

刘泽宇（2018 级物理学韶峰班）

1916 年，刘华清出生在湖北大悟县刘家院子村的一个贫苦农民家庭。他 13 岁投身革命，14 岁参加红军，19 岁成为共产党员，从红色小交通员、儿童团长成长为党和军队的高级干部，戎马征战 70 载，一辈子恪守信仰、一心向党。

1934 年，刘华清参加了红二十五军长征。11 月 16 日那天，红二十五军前梯队第二二四团前进至方城独树镇附近，在准备通过公路时遭遇国民党军伏击。红军仓促转入防御，他在战斗中作战英勇，不畏艰险，不幸腿部受重伤。按照规定，组织上已经明确了伤员可以就地安置，但他坚决不肯离开队伍，满怀豪情地说："给 100 块大洋也不留下，死也要死在红军队伍中。"那一年，他不过才 18 岁，在我们现在看来，这也仅仅是刚刚高中毕业或者参军入伍的年纪。尽管是这样，他却早已将生死置之度外。从土地革命战争、抗日战争、解放战争到新中国发展建设时期，他坚决听党话、铁心跟党走。在 66 岁那年，他出任海军司令员，全力打造现代海军，直至 1998 年 82 岁退休，无论是在战争年代还是和平时期，组织分配他做什么工作他就做好什么工作，党指向哪里他就打向哪里，把全部的生命奉献给了中国的国防事业。

将军的航母梦　20 世纪 60 年代初期，刘华清在任舰艇研究院院长时，就十分关注世界海军强国关于航空母舰的发展和应用的相关信息，并思考中国航母的研制问题。1970 年 5 月，他主持完成了《关于建造航母问题的初步意见》。这份报告文字不长，但意义非凡。中国航母终于从梦想进入高层决策视野，并由他构思出第一个"概念模型图"。

1975 年 9 月，时隔五年之后，刘华清第二次力陈上马航母的重要性。在那篇著名的《关于海军装备问题的汇报》的万言书中，他向时任中央军委副主席的邓小平建言："尽早着手研制航空母舰！"同年 10 月，他任中国科学院党的核心领导小组成员，促成了一批重要工程上马。1980 年，身为中国人民解放军副总参谋长的他访美，考察参观"小鹰号"航母。这是他人生第一次登上航母，但不是中国的航母。美方以保密为由，不让他触摸仪器，为了能看得更清楚一些，他踮起了脚、前倾着上身，投过去的眼神里，满是强烈的渴望与期盼！

1982 年，当刘华清成为中国海军最高指挥员的时候，这个在世界上举足轻重的国家却只有一支可怜的近岸防御海军，其力量单薄到连自己的领海都不能完全覆盖，而且还没有一个像样的发展战略。他就职演说短得令人诧异："谢谢大家，不过今天无话可讲！"1987 年，他又一次向邓小平汇报，将航母列为海军未来装备规划的最关键问题，下令开办了中国第一个"飞行舰长班"，目的就是为将来中国的航空母舰培养舰长。

2011 年初，刘华清"走"了。这一年，是中国"航母元年"，人民海军一个崭新的时代——

航母时代拔锚启航了。这位95岁的老人，终于可以不用汗颜地去向老首长邓小平汇报了。刘华清生前虽然没有亲眼看到中国航母成功下水，但可以告慰他的是，通过改装“瓦良格”号航母，中国海军拥有了首艘航母平台，中国成为世界上第十个拥有航母的国家！

刘华清将军近70年的军事生涯中，从事海军工作的时光占了三分之一。从核潜艇到航空母舰，从歼-10、直-8到空中加油机、预警机、战略导弹，中国军队装备的次次飞跃都与他相关。他为中国军队的现代化建设作出了重大贡献。他曾掷地有声地说：“海军战略涉及海军建设的顶层设计，发展有两大问题：一是航母，一是核潜艇。这两项装备，不仅是为了战，平时也是为了看，看就是威慑！”。

2006年，刘华清在自己90岁生日当天说：“我过去是个小兵，现在是个老兵。兵兵兵，永远是个兵！”他是探索大国海军战略的追梦者，也是国防装备现代化的开拓者。航空母舰是一个绵延了近百年的中国梦，可以说航母的历史有多久，中华民族的航母梦就有多长。而在中国人长达百年的航母梦中，后40年都有他的身影。即使在1988年之后，他已经调往中央军委担任领导工作，但他还是继续关注航母问题，经常听取航母课题研究情况的最新汇报。

“我没理由生气。” 刘华清与人接触，不管是谁，一直保持着平易近人的本色。他身边的工作人员，从警卫员、司机、秘书到保健医生，都受到过他莫大的帮助。他曾说“我希望他们要好好学习，增长知识，关心国家大事，了解法制，不违纪，不犯法，千万不能走弯路。我们既是上下级的关系，又是平等的同事关系，我有什么理由打人、骂人、吼人？”“我对身边所有的人都没有发过脾气，即使他们有点错误，也从没发过脾气、训他们，有错误，总是教育、说理、即使是较为严重的错误，只要不是原则问题，就给他们改正的机会。”刘华清在给别人宽容理解和敬重的同时，也塑造和谐的内心世界和人际关系。

“试问大海碧波，何谓以身许国？” 从1987到2010年岁末，整整23年了，刘华清在弥留之际终于见证了自己亲手选拔培养的航母舰长登上中国航母指挥台的历史性时刻。十多天以后，一直牵挂着航母的刘华清将军病逝，享年95岁。2012年7月16日，中国第一艘航母正式下海，9月25日，正式交付中国人民解放军海军，定名为“辽宁号”！此刻，刘华清将军和几代中国人的梦想，终于实现了。

“如果我们的干部提升要靠跑靠要，风气坏了，军队还有什么希望！”他严于律己，“三推亲人”，唯一的胞弟一生务农。他的一生光明磊落，公道正派，始终把基层官兵和人民放在心上。

“中国没有航空母舰，我死不瞑目。”将军的话还犹在耳畔！而今，我们已经拥有辽宁舰、山东舰、福建舰、战略核潜艇、驱逐舰、护卫舰以及船坞登陆舰，战舰总吨位位居世界前列，终于圆了刘华清将军的海军强国之梦。不忘初心，方得始终。我想，作为新时代大学生，应该从伟大先辈们的故事中汲取奋进力量，吹响前进奋斗的号角，那是对先辈最好的纪念。最后，向大海道一声：感谢有您，我们终将驶入那片深海远洋！

参考文献

[1] 刘华清 . 刘华清回忆录 [M]. 北京 : 中国人民解放军出版社，2007.

[2] 施昌学 . 海军司令刘华清 [M]. 北京 : 长征出版社，2013.

[3]《现代舰船》编辑部 . 舰船专家忆刘华清与中国航母发展历程 [J]. 现代舰船，2011(03).

用生命守护核机密

彭杰（2018 级化学类韶峰班）

归国之路　郭永怀曾经在抗日烽火中出国留学，目睹日寇的飞机在头顶横行，从那时起他便决心选择空气动力学专业，将来服务于祖国的航空事业。1945 年，郭永怀凭借有关跨音速流动的高难课题取得博士学位后，便选择在空气动力学专业居世界领先地位的美国康奈尔大学任教，但他声明“只是暂时服务”，将来有一天还要回到中国。

郭永怀研究的学科经常能接触一些机密资料，美国方面让他填写一张表，上面有一项内容便是“如果发生战争，是否愿意为美国服兵役”？如果不同意便会失去接触相关资料的资格，但郭永怀毫不犹豫地填了“否”。尽管郭永怀在学术上受到重重限制，却时时关心新技术的发展，记在本子上或装入脑海里。

由于郭永怀在空气动力学和应用数学方面的卓越表现和贡献，所以他在美国经常被大学邀请去任教或做讲座，相关企业开出高薪挖他去工作。当时郭永怀已经是康奈尔大学的教授，而且是航空工程研究院的三个核心主持人之一，在美国有车有房，完全可以过上非常舒适的生活。但郭永怀心中有一个念头却自始至终没有打消过，尤其是在 1949 年之后，这个念头更加强烈，那就是回国。

当时有朋友劝他：你在这里什么都有了，将来孩子在这里也能接受更好的教育，为什么还要回到那个贫穷落后的国家呢？郭永怀的回答是：“家贫国穷，只能说明当儿子的无能。我自认是一个中国人，有责任回去和大家一起建设祖国。”

1950 年，钱学森启程回国，被美国当局扣押，从那之后，郭永怀的行动也受到了限制，连去英国讲学都不被批准。1955 年，中美大使级会议达成侨民可以自由回国的协议后，钱学森终于辗转回到中国。这一切使郭永怀更加坚定了重返祖国怀抱的决心。为避免美方以掌握重要资料为由阻挠他回国，郭永怀烧掉了十几年来写成的手稿。美方遂无法继续扣押郭永怀。面对妻子痛惜，郭永怀表示，“装在脑子里的科学知识才是属于自己的”。

核弹研究　1956 年秋，郭永怀携全家回到祖国，毛主席接见了他。1960 年，经钱学森推荐，郭永怀被任命为第二机械工业部第九研究所副所长，负责我国核武器的研制。郭永怀尽管身体瘦弱，但工作起来却精力过人，全身心投入新中国的核武器研制工作中。“两弹”研制所在的青海基地，海拔 3000 多米，最低气温零下 40 摄氏度，生存环境极其恶劣。50 多岁的郭永怀经常和其他科研人员一起，喝碱水、住帐篷、睡铁床。

核武器研究院下面有三个大部，即理论部、实验部和总体部，各部又陆续设置了各个研究室和研究组。理论部要解决核武器理论方案的奥秘；实验部要解决核武器爆炸物理的奥秘；总体部要解决核武器的总体布局、结构设计的奥秘。但要揭示每一个奥秘，困难在于从哪里着手解决呢？此时此刻，郭永怀明确提出，我们的前期起步工作，从设想方案开始。

根据郭永怀的这一提示，许多科技人员面对自己的任务，提出许多设想方案，然后从中筛选，选择其中最佳的设想方案，开展科研工作，很快许多研究室和研究组工作起步了。研究人员既热情高涨，又有具体目标，有条不紊地将工作开展起来。随着研究工作的不断进展，事实证明，从设想方案起步，是很有成效的工作途径和方法。郭永怀提出设想方案的指导思想是他的超常睿智的表现。

在此期间，郭永怀同时参与领导了我国第一颗人造地球卫星“东方红一号”的研制。由于长期从事绝密工作，郭永怀和家人聚少离多，年幼的女儿在过生日时向他要礼物，他只好满怀歉意地指着天上的星星说，以后天上会多一颗星星，那就是爸爸送你的礼物。1963 年，核武器研制基地从北京迁往青海，强烈的高原反应加上频繁奔波于北京和青海基地，郭永怀的健康状况严重受损。

生命守护　1968 年 12 月 5 日凌晨，郭永怀带着第二代核武器导弹的一份绝密资料，匆匆乘飞机从青海基地赶往北京，飞机飞临首都机场，在距地面约 400 米时突然失去平衡，偏离跑道，扎向 1 公里外的玉米地，瞬间腾起一团火球……当人们从机身残骸中找到郭永怀时才发现，他同警卫员紧紧地抱在一起。烧焦的两具遗体被吃力地分开后，中间掉出一个装有绝密文件的公文包。在飞机遇险、生命将尽的最后瞬间，郭永怀想到的是用身体来保护国家绝密文件。

郭永怀牺牲 22 天后，我国第一颗热核导弹成功试爆，氢弹的武器化得以实现。1999 年，中共中央、国务院、中央军委在人民大会堂隆重表彰为“两弹一星”事业作出突出贡献的科技专家，郭永怀是被表彰的 23 位“两弹一星”元勋中的烈士。如今在中国空气动力研究中心大院的松林山上，建有一座纪念亭，上面刻着张爱萍将军所书的三个大字“永怀亭”。

参考文献

[1] 张玮 . 郭永怀：一位不应被历史遗忘的科学家 [J]. 书摘，2020(03).

[2] 张开善 . 缅怀我国核武器奠基人之一郭永怀的崇高品学 [J]. 军事史林，2005(02).

[3] 星光 . 郭永怀，用生命守护祖国的核机密 [J]. 保密工作，2014(12).

抗美援朝和毛岸英的家国情怀

李斌（2018级化学类韶峰班）

毛岸英作为新中国人民领袖毛泽东的长子，他自出生起便历经坎坷磨难。8岁时，母亲杨开慧被捕入狱，他陪母亲一起坐牢。随后毛岸英在上海经历了长达5年的流浪生活，但他却始终坚守最初的信念——共产主义。毛岸英在留学苏联期间恰逢苏德战争，他出于对正义的坚守加入了苏军，在欧洲战场冒着枪林弹雨作战。1946年，毛岸英回到延安。不久，他被父亲毛泽东送往“劳动大学”，与农民同吃同睡同劳动，又学习中国历史、文化与哲学，可视为就读“窑洞大学”。此后，毛岸英东渡黄河，参加了中央土改工作团，并出席了在西柏坡举办的全国土地会议，表现很突出。事后，周恩来称赞道：毛岸英同志在土改运动中的一些意见是正确的，很有学问，他攻读了不少马列著作，有较高的马列主义理论水平。

1950年11月25日，毛岸英在抗美援朝战争中英勇牺牲，永远长眠在异国他乡的土地上。在朝鲜境内的“中国人民志愿军烈士陵园”内，矗立在毛岸英墓前的是一块花岗岩石碑，上刻“毛岸英同志的爱国主义和国际主义的精神将永远教育和鼓舞着青年一代。毛岸英烈士永垂不朽！”作为新时代的中国青年，当我们沿着毛岸英的生命历程探寻时，发现他那短暂而壮丽的人生让我们感受到其强大的精神力量。毛岸英所显现出来的共产主义精神和家国情怀将永远鼓舞和激励新中国每一代青年。

主动请缨 1950年，美国借联合国名义纠集英国、法国、加拿大、澳大利亚等其他15个国家组成“联合国军”出兵朝鲜。毛泽东认为：“全世界各国的事务应由各国人民自己来管，亚洲的事务应由亚洲人民自己来管，而不应由美国来管”。但10月初，美军悍然越过“三八线”，朝鲜战争紧张局面愈演愈烈，金日成因此向中国提出派兵支援的请求。同时朝鲜战争的战火一步步逼近我国鸭绿江岸，美军战机多次袭扰我国东北边境，对我国的安全造成严重威胁。为了维护国际正义和保卫新中国的和平与安全，中央政治局连夜召开会议商议是否派兵朝鲜。在激烈的讨论下，中共中央和毛泽东最终做出了“抗美援朝，保家卫国”的决定。

朝鲜战争爆发之际，毛岸英在与苏联儿童交流时曾表达过“如有必要可上战场消灭美帝国主义”的愿望。毛岸英回国后被调往北京机器总厂任党委副书记，但他的心中始终留心朝鲜战争的局势，他白天和工人一起干活，做老师傅的徒弟。晚上则跟大家讲革命知识和革命传统，讨论时局大事，其中就包括朝鲜战争。

在党中央做出抗美援朝的决定后，毛岸英马上主动提出参加中国人民志愿军，他问毛泽东：“爸爸，我想入朝参战，你同意吗？”毛泽东表示，只要他与妻子刘思齐商量好了，自己就支持。毛岸英见状便回答，刘思齐已经同意他去朝鲜。但事实上，这位刚结婚不满一年的丈夫并未对妻子讲出全部实情。为了新中国未来的幸福生活，身负高尚品格和纯洁党性的毛岸英选择远离亲人，赶赴危机四伏的朝鲜半岛，将自己的生命置之于度外。当时彭德怀被毛岸英积极要求上前线的决心所感动，他说："毛岸英是我们志愿军的第一个志愿兵。"10 月 23 日，毛岸英随其他志愿军跨过鸭绿江，来到了战火纷飞的朝鲜战场。

捐躯朝鲜　进入朝鲜战场后，毛岸英担任志愿军司令部办公室的翻译，兼任党支部书记。在志愿军总部及办公室，毛岸英平易近人，亲近随和，与普通士兵打成一片。彭德怀多次提出改善毛岸英的伙食和住宿条件，但都被毛岸英一口回绝了。与毛岸英关系很好的战友劝他找人打听妻子刘思齐的境况，却被他严肃地说："这样做是违反纪律，搞特殊化，父亲知道了非批评我不可。父亲常说：战争时期，儿女情长会误大事的。"

11 月 24 日上午，敌军几架飞机在志愿军总部盘旋一个多小时便又飞走了。志愿军总部见状感觉情况异常，随即转移官兵至防空洞。但直到 25 日上午，敌军飞机仍然没有出现，由于有些重要文件没有处理完，心急的毛岸英便与同事返回至志愿军总部大院，登记军事电报。不久，四架美军飞机掠过志愿军总部上空，向北飞去，在大家对此松了一口气的时候，谁知忽然飞机十分狡猾地又折回来，向志愿军总部投下了大批汽油弹，志愿军总部瞬间被大火吞没，毛岸英没来得及逃离，牺牲在火海中，同志们在灰烬中找到了两位烈士的遗体。

永垂不朽　毛岸英牺牲时年仅 28 岁，在朝鲜期间，他没享受过任何特别的照顾，也从不端着高高在上的架子。志愿军总部的很多人直到他牺牲时才知道他是毛泽东的儿子。在大家的眼中，他是一个年轻有活力、正派又进步的俄语翻译和司令员秘书。

毛泽东听到毛岸英牺牲的消息，沉默了很久说："打仗总是要死人的嘛！中国人民志愿军已经献出了那么多指战员的生命。岸英是一个普通的战士，不要因为是我的儿子，就当成一件大事。"毛岸英牺牲后，遗体被埋葬在志愿军总部所在地——大榆洞的山头上。在朝鲜停战协定签订后，毛岸英的遗骸被中朝双方迁葬到朝鲜平安南道的桧仓志愿军烈士陵园。毛岸英这位风华正茂的年轻人最终血洒抗美援朝的战场上，长眠于他战斗过的地方。毛岸英不愧是毛泽东同志的好儿子，不愧是中国人民的好儿子，也为中华儿女树立了光辉的榜样。虽然毛岸英已经牺牲 70 多年了，但我们永远怀念着他，人民永远不会忘记他！ 2009 年，毛岸英被评选为"100 位新中国成立以来感动中国人物"，2019 年他又被评选为"最美奋斗者"。

当代启示　为中国人民谋幸福，为中华民族谋复兴，这种强烈的家国情怀是中国共产党人的初心和使命，也是老一辈革命家毕生的追求，他们为此殚精竭虑，甚至不惜牺牲生命。毛岸英同志用他的牺牲诠释了中国共产党人崇高的理想信念。

家国一体、家国同心，是中华文明代代传承的根本逻辑，也是实现中华民族伟大复兴的内在支撑。毛岸英为了祖国的和平发展，在新婚不久后毅然赶赴朝鲜战场。毛岸英深知家是最小国，国是千万家，没有国哪有家！在新冠疫情期间，无数医护工作者、警察、基层干部等"最美逆行者"主动"请战"，坚守在疫情一线，他们与国家休戚与共的精神，展现了中华儿女炽热的家国情怀，深深地感动我们每一个人。

鲁迅先生说过："惟有民魂是值得宝贵的，惟有他发扬起来，中国才有真进步。"我相信，中国有无数像毛岸英和抗击疫情的工作者这样具有家国情怀的人，建设富强民主文明和谐美丽的社会主义现代化强国指日可待！

参考文献

[1] 逄先知，李捷 . 毛泽东与抗美援朝 [M]. 北京：中央文献出版社，2010.

[2] 谢文雄 . 毛岸英：不愧为毛泽东的儿子 [J]. 党建，2020(11).

[3] 王亚志 . 毛岸英入朝参战和牺牲前后 [J]. 百年潮，2011(02).

[4] 夏远生 . 毛岸英：抗美援朝的“第一个志愿兵”[J]. 党史文汇，2010(10).

用一生解一道化学题

黄恺杰（2018 级物理学韶峰班）

20 世纪 50 年代，新中国成立不久，美国就在中国周边地区建立许多军事基地，部署带有核弹的轰炸机，而且依仗原子弹的威力，对中国进行核讹诈。邓小平曾指出："如果六十年代以来中国没有原子弹、氢弹，没有发射卫星，中国就不能叫有重要影响的大国，就没有现在这样的国际地位。这些东西反映一个民族的能力，也是一个民族、一个国家兴旺发达的标志。"在当时苏联和美国对中国实行核技术封锁下，中国能拥有自己的核武器相当困难。但是中国从来不会缺少为国家奉献的人才，中国造核武器的征程中，许许多多伟大的科学家奉献自己的一生，为中国核武器的制造铺平了道路。王明健老先生就是其中一位，他用一生为祖国解了一道化学题，突破了制造原子弹的关键技术——炼铀技术。

1934 年 6 月，王明健出生于湖北省襄阳市南漳县城关镇和平桥。1955 年，学习成绩优秀的王明健即将从中南矿冶学院毕业。一天，系里突然通知王明健去校长办公室，在办公室里，两名没有透露姓名、职务的军人用略带严肃的口吻对王明健说："组织上要选派你去从事一项非常重要的工作，你接触的一切，不能跟任何人说，包括父母，也不能告诉他们你在哪儿。"国家需要召集科学家研制原子弹，就这样，年轻的王明健被一纸调令秘密分配到 309 大队，主要研制原子弹的铀燃料。

当时，摆在王明健面前的是一道几乎不可能解出来的化学题。中国的整个核工业体系还处在初建阶段，没有正规的铀矿和处理铀矿石的工厂，原料问题是当务之急。二机部决定在广东某村建立 309 大队水冶厂，任命王明健为厂长兼技术负责人，要求半年内制取出原子弹所需的二氧化铀原料。王明健没有退缩："党交给我的任务，必须完成！"1958 年底，王明健家中发来电报说奶奶病危，但那时正是科研生产紧张时期。"我没办法回去，我面对的是国家大事。"王明健说。第二封电报发来时，奶奶已经去世。王明健对着电报磕了一个头，又投入工作中。"我从小是奶奶养大的，可直到她过世，都还不知道我在外面干什么！"这些年，王明健一直深感愧疚。1959 年 8 月，王明健在试验中，两次经历了含有核辐射的爆炸，身上多处被烧伤，险些丧命。1964 年 4 月，经过反复尝试，终于试验出简法炼铀法，创造了最简单、最经济、最行之有效的炼铀新方法，填补了国内技术空白并在全国推广。在粤北山区下庄这个大山沟里建立的全国第一家简法炼铀厂，运用王明健发明的简易炼铀法，生产了 2/3 的核原料（重铀酸铵），为我国第一颗原子弹的研制和提前成功爆炸赢得了宝贵时间。时任二机部部长刘杰说："生产出了这一批重铀酸铵，为进一步生产核燃料，提前爆炸第一颗原子弹具有重要意义。"1964 年 10 月 16 日，中国第一颗原子弹在新疆罗布泊爆炸成功。中国成为世界上继美国、苏联、英国、法国之后第五个拥有核武器的国家。

几十年来，王明健对为第一颗原子弹爆炸做出的贡献闭口不谈。直到 2014 年庆祝原子弹爆炸 50 周年，国家“两弹一星”办公室找到王明健，问还有什么要求时，王明健挥挥手：“我没有任何要求，只要祖国和人民需要，我无上光荣！”经历了两次爆炸以及长期的辐射暴露，王明健饱受着病痛的折磨，身体十分虚弱。同年 2 月，王明健在病中把小女儿王琴叫到身旁：“爸爸解了一生的一道化学题，我说你记，让听得懂的科学家少走弯路。”病危之际，王明健仍交代女儿把自己 20 多年解出的答案公之于众，供社会使用，一生尽瘁，国士无双。7 月 7 日上午，中国第一颗原子弹的燃料功臣、“炼铀之父”王明健在广东韶关核工业四一九医院与世长辞，享年 87 岁。王明健生前曾说：“人生最美好的就是，当你停止生存时，还能以你的发现、发明创造继续为人民服务，把知识和智慧留给人民。”

“为人民服务”是贯穿党史的一根红线。王明健老先生用一生解了一道化学题，真真正正把自己奉献给了国家和人民。“大江歌罢掉头东，邃密群科济世穷。面壁十年图破壁，难酬蹈海亦英雄。”王明健老先生的峥嵘人生将永远铭记于每个中国人心中。我们永远向前进，回头看，要铭记王明健那一代人舍小家为大家的奉献精神。

参考文献

[1] 宋立辉 . 黄慧：历史类题材电视专题片的创作 [J]. 西部广播电视，2016(16).

[2] 刘玉荣 . 为民服务践初心 [N]. 闽西日报 ,2021-06-22(11).

[3] 侯海霞 .“人生最美好的 , 是当你生命停止 , 你的发明仍为世间所用”——记中国第一颗原子弹燃料功臣、土法炼铀发明人王明健 [J]. 中国核工业，2019(1).

焦裕禄精神

苏江浩（2018级数学类韶峰班）

百年光辉历程，百年丰功伟绩。2020年，我国的脱贫攻坚战完美收官，彻底解决绝对贫困问题。回顾历史，正是因为许多无私奉献者的艰苦奋斗，才能有今天喜人的战绩。漫漫历史长河中，焦裕禄作为中国早期的扶贫干部，他的名字在扶贫奋斗史上闪闪发光。

在今天，焦裕禄背后所蕴含的“为人民服务、艰苦奋斗、科学求实、迎难而上、无私奉献”精神，被称为“焦裕禄精神”。本文通过讲述关于焦裕禄的一些故事来阐述这一精神。

有一天，焦裕禄冒着风雪，忍着剧烈的肝痛，一连走访了九个村子，访问了几十户群众，但他却没烤群众一把火，没喝群众一口水。焦裕禄来到梁孙庄梁俊才的家里，老大爷卧床不起，老大娘双目失明。老大爷问：“你是谁呀？大雪天来干啥？”焦裕禄说：“我是您的儿子，毛主席叫我来看望您老人家的。”老大爷感动得热泪盈眶，说：“解放前，大雪封门，地主逼租，撵得我串人家的房檐，住人家的牛屋。还是党好，社会主义好。”这就是所谓的为人民服务精神！焦裕禄将个人得失置之度外，心中只装着人民，无时无刻不想着人民，这种为人民服务的精神怎不令人敬佩！

焦裕禄同志艰苦奋斗、无私奉献的精神也感人至深。他的办公桌、文件柜都是兰考县委在初建时买的，有不少地方破损。当时有人劝焦裕禄同志换个新的，他没有采纳这个建议，而且修了修后照样使用。一次，国家给兰考拨来一批救济棉花，救灾办公室的同志看到焦裕禄的棉袄补丁摞补丁，决定照顾他3斤，让他做件新棉袄。焦裕禄的妻子徐俊雅拿着3斤棉花票，就兴奋地跟他商量做新棉衣的事。焦裕禄对妻子说：“兰考现在还有好多群众缺衣少穿，救灾物资是国家给群众的，我是领导，可不能搞特殊啊！”于是坚决退回了棉花票。而他用过的一条被子上却有42个补丁，褥子上有36个补丁，他的衣、帽、鞋、袜也都是拆洗很多次，补了又补，缝了又缝的，虽然破旧得很厉害，但是焦裕禄总是舍不得换。他的爱人徐俊雅最后生气了，不给他补，他就自己动手补。

焦裕禄科学求实、迎难而上的精神也值得我们敬仰和学习。兰考县地处豫东黄河故道，是个饱受风沙、盐碱、内涝之患的老灾区。焦裕禄踏上兰考土地的那一年，正是这个地区遭受连续三年自然灾害较严重的一年，全县粮食产量下降到历年最低水平。焦裕禄从第二天起，就深入基层开展调查研究。焦裕禄说：“吃别人嚼过的馍没味道。”他拖着患有慢性肝病的身体，在一年多的时间里，跑遍了全县140多个大队中的120多个。在带领全县人民封沙、治水、改地的斗争中，焦裕禄身先士卒，以身作则。风沙最大的时候，焦裕禄带头去查风口，探流沙，大雨倾盆的时候，他带头蹚着齐腰深的洪水察看洪水流势，风雪铺天盖地的时候，他率领干部访贫问苦，登门为群众送救济粮。为了弄清一个大风口、一条主干河道的来龙去脉，他经常不辞劳苦地跟着调查队，追寻风沙和洪水的去向。调查队日复一日实地考察研究，跋涉了5000余里，掌握了大量关于兰考“三害”的第一手资料。全县84个大小风口，经调查队一个个查清，编了号、绘了图；全县大小河流，淤塞的河渠，阻水的路基、涵闸等也调查得清清楚楚，绘成了详细的排涝泄洪图。

为人民服务精神与无私奉献精神不应该只要求领导干部，它应该在我们每一个人心中生根发芽。当今社会存在着一些利己主义风气，但浓厚的利己主义是不利于社会发展的。如果人人只考虑自己的利益，那么社会就会失去发展的活力。我们做事的动机不应该只是“我可以获得什么？”还应该有“我可以为他人做些什么？”只有人人心中有他人，这个社会才会更和谐地发展。

作为韶峰班的一员，在日后致力于学术研究的过程中，焦裕禄精神中的艰苦奋斗、科学求实以及迎难而上的丰富内涵对我个人是有着激励作用的。试想“两弹一星”元勋们，在那个科技水平落后，生活条件远不及今天的时代，他们仍然克服着环境的挑战而制造出国之重器。在生活水平已经大大提高的今日，我们在学术研究中更要发扬这种艰苦奋斗以及迎难而上的精神！同时，学术工作者也要有科学求是精神。当今少部分学者利用假数据进行学术造假，这是极其不负责任的行为。在追求真理的过程中，我们要有求是精神，不可含糊不清。这既是对自己负责，也是对他人负责。当代大学生要拿好时代的接力棒，在新时代奋力奔跑，争取跑出好成绩！

参考文献

[1] 南大伟．论焦裕禄精神的时代价值 [J]. 广西社会科学 ,2016(05).

[2] 胡劼．焦裕禄的家风 [J]. 中国档案 ,2018(12).

[3] 关兵峰．焦裕禄精神的内涵及时代价值 [J]. 长春市委党校学报 ,2018(06).

孙家栋的家国情怀

曾冰钰（2018级材料类师昌绪班）

2007年10月24日，在中国西昌卫星发射中心，长征三号甲运载火箭托举着“嫦娥一号”卫星顺利升空，“嫦娥一号”是中国第一颗探月卫星，中国人“嫦娥奔月”的梦想由此变为现实，随着探月卫星的顺利升空，在航天飞行指挥控制中心的人员，全部从座位上站起来欢呼跳跃。喜悦的人群中，一位老人却悄悄背过身子，掏出手绢擦去眼泪，他就是“嫦娥一号”的总设计师——孙家栋。

孙家栋，1929年出生于辽宁。1942年6月，年仅13岁的孙家栋凭借优异的成绩考入哈尔滨第一高等学校土木系。由于战乱，他尚未毕业就回到了沈阳。随后于1948年9月考入哈尔滨工业大学预科班。

孙家栋与航天的不解之缘，还要从七十多年前一顿晚餐说起。农历正月十五日当晚，孙家栋听说学校食堂加餐，有红烧肉吃，于是，本准备动身回家改善伙食的孙家栋决定留在学校，享受难得一吃的红烧肉。当天晚餐时间，空军部队来学校招募空军，拥有良好俄语基础的孙家栋被紧急招入了空军。随后，孙家栋被派往苏联主修飞机发动机专业，成为新中国成立以后第一批公派留学人员。1957年，毛泽东访问苏联，在莫斯科大学接见了中国留学生，当时孙家栋在现场聆听了讲话。主席说：“世界是你们的，也是我们的，但是归根结底是你们的。你们青年人朝气蓬勃，正在兴旺时期，好像早晨八九点钟的太阳。希望寄托在你们身上。”那一刻，28岁的孙家栋热血沸腾，他下定决心：“国家需要你干什么事情，就去干。”1958年4月，孙家栋戴着只有13人获得的“斯大林奖章”，坐上了回国的列车。

1958年4月20日，在“两弹一星”事业启动之际，我国培养的这批留苏学生，有三分之一被安排从事导弹研制工作，孙家栋就是其中之一。

在从事导弹研制的9年历程中，孙家栋科研工作表现优异，这一切都被时任中国导弹工程的总负责人钱学森看在眼里。钱学森认为孙家栋在导弹总体设计上不仅制定方案时认真严谨，而且对发射卫星有大胆的设想，思路开阔，有那么一股创新的勇气。1967年，中国空间技术研究院首任院长钱学森亲自点将，由孙家栋担任中国第一颗人造卫星的技术总负责人，这一年他只有38岁。摆在他面前的是巨大的挑战。没有外来技术的支持，也没有任何经验可以借鉴，几乎一张白纸。要在“一穷二白”中起家，困难程度可想而知。此前从未接触过人造卫星的孙家栋，率领团队开始了研制中国第一星的艰难探索。为了尽快启动卫星总体设计工作，孙家栋向钱学森提议多招一些总体设计方面的技术人员，孙家栋挑选出了“十八勇士”。这些勇士由于系统、专业分配合理，每人的基本素质都毫无争议地得到了大家的认可。

1969 年 10 月，孙家栋向周恩来总理汇报卫星工作时，面对随和的周总理，他实事求是地提出了自己的想法，他担心在“东方红一号”仪器上挂毛主席像章会影响仪器散热，存有安全隐患。周总理严肃地说：“大家热爱毛主席的心情可以理解，你们看我们的人民大会堂，也没有到处都挂着毛主席的像。政治挂帅是要把工作做好，而不能庸俗化，搞卫星一定要讲科学”。周恩来总理的一番话打消了孙家栋的顾虑。就这样，1970 年 4 月，太空中传来《东方红》的美妙旋律，中国随即成了全世界第五个有能力独立研制和发射人造卫星的国家。

20 世纪 70 年代，孙家栋带领团队研制中国第一颗返回式遥感卫星，发射时却出现了意外。震惊过后，孙家栋带着大伙儿在天寒地冻中把大片的沙漠翻了一尺多深，拿筛子把炸碎的火箭卫星残骸筛出来，最终找到了失败的原因。一年后，一颗新的卫星腾空而起。

1984 年，中国第一颗试验通信卫星发射后，在向定点位置漂移过程中发生了意外。孙家栋果断地发出了打破常规的指令——他要求再调 5 度，最终，正确的指令使卫星化险为夷。

2004 年，中国正式启动嫦娥工程，当时已功成名就的孙家栋，再次接下肩负总设计师的重担，面对众人的不解，孙家栋的回答很简单：“国家需要，我就去做”。2007 年 10 月 24 日，长征三号甲运载火箭托举着“嫦娥一号”卫星顺利升空，同时，嫦娥一号卫星还顺利传回《歌唱祖国》的旋律，这是中国人首次听到从 38 万公里外遥远的太空传回的歌声。孙家栋抑制不住自己内心的激动，泪水从他的眼角流出。

从“东方红一号”到“嫦娥一号”、从“风云气象卫星”到“北斗导航卫星”、从第一颗人造卫星到一个又一个卫星直飞苍穹，背后都有孙家栋主持负责的身影，他亲历、见证、参加、领导了中国航天从起步到腾飞的全部过程，他被钱学森称为“中国航天事业的见证人”，他将自己的一生都奉献给了中国航天事业，他为中国的航天事业画上了浓墨重彩的一笔。当有人问及他，你一辈子搞航天为什么无怨无悔？他笑着说：“国家需要，我就去做！”

从事航天事业 60 余载，孙家栋为中国航天科技实现一次次的飞跃作出了巨大贡献。在我国发射的前 100 颗卫星当中，由孙家栋担任技术负责人、总设计师或总工程师的就有 30 多颗，超过三分之一。2019 年 9 月，孙家栋荣获国家最高荣誉勋章——“共和国勋章”，但他却表示，自己只是非常普通的一名航天战士，只是完成了自己的工作而已。如何看待名利，是检验一个共产党员品格的试金石。“个人名利淡如水，党的事业重如山”，淡泊名利、甘于奉献的“两弹一星”功勋科学家孙家栋是一面亮堂堂的镜子，对“镜”自省、见贤思齐，我们就能坚定信仰，锤炼党性，提升境界，守好“本分”。

近年来，孙家栋特别强调要坚持自主创新，“在一穷二白的时候，我们没有专家可以依靠，没有技术可以借鉴，我们只能自力更生、自主创新。今天搞航天的年轻人更要有自主创新的理念，要掌握核心技术的话语权”。

“中国的发展依然任重道远，我们一定要跟着党中央，和大家一起共同努力，尽个人微薄之力，把我们国家的事业搞好，真正实现中国梦，富起来、强起来，完成好我们这一代人的历史使命。”孙家栋说。

参考文献

[1] 马京生，王建蒙．钱学森与孙家栋的故事 [J]. 国际人才交流，2010(08).

[2] 郭宇廷．“两弹一星”功勋奖章获得者 国家最高科学技术奖获得者“共和国勋章”获得者 孙家栋：从事航天六十年 镶星探月问天穹 [J]. 中国高新科技，2020(17).

[3] 王建蒙．追星逐月孙家栋 [J]. 卫星应用 ,2017(10).

学成报国的中国航天之父钱学森

曹湘杰（2018级材料类师昌绪班）

邓小平说过："如果六十年代以来中国没有原子弹、氢弹，没有发射卫星，中国就不能叫有重要影响的大国，就没有现在这样的国际地位，这些东西反映一个民族的能力，也是一个民族、一个国家兴旺发达的标志。"可以看出，"两弹一星"对于中国来说是多么重要，即使取得了抗战胜利，成立了新中国，打赢了抗美援朝战争，但倘若不能掌握高精尖的科技，那么中国在国际上依旧无法站稳脚跟。因此，在二十世纪五十年代，党中央决定全力研制原子弹、氢弹和人造卫星。即便在当时的中国，研发这些技术的条件还十分的落后和艰苦，但仍有不少科学家投入参与其中。在这些科学家中，有一位格外亮眼，他就是中国航天之父——钱学森。

钱学森，1911年12月11日出生于上海，在北京师范大学附属中学读完中学后，进入交通大学上海学校（现上海交通大学）学习。二十世纪二十年代，人们对火车这个新型的交通工具非常着迷，孙中山先生在《民国建国方略》中为中国铁路勾画的宏伟蓝图，使年轻的钱学森相信只有铁路才是当今发展的重点，于是钱学森在大学阶段学习的是火车头设计。然而，1932年一·二八事变突然爆发，面对日本飞机的肆意横行，中国军队却完全无能为力，这场发生在头顶的战争使钱学森失去了对火车头专业的学习兴趣。大学毕业后，钱学森赴美国留学，仅用一年时间就拿到了航空工程的硕士学位。最终，钱学森确定了自己的目标，正式走上了航空航天理论研究的道路。

1936年秋，钱学森来到南加州的帕萨蒂纳，拜访世界公认的航空理论权威专家冯·卡门。冯·卡门在他的自传中回忆到钱学森："这位个子不高、仪表严肃的年轻人，异常准确地回答了我的所有问题。他思维敏捷、富于智慧，我立即建议他转到加州理工学院来深造。"钱学森到校不久后，有三个年轻人找到冯·卡门，想要他帮助他们进行火箭研究，钱学森对此非常感兴趣，于是他们便成立了一个研究小组。虽然他们不是美国第一个研究火箭的小组，但他们却是最具影响力的小组，钱学森则担当起了理论设计师的角色。但最初他们既缺资金又缺经验，所以实验总是不成功。由于他们在学校里面进行火箭实验过于危险，他们就到离学校7英里的地方进行实验，那里也是后来美国宇航局的喷气推进实验中心。很快，他们接到了美国军方的订单，成功完成订单任务后，他们获得了第一笔经费，促成了加州理工学院喷气推进实验室的建立，而钱学森正是这个研究中心的创始人之一。

钱学森28岁时便成了著名的空气动力学家，美国政府为他开出10万美元的年薪，在20世纪50年代，1.2万美元就能买一套新房子，如此优厚的待遇，目的是想让钱学森留下来为美国服务。可是钱学森面对金钱并不为之所动，一心只想为刚成立的新中国效力，冯·卡门的极力挽留也无法改变他的决定，他对恩师说：“我是一个中国人，我深深爱着我的祖国。‘科学没有国界，科学家有祖国。’如果在这里工作，我的良心不安，请老师理解。”1950 年 8 月的一天，美国洛杉矶海关声称在钱学森的托运行李中发现了近 800 公斤的草图、笔记和照片，说这些全部都是技术情报，他们暗示钱学森是一名红色中国间谍，正准备偷运机密资料回国。于是，钱学森回国受阻，刚一到洛杉矶就被通知禁止离开美国。钱学森被联邦调查局的人带到一个小岛上关了起来，指控他隐瞒自己共产党员的身份。当时朝鲜战争刚刚打响，作为一名希望早日回到祖国为国作贡献的科学家来说，关押在异国他乡是一件多么难以忍受的事情。于是，钱学森费尽千辛万苦写信寄给周恩来总理，告知目前的境况。1955 年中美大使级会谈上，中美双方终于就两国平民回国问题达成一项重要协议。第二天，钱学森接到移民局通知，对他的管制令已经撤销，他可以自由离境了。

回到祖国的钱学森，为新中国的新面孔而感到惊奇，拿起相机四处拍摄，短暂的休息之后，便开始了为新中国的建设努力工作，有的时候家里人甚至觉得钱学森的工作非常神秘。突然有一天，哈尔滨军事工程学院的院长陈赓大将邀请钱学森做访问，见到钱学森后就问：“中国人搞导弹行不行？”钱学森当时憋着一肚子的气，干脆地答道：“外国人能搞的难道中国人不能搞？中国人比他们矮一截？”1956 年，一份关于“建立我国航空工业”的建议书放在了周恩来总理的办公台上，在这份建议书中，钱学森对建设我国航空工业提出了长远的规划。同年，钱学森受命组建我国第一个火箭研究院——国防部第五研究院，并出任首任院长。当时，新中国在导弹研究领域就像一张白纸，许多相关的专业词汇都是钱学森亲自翻译的，他又像在麻省理工学院一样拿起了教鞭，为新来的大学生们教授起了导弹概论。1957 年，苏联同意帮助新中国发展导弹工业，然而在 1960 年，赫鲁晓夫下令撤走所有在华苏联专家，并带走了导弹研究中最关键的图纸资料。这时上至中央，下到基地，几乎所有人的眼光都看着钱学森。当钱学森确信中苏决裂无可挽回的那一刻，他决定建议党中央靠我们自己的力量来研制导弹。1964 年，中国第一颗中近程导弹顺利发射，3 个月后，中国第一颗原子弹爆炸成功。之后，钱学森将“两弹”结合，帮助中国制造出了真正意义上的导弹核武器。外媒评论：“中国闪电般的进步不可思议。”然而，钱学森书写的神话并未结束，1970 年，中国制造的第一颗人造地球卫星“东方红一号”划破天空，这是钱学森为祖国作出的又一重大贡献。钱学森回国以来所做的“两弹一星”工作，为我国载人航天工程奠定了坚实的基础。

1959 年 11 月 12 日，钱学森正式成为一名中国共产党党员。在钱学森看来，成为一名党员代表着自己真正融入广大劳动人民、深深融入中国共产党人“为中国人民谋幸福，为中华民族谋复兴”的初心和使命之中。从确定目标、继续深造、艰难回国、报效祖国，可看出钱学森有理有节的大气魄、大智慧，充分体现了大义凛然的民族气概和义无反顾的赤子深情。

在人们的印象中，钱学森是力学家，中国导弹、航天事业的开创者，但实际上钱学森的成就不止于此。从钱学森建立现代科学技术体系可以看出，他不仅有学科和领域的深度，又有跨学科跨领域的广度，还有跨层次的高度，这个高度更能反映出他的科学思想和科学智慧。如果把深度、广度和高度看成三维结构的话，钱学森就是一位“三维科学家”。今天，“三维科学家”

少之又少，倘若我们能培养更多的“三维科学家”，那么祖国一定会更加富强。

新中国正是因为有了钱学森这样的一批民族脊梁，才能一洗近代遭受列强欺凌的屈辱，成为屹立在世界东方的自强之国。今天，中国经过70多年的奠基和发展，已经全面建成小康社会，踏上全面建设社会主义现代化国家的新征程。新时代需要弘扬钱学森精神，这种精神的可贵之处是将个人命运与国家发展紧密地结合在一起，为国家富强、民族振兴、人民幸福的中国梦早日实现而努力奋斗！

参考文献

[1] 李殿仁 . 学习钱学森的科学家精神 [J]. 雷锋 ,2020(11).

[2] 张雨 . 钱学森心系祖国 [N]. 人民政协报 ,2020-10-29(11).

[3] 李硕豪 , 王秀芳 . 钱学森社会主义国家管理与建设思想探析 [J]. 西安交通大学学报 (社会科学版),2019(06).

朱光亚与“两弹一星”精神

邓竣升（2018 级材料类师昌绪班）

20 世纪 70 年代，在中国新闻媒体发布的参加重要活动的领导名单里，钱学森、朱光亚的名字总是连在一起，当时的美国《纽约时报》发表一篇文章，题目是《钱学森之后的那个人》，而那个人便是朱光亚。提起朱光亚，相信很多人会觉得很陌生，但你可能想不到这个人的影响有多大。

在拥有 55 年党龄的朱光亚心中，党和国家的需要就是他毕生为之奋斗的目标。早在 18 岁那年，朱光亚转入位于昆明的国立西南联合大学理学院，在此学习期间，他接触到中共地下党员，开始接受共产主义思想的影响和熏陶。1945 年，世界上第一颗原子弹爆炸，震撼世界，也改变了朱光亚一生的命运。抗战胜利后，国民党提出中国也要造原子弹，为了学习原子弹制造技术，国民党选拔优秀人才赴美学习原子弹制造技术，当时年仅 21 岁的朱光亚被吴大猷教授选上。1946 年 8 月，朱光亚等人随华罗庚教授一同赴美，没想到到达美国后，由于美国政府禁止外国人进入原子弹有关机构，学习原子弹技术的计划落空了，这对朱光亚打击不小，他曾在心底暗暗发誓，一定要为中国造出原子弹。

“同学们，听吧！祖国在向我们召唤，四万万五千万的父老兄弟在向我们召唤，五千年的光辉在向我们召唤……我们中国要出头的，我们的民族再也不是一个被人侮辱的民族了，我们已经站起来了！回去吧，赶快回去吧！祖国在迫切地等待我们！”。朱光亚为了呼吁海外留学生回国参加建设，组织起草了这封著名的《给留美同学的一封公开信》，先后有 52 名中国留学生在公开信上签名。1950 年，26 岁的朱光亚拒绝了优越的工作条件和物质待遇、拒绝了美国经济合作总署的救济金，毅然告别女友回归了祖国。几十年后，李政道开玩笑说，当时蒋介石派的五个人只有派朱光亚是派对了，只有他回来是做原子弹的。

1952 年，朱光亚被派往朝鲜作为翻译，参加板门店停战谈判。朱光亚亲眼看到美国军方对我国进行核讹诈，这进一步激发了朱光亚对制造核武器的心愿。

1957 年，他被调至我国早期原子能研究的大本营——中国科学院核能研究所，朱光亚参加了研究性反应堆的建设工作。1960 年，苏联专家全部撤走，起步不久的原子弹研制工作遭到重大挫折。有人甚至以为中国的原子弹不知要到何年何月才造出来。然而之后的两年，各方面的工作都取得了重大进展，其中朱光亚发挥了重要作用。这期间，朱光亚起草了被誉为原子弹发展的两个纲领性文件，毛主席对此作出了重要批示“很好，照办”。

1964 年 10 月 16 日下午 3 时整，一朵黄褐色的蘑菇云在我国西北戈壁腾空而起，由于走错了路，朱光亚一行人还没赶到山头的观测站，原子弹就爆炸了，还在赶路的朱光亚，转过身来看到正在升腾的蘑菇云不禁潸然泪下。他的“原子弹梦”终于实现了。当晚，作风严谨的朱光亚第一次喝得酩酊大醉！

第一颗原子弹爆炸成功后，朱光亚没有选择休息，而是又开始组织实施机载核航弹爆炸试验和导弹运载核弹头爆炸试验，并全部取得成功，实现了我国原子弹研究的“三级跳”计划。三年后，朱光亚与同事们又将中国带入氢弹时代，但反观中国数十年国防科技发展的辉煌历史，特别是早些年，朱光亚除了他的名字之外，其他的都不见经传，即使是在“两弹一星”元勋的行列中，由于他的低调，他也是被解密最晚的。

可能有人会很疑惑，为什么这样一个“两弹一星”功勋会这样无名呢？而且为什么世人一直看不到报道朱光亚个人事迹的文章呢？其实，并不是没有人写，而是文章在他那里过不了关，不是被扣下来，就是被不同意发表而退回。朱光亚总说，先写别人吧，我以后再说，他总是这样，人们评价他时，总说他淡泊名利。1996 年，朱光亚获得一笔 100 万港币的奖金，转身就捐给了中国工程科技奖励基金会。捐款后，朱光亚反复叮嘱周围的人不要把这件事说出去。所以，在很长一段时间里，即便在中国工程院的院士中也很少有人知道这件事，社会上更是无人知晓。2011 年 2 月 16 日，朱光亚因病逝世，享年 87 岁。朱光亚传奇而神秘的一生从此画上了句号。正如感动中国 2011 年度人物颁奖典礼对朱光亚的评价，“他一生就做了一件事，但却是新中国血脉中激烈奔涌的最雄壮力量。细推物理即是乐，不用浮名伴此生。遥远苍穹，他是最亮的星。”朱光亚用自己的一生照亮了中国的核武器事业，为的就是中华民族傲立于世界民族之林！

参考文献

[1] 黄金生．矢志不渝 无悔付出 以身许国的“两弹一星”元勋们 [J]. 国家人文历史，2019(02).

[2] 陈如标．把血汗洒在祖国的土地上——忆朱光亚先生 [J]. 秘书工作，2019(08).

[3] 巴特．朱光亚：人生为一大事来 [N]. 长春日报，2019-12-03(07).

雷锋同志的“钉子精神”

胡焕东（2018 级材料类师昌绪班）

“向雷锋同志学习。”这七个字潇洒苍劲的行草，是毛泽东同志在 1963 年 3 月的题词，号召全国人民学习雷锋的共产主义精神品质。今天雷锋同志早已远去，但他的精神品质仍然在新时代浩荡的春风中熠熠生辉。

习近平总书记在十三届全国人大一次会议闭幕会上的重要讲话中，深刻阐释了中国人民的伟大创造精神、伟大奋斗精神、伟大团结精神、伟大梦想精神。而雷锋精神正是这些精神的生动体现，是我们民族弥足珍贵的精神财富。

雷锋出生于湖南长沙，解放后，在党和政府的关怀下，雷锋入学读书、参加工作，他曾多次当选为劳动模范。1960 年参军，两年多的时间里，雷锋立功三次，还被评为模范共青团员和节约标兵。1962 年 8 月 15 日雷锋因公殉职。

所谓雷锋精神即“钉子精神”。当雷锋听到有的同志说工作如何之忙，实在没有时间学习时，他便根据自己的学习体会，在日记中写下了这样一段话：“要学习的时间是有的，问题是我们善不善于挤，愿不愿意钻。一块好好的木板，上面一个眼也没有，但钉子为什么能钉进去呢？这就是靠压力硬挤进去的，硬钻进去的。由此看来，钉子有两个好处：一个是挤劲，一个是钻劲，我们在学习上，也要提倡这种‘钉子’精神，善于挤和善于钻。”这就是人们广为称道的雷锋刻苦学习的“钉子精神”。

雷锋的“钉子精神”并非轰轰烈烈的英雄主义，而是一种趋于平凡，可供普通人学习的一种精神，雷锋的一生虽然没有创造惊天动地的英雄伟绩，但他把自己生命的每一分热、每一分光都无私地奉献给人民。雷锋怀着对人民的赤子情怀，自觉把有限的生命投入到无限的为人民服务中去。

全心全意为人民服务，是贯穿在雷锋一生中最突出且最动人的主旋律，也是雷锋精神的核心内容，它既反映了雷锋坚定的共产主义信念和崇高的共产主义品德和风格，又反映了雷锋无私奉献、忠于共产主义事业的人生态度，其本质即毫不利己帮助别人，在各种不同的工作岗位上干一行爱一行，把有限的生命投入到无限的为人民服务中去，在平凡的工作中为社会主义、共产主义的事业奉献自己的力量。雷锋在中国人民解放军沈阳军区工程兵某部运输连任班长一职，工作尽心尽力。在 1960 年 8 月，雷锋参加上寺水库抢险救灾，带病连续奋战 7 天 7 夜，表现突出，团党委为雷锋记二等功一次。

雷锋同志深知学习的重要性，平日里工作占据了一天中主要的时间，工作结束后无暇学习，于是雷锋就把书装在挎包里，随身带在身边，只要车一停，没有其他工作，就坐在驾驶室里看书。

雷锋同志的“钉子精神”，第一表现在他对中国共产党的深厚感情，时刻听党的话、按党的指示办事，并坚定不移地跟党走；第二表现在他言行一致的革命精神，他脚踏实地、勇于探索、说到做到，把实现崇高的理想落实到本职岗位上。第三表现在他时时处处都以党、祖国和人民的利益为重，把毫不利己、专门利人看作最大的幸福和快乐，把有限的生命投入到无限的为人民服务之中去。第四表现在他始终保持昂扬的精神状态和勇往直前的革命干劲，在平凡的岗位上作出不平凡的成绩，用生命践行为共产主义事业毕生奉献的誓言。雷锋精神集中体现了中华民族的优良传统，反映了社会主义和共产主义的价值观念和行为准则，凝聚着全人类共同珍视的时代精神的精华。这种伟大精神，过去、现在和将来都是教育和激励人们前进的宝贵精神财富。

雷锋精神中的爱党爱国、助人为乐、无私奉献、爱岗敬业，艰苦奋斗等精神内涵，与社会主义核心价值观的基本内容相统一。雷锋精神中所倡导的热爱社会主义祖国、坚定社会主义理想信念、艰苦奋斗和自强创新、自觉树立正确的价值观等思想，与社会主义核心价值观具有内在的一致性。从国家，层面而言，雷锋精神中的基础精神是爱国主义精神，同时爱国主义精神是社会主义核心价值观建设体系中重要的内容之一。

作为新时代的大学生，我们首先要学习雷锋精神中的刻苦精神，只有能吃苦才能更扎实地掌握专业知识。其次要学习雷锋精神中全心全意为人民服务的精神，将自己所学的知识应用于专业领域，报效祖国。

参考文献

[1] 殷允岭 . 雷锋传 [M]. 北京：人民出版社，2018.

[2] 曹光柱，孙琳琳等 . 用新时代雷锋精神加强高校学生社区文化建设的研究 [J]. 大学教育 ,2021(05)

[3] 陈锡德 . 准确把握雷锋精神的基本内涵 [J]. 雷锋 ,2020(12)..

[4] 关立春 . 雷锋精神的内涵及当代价值研究 [J]. 世纪桥 ,2020(01).

于敏与“两弹一星”精神

陈周宇（2018级材料类师昌绪班）

在20世纪这样一个物资匮乏的年代，原子弹和氢弹的成功研制使中国跻身世界强国行列。但在“两弹一星”背后，是无数隐姓埋名的科学家，其中于敏就是这样一个“隐身”数十年的人。

于敏曾获得国家科技进步奖特等奖、一等奖，国家自然科学奖一等奖，国家最高科学技术奖等诸多奖项和“两弹一星”元勋等荣誉称号。作为我国著名核物理学家，于敏是国家功勋奖章获得者，在中国氢弹原理突破中解决了一系列基础问题，提出了从原理到构形基本完整的设想，起了关键作用。此后长期领导核武器理论研究、设计，解决了大量理论问题。对中国核武器进一步发展到国际先进水平作出了重要贡献。但于敏真正走进大众视野是在2014年《感动中国》栏目的播出，而在此之前，于敏一直隐姓埋名，就连他的妻子都不知道他的工作内容，直到后来相关档案解密，国家给于敏颁奖时才说道“没想到老于是搞这么高级的秘密工作”。在国际科技竞争激烈的背景下，学习“两弹一星”精神，对当代青年面对百年未有之大变局和打破我国科技的“卡脖子”问题有十分重要的意义。

于敏有极高的自然科学理论兴趣与天赋，为了学习和研究自己最感兴趣的物理，他在大学时代从机械专业转向物理学。在兴趣的驱使下，他选择了理论物理中最抽象繁难但前沿的量子场论作为自己的研究方向，这是一个有理论天赋的青年学子最易登堂入室，甚至攀登高峰的领域。在此之前，有无数的诺贝尔奖从这一领域中诞生，如狄拉克、李政道等，而于敏在这个方面也有极高的天赋和兴趣，他考上北京大学研究生，师从中国统计物理与量子场论的开拓者张宗燧，从事量子场论研究工作。在研究工作期间，其导师赞叹道，没见过学物理像于敏学这么好的。相信作为一位有志向、有抱负的科研工作者，在自己最感兴趣的领域从事研究，一定是最好做出成果的，更何况是这样一个热门的、前沿的领域。但在当时的中国，研究原子弹要比研究量子场论要有用且迫切得多，为适应国家战略需求，于敏毅然将自己的研究方向改为核物理，为原子弹的研究打下理论基础。

是金子在哪里都会发光，这句话完美地诠释了于敏的学术经历。于敏在转向原子核物理研究后不久，便在核物理领域做出杰出成果，并达到国际领先水平，受到了国际同行的称赞和认可。这时，钱三强又找到了于敏，邀请于敏加入研制氢弹的理论研究。于敏又果断放弃了自己的核物理基础研究，转向了氢弹的理论研究。要知道，氢弹的理论在当时是属于受封锁的技术，而且是高级的国家机密，相关成果是不可能被发表的，于敏此举相当于放弃了自己的学术前途。

从此，才华横溢的理论物理学家于敏隐姓埋名，潜心献身于中国国防科技事业。于敏的家国情怀就是在国家需要的时候，毫不犹豫地放弃自己的兴趣，牺牲自己的前途，国家的需求就是个人的目标。这也是在中美科技战背景下，我们作为当代大学生所需要学习的。为打破美国的科技封锁，突破卡脖子技术，靠的就是我们这一代人，我们要以国家重大需求作为自己未来的研究方向，为国家发展和中华民族伟大复兴作出自己的一份贡献。

在中国原子弹研制成功后不久，氢弹研制工作在1961年又被提上日程，核大国研发氢弹的技术途径与具体方法绝对保密，不可能借鉴。在完全从“零”开始的工作，于敏和他的团队经过四年多的摸索，在否定了多个模型后，提出要设计一种改进型设计，这将与之前几年的工作完全背道而驰，但于敏仍然坚持要试一试。然而，“计算结果老是不理想，威力总是上不去，不管如何优化设计，重量已经很重了，不用好材料时威力只有几十万吨。”在这巨大压力之下，于敏没有放弃，仍然亲力亲为，继续指挥氢弹理论研究。终于在不久后完成了氢弹理论的突破，使得中国成为第四个拥有氢弹的国家。

于敏勇于创新的精神，还体现在氢弹核心技术被完全封锁的情况下仍坚持不懈地努力，不断改进和突破前面的工作，最终掌握核心技术。在当今中国高科技企业被美国制裁和封锁的情况下，我们作为新一代的年轻人和大学生，将成为各个领域的前沿研究人员，我们要学习于敏这种勇于创新的精神，以突破“卡脖子”技术，使得中国真正掌握最前沿的科技，成为真正的科技强国。

于敏朴实无华的家中，有一副醒目的条幅：“淡泊以明志，宁静以致远”。于敏十分敬佩诸葛亮，以他的名言作为座右铭，与此同时，不乏文学才华的于敏也说出了一句名言：“我只是萤火之光，不可与皓月争辉”。很早之前，中央电视台有几档很著名的栏目邀请过于敏，想让于敏去当嘉宾，但是却被于敏拒绝了，他很谦虚地说，原子弹和氢弹是整个团队的成果，我个人没什么好说的。记者十分不解，于敏让身边的人向记者传达，“核武器的研制是集科学、技术、工程于一体的大科学系统，需要多种学科、多方面的力量才能取得现在的成绩，我只是起到了一定的作用”。面对党和国家给予的“中国氢弹之父”这一荣誉称号，于敏坚决不同意，并说道：“一个人的名字，早晚是要没有的。能把自己微薄的力量融进祖国的强盛之中，便足以自慰了”。也正是于敏淡泊名利，才使于敏默默无名，直到2014年《感动中国》栏目的播出，才使得于敏这一伟大的物理学家真正走进人们的视野，走进大众的心中。

于敏的淡泊名利是数十万从事“两弹一星”工作及其他国防科技事业工作者的一个缩影，由于国防工作涉及国家机密，很多为国家做出巨大贡献的科学家一生都无法公布自己的身份，甚至连自己的亲人都无法相见，为了中国的国防事业，几十年未归家的人比比皆是。也正是这些默默无闻的科学家数十年如一日地潜心研究，才有了当今国家的强大国力和如此高的国际地位。为了让国家强大，他们有的放弃了国外的优渥工作环境，回到条件不发达的祖国默默奉献了自己的一生。我们作为新时代的青年，面对世界百年未有之大变局，应该向“两弹一星”元勋学习，淡泊名利、乐于奉献，为实现中华民族伟大复兴贡献自己的力量。

参考文献

[1] 郑绍唐，曾先才 . 于敏 [M]. 贵阳：贵州人民出版社，2005.

[2] 朱亚宗 . 淡泊谦和的科学巨星——纪念“中国氢弹之父”于敏 [J]. 高等教育研究学报，2020(03).

[3] 杨琳 . 众核物理学者谈于敏 [J]. 百年潮，2015(12).

铁人精神

杜裴源（2018级材料类师昌绪班）

毛主席曾说过，要进行建设，石油是不可缺少的，天上飞的，地下跑的，没有石油都转不动啊！新中国成立之后，为了我国工业的战略发展需要，拥有属于我们自己的一片大油田成了当时所有中国人的梦想。

1959年9月26日，黑龙江省大同镇“松基3井”的油井里喷射出的黑色油流，标志着我国用“洋油”的时代即将过去。人们将它作为庆祝新中国成立十周年的礼物，同时也将大同镇改名为大庆镇。大庆油田也因此得名，在我国的工业史上，它也是一块瞩目的里程碑。

在大庆油田发现前，我国不少地质学家对我国的石油资源持悲观看法。国内外许多学者接受的说法是“中国贫油论”，认为我国地质结构不具备产生石油的条件。不仅如此，日本在我国东北、美孚公司在我国陕北都没有找到石油的事实，都被当成了“中国贫油论”的佐证。但中国的领导人依然对开发油田抱有希望。当时的地质部部长李四光对毛泽东等同志汇报：“中国油气资源蕴藏量丰富。”这并不是盲目乐观的说法，李四光根据大地构造条件和沉积条件，为中国的石油勘探划定了一个大的区域；黄汲清也提出了著名的“陆相生油”理论，为我国开发石油提供了理论支持。1959年，地质部和石油部尝试在松辽平原勘探石油，最终在国庆前夕发现了油田所在地。

习近平总书记致信祝贺大庆油田发现60周年时强调：“60年来，几代大庆人艰苦创业、接力奋斗，在亘古荒原上建成我国最大的石油生产基地。”经过60多年开发建设，大庆油田始终高唱“我为祖国献石油”主旋律，累计生产原油24.3亿吨，全力保障国家能源安全，5年来实现储量向上增长，油气产量当量保持在4000万吨以上，巩固保持了全国最大原油生产基地地位。而王进喜和他的钻探队，就是开发大庆油田的先驱。

王进喜，1923年10月8日出生于甘肃玉门的一个贫苦农民家庭。他的名字寄托着父母对他欢欢喜喜去上学的期望，学到本领后可以重振家业。王进喜的童年生活十分不易，但他一直有着与困难斗争的决心与勇气。6岁时，王进喜的家乡遇到了灾荒，他领着双目失明的父亲上街乞讨，寻一口饭吃。王进喜的家里虽有几亩地，但是被区长长期霸占，12岁的他前往区长家据理力争，虽然只是要回了几丈白土布，却让他形成了敢于斗争的性格特点。

王进喜很早就开始和石油打交道了。1938年，15岁的王进喜进旧玉门油矿当童工。当时的王进喜经常因反抗而受惩罚，师傅知道后，告诉他要讲究斗争方法，培养耐力。王进喜始终记得师傅的教导，按照师傅教给他的办法与困难斗争。正是这苦难的经历和恶劣的生存环境，练就了他刚毅坚韧、倔强不屈的性格。

1950年春，王进喜成为新中国第一代钻井工人。1956年4月，他加入了中国共产党。王进喜热爱自己的工作，担任了钻井队的队长。这支队伍获得过“钢铁钻井队”的称号，他本人也被评为全国劳动模范。1959 年 9 月，王进喜在全国工交群英会期间听说东北发现了大油田，兴奋不已。他找了当时的石油部领导，积极要求参加石油大会战。

王进喜的要求得到了领导的批准。1960 年 3 月，王进喜率队从玉门奔赴大庆。刚到大庆时，当地的条件十分恶劣，眼前只有荒原，气候寒冷，滴水成冰。当地的施工条件也很差，公路没有修通，吊车、拖拉机也不足，导致设备在火车上卸不下来。王进喜在这种条件下丝毫没有退缩，他说：“有条件要上，没有条件创造条件也要上！”他带领全队三十多名工人用绳子拉、撬杠撬、木块垫，将六十多吨重的钻机一寸一寸地运到井场。打井需要水，为了抢时间，王进喜和工人们硬是用脸盆端来了几十吨水。

第一口油井打好之后，王进喜的腿被滚落的钻杆砸伤。让所有人都意想不到的是，王进喜一不住院、二不休息，而是拄着拐杖、缠着绷带连夜回到井队。当时，第二口油井即将发生井喷，又碰上没有重晶石粉的情况，眼看油井就要失去控制，王进喜当机立断用水泥代替重晶石粉。由于没有搅拌机，水泥沉在泥浆池底，王进喜便扔掉双拐，纵身跳进泥浆池，用身体搅拌泥浆。工友们被王进喜感动，也纷纷跳进泥浆池。经过三个多小时的奋战，危险终于解除，但王进喜身上却被碱性泥浆烧出了大泡。这次事件公布后，“王铁人”的名字传遍了油田，也传遍了整个中国。

什么是“铁人精神”？——不怕苦、不怕累，不为钱、不为名，一心为国家，一切为革命。它集中体现了中国工人阶级的精神风貌和崇高品质，是激励中国人民不畏艰难、勇往直前的宝贵精神财富，无论在过去、现在和将来都有着不朽的价值和永恒的生命力。

铁人精神的内涵是“爱国、创业、求实、奉献”，是以王进喜为代表的石油工人的精神品质。在大庆石油会战期间，王进喜等石油工人拉肩扛、破冰取水，危急时刻人拌泥浆池，不断克服困难、继续前进、奉献自己，改变了我国石油工业的落后面貌，创造了举世瞩目的成绩，集中体现了大庆石油工人无私奉献、锐意进取的精神意志。铁人精神也凸显了一种坚韧不拔的创业勇气，激励着一代代中国人民拼搏奋进、担当作为、干事创业。

如今，铁人精神已经成为中国共产党精神谱系的重要组成部分，在今天仍具有重要意义。作为新时代的大学生，要认真学习和领会铁人精神，并在平时的工作和生活中自觉贯彻和落实；要有国家主人翁意识与民族责任感，将个人的价值与国家的前途命运紧紧联系在一起，志存高远；努力学习科学文化知识，积累经验，做好自己的本职工作，勇于担当，甘于奉献，为实现中华民族伟大复兴贡献一份力量。

参考文献

[1] 习近平致信祝贺大庆油田发现 60 周年强调 大力弘扬大庆精神铁人精神 肩负起当好标杆旗帜建设百年油田的重大责任 国务院发来贺电 [J]. 中国工运 ,2019(10).

[2] 方圆 .“我为祖国献石油”[N]. 人民日报 ,2021-05-07(05).

[3] 蔡文成 . 让铁人精神绽放时代光芒 [N]. 甘肃日报 ,2021-04-09(06).

人民英雄麦贤得

李津丞（2018级材料类师昌绪班）

1965年，台湾国民党方面企图用军舰将一批武装特务秘密偷渡到广东和福建两地，然后潜伏下来，建立所谓“反共游击基地”，开展破坏活动。于是在8月5日拂晓，国民党派“剑门”和“章江”两艘先进美式舰艇，从左营港出发，秘密向大陆驶来，由此引发了著名的“八六海战”，也使“钢铁战士”麦贤得家喻户晓。

1965年8月6日凌晨，611艇和兄弟舰艇一起警惕地巡逻在海面，担任护渔任务。这时，台湾“剑门号”和“章江号”闯进了东山岛附近的渔场。水军指战员们怒火万丈。随着指挥员下达作战命令，轮机兵麦贤得拉动操纵杆，炮艇昂首破浪向前冲去。战斗中，敌舰“章江号”燃起了熊熊烈火。“章江号”孤注一掷，突然调转航向，发狂似的朝611艇冲过来。艇长崔福俊见状，一面命令抛货继续猛轰“章江号”，一面掉转船头，避开它。

但就在此时一个意外发生了，611艇一台主机突然停转了。麦贤得跑了过去。正当他要发动机器时，一发炮弹打进了机舱。“轰”的一声弹片四下乱飞。麦贤得一下子被气浪掀倒在地，一块弹片击中了他的前额，鲜血和脑髓顿时流了出来。“……麦贤得，你醒醒……”麦贤得慢慢苏醒过来，费力地张开双眼，嘴动了动，说不出话来，只是用手指了指机器。副指导员一边为麦贤得包扎伤口一边对他说：“要听话，要服从命令。”麦贤得顺从地放下双手，点了点头。可副指导员刚一转身离开机舱，麦贤得就用左手按着身边的机器，强撑着站了起来。弹片可以损伤麦贤得的肉体，却摧毁不了他的钢铁意志。机舱是舰艇的心脏，绝不能停止跳动。麦贤得以惊人的毅力，重新回到了战斗岗位上，在剧烈摇摆的机舱里，穿来绕去，爬上钻下，一刻不停地检查管道、阀门、开头和接头。麦贤得血流得太多了，他的脚步虚浮了，动作也迟钝了，但心中只有一个信念：“战斗还没有结束，我决不能倒下！”战斗共持续了3个小时，打不死的“钢铁战士”麦贤得以坚强的毅力，一直坚守在岗位上，直至战斗胜利。

战斗结束5天后在北京人民大会堂，海军汕头水警区副司令员孔照年、“海上先锋艇”指导员徐寿祺等“八六”海战参战代表，受到了周恩来、贺龙、罗瑞卿及海军领导萧劲光、张爱萍、徐立清、张学思等人的接见。在孔照年汇报了战斗经过后，周恩来关切地问：“这次不是有一个轮机兵受伤了吗？头部负了重伤还把艇开回来了，了不起啊！他的伤怎么样了？”“麦贤得现在还昏迷不醒。”“一定要全力抢救。你们回去，向伤员、牺牲同志的亲属，转达党中央、毛主席对他们的问候。”

8月8日上午，医院对麦贤得进行了第一次手术。由于那块弹片扎得太深，从右额骨穿进，到达左侧的颅内，在脑袋上开了一个可怕的血洞，第一次手术没有取出弹片。8月11日上午，请来了广州军区总医院脑外科专家进行了第二次手术。手术进行了18个小时，医生仍然没有找到那块弹片。毛泽东主席、周恩来总理对麦贤得的伤势很是关心。于是中央军委决定：马上派直升机将麦贤得和另外三名重伤员送至广州军区总医院。广州军区总医院成立了专门的救治医疗小组，24 小时护理麦贤得。经过一段时间精心调理，麦贤得逐渐醒来了。1966 年 5 月 18 日，麦贤得受伤后的第 9 个月，广州军区总医院的专家们决定给他再做一次手术。这场手术进行了 6 小时 45 分钟，主刀的是刘明铎主任，终于把那块钻进麦贤得脑子里并一直在危及他生命的弹片取出来了，麦贤得脱离了危险。

麦贤得早年在学校读书期间曾多次被评为“三好”学生，入伍前连续两年被评为“五好”民兵。不管是当学生还是当民兵，为了集体利益，麦贤得总是敢闯敢干，勇于承担重任。在学校里，有一次帮公社送秧苗，由于风大雨大，沟宽水深，水蛇又多，麦贤得第一个自告奋勇去送，一直在水里干了近两个小时。当民兵时，在一个暴风雨的晚上，麦贤得曾经蹚着齐胸的潮水，一个人用船从被淹的公社粮仓里抢救出三千多斤粮食。在盐田受到潮水威胁的紧急时刻，麦贤得曾经和渔民一起，奋不顾身地投入堵堤坝的战斗！

然而，就是这么一位学习成绩优异，吃苦耐劳，尽职尽责的人，却遭受了如此严重的创伤。残缺的头盖骨被植入两块有机玻璃替代，直到今天，那两块有机玻璃仍在他的脑子里。麦贤得生命是保住了，但严重的脑外伤留下了严重的后遗症，一生都在痛苦地伴随着他：外伤性癫痫、右手无力、偏瘫、行走受限、失忆、语言障碍……在广州军区总医院，最初，麦贤得连走路都要人搀扶，生活不能自理。在医护人员的帮助下，他以超人的毅力与命运搏斗，首先重新学习发音吐字，一个字一个词地开始，接着就练习使用左手，以代替因伤致残的右手，然后开始锻炼走路，麦贤得表现得十分顽强，最终康复得很顺利。

人民英雄麦贤得英勇无畏、自强不息的形象深入每个人的心中，成为我们学习的榜样。然而，一少部分人更加关注那些流量明星，反而漠视科学家与民族英雄，两个娱乐明星的分手冲上了热搜，而科学家则是在背后默默无闻地做出贡献。新冠疫情期间，我们看到了逆行出征的白衣天使，日夜攻关的科研工作者，勇挑重担的解放军战士，坚守一线的公安民警、基层干部，是他们守护着国家、守护着家园。这一刻，更多人的目光在关注他们，更多的闪光灯在聚焦他们。占据头条位置的、登上热搜的是他们，而不是那些流量明星。这一刻更多的人意识到，哪些行业能够推动社会进步，哪些职业能够保家卫国，哪些人能够被称为国之栋梁、民族脊梁，哪些人才是全社会真正的明星。

我们当代大学生要以那些英雄为榜样，努力学习文化知识，将来步入社会，为祖国的繁荣富强作出自己的一份贡献。

参考文献

[1] 杨黎光．英雄和他背后的英雄——“钢铁战士”麦贤得的人生之路 [J]. 北京文学（精彩阅读），2019(10).

[2] 郃言．“八六”海战 剑门章江沉海底 通令嘉奖 尽人皆知麦贤得 [J]. 黄埔，2011(04).

[3] 远弘．谁才是我们真正的“明星”？ [J]. 机构与行政，2020(04).

[4] 李明志．“青春”背后，到底谁在“倒牛奶” [N]. 联合日报，2021-05-07(03).

大山里的“老愚公”文朝荣

王子兴（2018级物理学韶峰班）

20世纪80年代初，地处喀斯特山区的海雀村土壤贫瘠，风沙漫天，村民穷得只能住在杈杈房，这让时任海雀村党支部书记的文朝荣很是焦虑。现今，海雀村已从“苦甲天下”到林茂粮丰，这离不开“老愚公”文朝荣几十年如一日付出，他以赤子之心带领村民用绿色斩穷根，在苦寒的乌蒙大山深处种出一片幸福地。

为了使海雀村村民彻底摆脱穷根，文朝荣结合村中实际，寻找摆脱贫困的方法，他认为“只要山上有树，就可把风沙挡住，山上有林就能保山下，有林才有草，有草就能养牲口，有牲口就有肥，有肥就有粮”。此后，文朝荣带领村民白天种树，晚上继续在油灯下钻研造林技术，2年内便在山上种出了千余株华山松。1986年冬，文朝荣号召300余名青壮年每天冒着严寒挖树窝、种树苗，百余公里的运苗路泥泞难行，大家心中充满干劲，风雨无阻。文朝荣经常是晚上把洋芋煮好，第二天一大早背上山，拿来给大伙分吃，还悄悄把妻子为女儿坐月子准备的鸡蛋，也拿了出来，和大家一同分享。经过3年苦战，海雀村村民在房前屋后种上了华山松、马尾松，造林面积1.16万亩，光秃秃的“和尚坡”变成了绿色的林海。

在文朝荣看来，村民不能饿着肚皮绿化荒山，植树造林是为“将来”造福一方。改善村里的生态环境后，文朝荣又开始琢磨提高村里的粮食产量。1989年，文朝荣在海雀村推广了白色地膜覆盖种植，之后，他又推行土地有机改良和杂交技术，这使得土豆、玉米等粮食的土地单产快速提高。1994年，海雀村粮食生产总量提高到14.5万公斤左右，人均粮食占有量达到203.5公斤，村民吃饭问题基本解决，生活水平和生活质量得到了大幅提高。

文朝荣还带头捐资建学校，他多地奔走，协商规划，为海雀村建起了一栋8间校舍的教学楼，还在村里办起了学前班，全村适龄儿童入学率达100%。1995年，文朝荣从村支书岗位上离任后，一直担任义务护林员，他平时早出晚归，精心呵护着他和群众辛苦种下的这片山林。在文朝荣的悉心看管守护下，这片林场从未发生过一起火灾，海雀村森林覆盖率超过70%，因为林地水源涵养充沛，还为周围7个寨子提供了饮用水源，造福了一方百姓。

2014年，把树林视为生命的文朝荣因积劳成疾，弥留之际，文朝荣还不忘给前来探望的领导提出希望，希望政府能支持海雀村的教育、医疗，让村民有更好的生活。遗憾的是，文朝荣最后因医治无效去世，享年72岁，安葬文朝荣的墓地没有墓碑，他的墓碑是正前方海雀村的万亩林海。

文朝荣是党员干部学习的楷模，他的一生，是服务群众的一生，是造福子孙的一生，是无私奉献的一生。以文朝荣为镜，时刻牢记党的宗旨，深入群众、倾听民声、体察民情、感受民心，把群众的安危冷暖放在心上，是每一位党员干部的责任。

文朝荣精神的实质是坚定信念为人民，表现为坚守信念、对党忠诚、一心为民、无私奉献、淡泊名利等。文朝荣同志生前是贵州省毕节市赫章县河镇乡海雀村党支部书记，海雀村是典型的石漠化高寒山区，面对恶劣的生存环境，文朝荣没有向困难低头，没有向贫穷折腰，保持一种“敢教日月换新天”的斗志和不怕困难、迎难而上的勇气，扎根基层，苦干实干，带领群众脱贫致富奔小康。几十年如一日地付出，文朝荣让一个在 1985 年人均纯收入 33 元、人均占有粮食不足 107 斤、森林覆盖率不足 5% 的“苦甲天下”的海雀村，变成了如今林茂粮丰，人与自然、人与资源、人与环境和谐发展的美丽村庄。

文朝荣同志有着坚定的理想信念，始终牢记党的根本宗旨，用艰苦奋斗、无私奉献、愚公移山、改变面貌、造福子孙的一生实践铸就了精神丰碑，体现了一个基层干部决战贫困落后的决心和勇气，一个党员干部民生为本、造福一方的使命与担当。

参考文献

[1] 胡锦涛 . 坚持发扬艰苦奋斗的优良作风 努力实现全面建成小康社会的宏伟目标 [J]. 求是，2003(01).

[2] 吕翔，赵德虎等 . 文朝荣精神与贵州脱贫攻坚研究 [J]. 理论与当代 ,2017(10).

[3] 刘廷荣 . 文朝荣是一面镜子 [J] 当代贵州，2014(33).

稻田里的守望者——袁隆平

蒋雨馨（18级化学类韶峰班）

袁隆平是我国研究与推广杂交水稻的开创者，他于1964年率先开展水稻杂种优势利用研究，最先发现了水稻雄性不育株，指出水稻具有杂种优势现象，并提出通过不育系、保持系、恢复系来利用杂种优势的设想，最终他和小组成员一起攻克了制种技术难关，使中国成为世界上第一个在生产上成功利用水稻杂种优势的国家.这在很大程度上解决了中国人的吃饭问题，而稻谷作为全球半数以上人口的主食，杂交水稻的出现和推广，也为确保世界粮食安全带来了福音。袁隆平一直认为，为自己热爱的中国奉献，既是他勇攀新高的动力，也是所有梦想的终极目标。确保中国人的饭碗牢牢端在自己手中，这是90岁的“杂交水稻之父”袁隆平认为自己应该为国家担负的责任。他对杂交水稻和它背后维系的国家粮食安全怀有的赤诚初心，从过去到现在，始终未变。正值中国共产党成立100周年，我怀着十分崇敬的心情，深切缅怀他为党、为祖国、为人民建立的不朽业绩，追思他为解决粮食问题不懈奋斗的光辉一生，学习他的崇高品德和优良作风。

袁隆平一生学农务农，却并不是农民出身。父亲家族在当地是几代殷实之家，爷爷袁盛鉴曾在县政府任职秘书长、农会会长等职。父亲袁兴烈是这个家庭培养出的新一代知识分子，不仅有传统文学素养，也接受现代西方文化的陶冶。母亲华静是江苏扬州大户人家的小姐，从小受家庭启蒙教育，还去过英国留学。家境优越的袁隆平从小接受完善的家庭教育，对于一片光明的未来，袁隆平却毅然决然选择了学农。之所以学农与袁隆平童年的一段经历有着莫大的联系。小时候一次参观园艺场时，他对生机勃勃的花、草、果、木和大自然春华秋实的变化规律，产生了浓厚的兴趣，从此他的心里有了一个田园梦。但是新中国成立前，中国仍然经历着严重的粮食饥荒，袁隆平也曾亲眼见到倒伏在路边的饿殍，这让他感到痛心。于是在1949年，他瞒着家里报考了西南农学院。四年后袁隆平学成毕业，随即被分配到安江农校，在即将前往单位的时候，袁隆平对朋友说过这样一句话：“作为新中国培养出来的第一代农学大学生，我下定决心要解决粮食增产问题，不让老百姓挨饿”，这一席话朋友并没有当真，认为这只是他年少时的豪言壮语。在安江农校当老师，除了授课、读书、写文章外，袁隆平利用所有业余时间，都全身心投身到作物无性杂交的科研中。

1960年7月的一天，同往常一样，袁隆平到水稻试验田里观察，突然发现一棵形态特异的水稻植株。当该植株成熟后，穗大粒多。他如获至宝，很仔细地收集起来，准备明年种植。第二年春天，他将种子播在试验田里，然而结果却令他大失所望，高的高，矮的矮，一点儿也没有看出任何有利的优势性状。但是，袁隆平并不气馁，经过仔细调查分析，看起来没有生长优势的水稻，若根据奥地利遗传学家孟德尔的遗传因子分离定律来分析即可知道，纯种的第二代不分离，只有杂种第二代才会出现分离现象。所以他意识到他所发现的这棵水稻是天然杂交稻，这正是他梦寐以求的一棵杂交水稻呀！根据这些情况，袁隆平决定自己培育人工杂交水稻，于是设计了水稻三系配套方案，即雄性不育系、保持系和恢复系。要实现杂交水稻的三系方案，首先必须找到天然雄性不育系植株。为了获得一株必需的水稻天然雄性不育株，他和新婚妻子一起，在 1964 年到 1965 年连续两年的酷暑季节顶着烈日，大海捞针般地寻觅在安江农校实习农场和附近生产队的稻田里，在前后共检查了 4 个常规水稻品种的一万四千多个稻穗后，终于在 1964 年 6 月 20 日找到了 6 株雄性不育的植株。

1966 年，经过两个春秋的艰苦试验，对水稻雄性不育株有了较多的感性认识后，袁隆平把获得的科学数据进行理性的分析整理，撰写出首篇重要论文——《水稻的雄性不孕性》在中国科学院出版的权威杂志《科学通讯》第 4 期发表。这篇论文的发表，标志着在国内开了杂交水稻研究的先河，这不仅是一个普通意义上的水稻育种课题的启动，而且开创了一个划时代的崭新的研究领域。在随后的三十多年间，他在杂交水稻这个领域始终保持着世界领先地位，他的研究成果一个接一个，他创造的杂交水稻神话一个接一个。从 1976 年至 1999 年，我国累计推广种植杂交水稻 35 亿亩，增产稻谷 3500 亿公斤，相当于解决了 3500 万人口的吃饭问题，使得我国以仅占世界 7% 的耕地，养活了占世界 22% 的人口。

杂交水稻在中国成功发展后，也开始逐渐推广到全世界，袁隆平先后在越南、印度、菲律宾等十几个国家进行与杂交水稻相关知识的培训，袁隆平说："如果世界上有一半的稻田种上杂交水稻，按每公顷增产两吨来计算，可以多养活四到五亿人。"而这些年来，对于杂交水稻的发展，袁老也从未停止脚步，90 岁的他依然坚持每天下田，不断刷新亩产的最高纪录，每次有了新的突破，袁老都高兴得像个孩子。近年来，袁老也带领团队开始研究盐碱稻，袁老说："我国的盐碱地已达数亿亩，如果能将这些地方利用起来，将给中国带来无法估量的价值。"在袁老和团队的努力下，盐碱稻的发展也取得了一定的突破，这对于中国水稻的发展无疑又是一个巨大的突破，为中国粮食发展作出巨大贡献。

在人生的道路上，人经常面临很多的选择，而以袁隆平的基础教育和多才多艺的本事，选择哪条路可能都会有不俗的成绩。但是选择学农，是他的一个梦想，而这个梦想也是她母亲在他幼年的时候亲手种下的，慢慢在心里生根发芽。

袁老的母亲年轻的时候去英国留学，有着一口流利的英文，回国后在一所学校担任英语老师，也是在这里，袁老的母亲与他的父亲相识相知相爱。1930 年袁隆平出生，从小接受全面的教育，母亲也是从小悉心教袁隆平学习英语，对他进行英语的启蒙，使袁老有着扎实的英语基础，不仅为他在科研学术上的发展打下了坚实的基础，直到九十岁的袁老，依旧热爱英语，不仅可以与外国人进行简单的交流沟通，甚至还可以用英语作汇报。

1949 年，袁隆平一心报考农学院，但是他的父母却希望他能报考重点大学，走学而优则仕的道路，光宗耀祖。但是开明民主的父母，经过慎重考虑，决定尊重孩子的决定，不再提反对意见。于是袁隆平就这样义无反顾地报考了四川重庆相辉学院的农学系，并如愿考取，真正地跳进了“农门”。四年后袁隆平学成毕业，随即被分配到安江农校当老师。二十世纪五六十年代的农作物科研条件并不完善，袁隆平的科研十分辛苦，常年在农田与实验室之间奔波，而农业实验经常是投入很大精力，而收获有时很渺茫，非常考验一个人的意志力。但是母亲告诉他，上天给一个人的恩赐不会太多，一定要学会去好好珍惜，不能太过贪心，也不能贪多，一旦认准了一件事，就要不辞辛劳地坚持下去，才能够收获到成功的喜悦，实现自己的人生价值。这些谆谆叮咛，从小在袁隆平的心里就埋下了种子。他坚信自己的选择，热爱自己的选择。也义无反顾地在这条路上坚持下去。风吹雨淋、日晒霜打，即便被迫中断研究，他也从未被困难打倒，退却。那些年里，为了照顾袁隆平一家的日常生活，心疼孩子的华静也跟随这个儿子住进了小山村。母亲曾经也是十指不沾阳春水的大户人家小姐，就这样跟着她的儿子来到小地方安江，袁隆平在田间日下耕耘劳作，每每忙完归家，都能吃上老母亲做的热饭，母子的心里都是暖暖的。可是直到母亲去世的那一天，袁隆平却依旧忙于水稻事业，连母亲最后一面都没能见上，这也成了袁隆平心里永远的遗憾。袁隆平毕生用一粒种子改变了世界，那是因为母亲在孩子幼小的心灵里，早已经种下了坚持和热爱的种子，在袁隆平的心里生根发芽……

袁老被誉为“杂交水稻之父”、曾获得过首届国家最高科学技术奖、“改革先锋”和未来科学大奖，在新中国成立 70 周年之际又获得“共和国勋章”，而他却认为：“追名逐利本身并没有什么不好，但有些人没有干多少事就去争名夺利，得什么奖，发表什么文章，都要去争。有些老实人做了很多事反而没有在乎什么名利。我认为，把名利看淡一点，不要去争名夺利，心里就会好一些。”袁老一辈子扎根于稻田，他把自己的一切都奉献给了水稻，名和利对于袁老来说都是身外之物，他认为一个人身上最值钱的东西就是脑袋里的知识，钱够用就行了，多了是包袱。一个拿着国家俸禄的科学家，每个月的全部收入加上工资和补贴，总共四千多元钱的样子，他却乐呵呵地说：“这收入不低了，够我花了。”但是就是这样一位老人，他每天穿着几十块钱一件的衣服，十几年都只到路边一家不起眼的理发店理发，最贵的一套衣服是去领“共和国勋章”荣誉时，为了与习近平总书记见面特地花几百块钱买了一套西装。我还听说过这样一个故事，说袁老有一次去超市，正好碰上超市的打折扣，衬衫每件只要十元，于是袁老一口气买了十几件，在结账的时候，袁老觉得自己一次买这么多不好意思，便和售货员说：“你们这衬衫太便宜了，要不我每件给你十二元吧。”没错，就是这样一位朴素的老人，却自己掏钱奖励学生，把所有国际上获得的大奖都捐赠给以他的名字命名的农业科技奖励基金会，以表彰对农业科研有贡献的人。

对待科研一丝不苟的袁隆平，生活中是一个非常活泼的人，网友一度把它称为“90 后梗王”，他喜欢玩排球、游泳、跳舞，还会拉小提琴，游泳拿过武汉市第一名，用他的话说排球也是“everyday 打”。袁老称自己是自由散漫的性格，上班不打卡。其实袁隆平所谓的自由散漫，只是不按照上班的时间而已，但他通常都是起早贪黑，根本没有所谓的上班时间，只要有精力和时间全部扑在研究上，在他看来，科学家自由很重要。

2021 年 5 月 22 日，袁老在长沙溘然长逝，然而在去世不久前，袁老还在关心水稻的情况。在得知袁老去世的消息后，人民群众十分悲痛，自发前往湘雅医院、袁老生前工作过的湖南杂交水稻中心、居住地以及殡仪馆悼念袁老，其他各地也举行追悼会，只为送袁老最后一程。在两天后举办的追悼会中，来自全国各地数十万民众前往明阳山殡仪馆悼念袁老，队伍绵延数里，长沙的鲜花更是卖断货，让人不得不联想到当年十里长街送总理的画面。据事后统计，在那几天明阳山用来悼念袁老的鲜花装满三十几辆卡车，倾尽一城花，只为奠一人，袁老值得！

同样在当天得知袁老去世消息的我，也是伤心不已，尤其是看到网络上关于袁老的视频，眼泪便总是不自觉地流下来。袁老为了让中国人把饭碗牢牢地端在自己手里作出的伟大贡献，是那种让人听闻便潸然泪下的程度，我深深地被袁老的事迹和精神品质所感动，这也是我为什么在其他小组研讨中学习过后依旧选择袁老作为我故事主题的原因。袁老自立志学习农学起，就为之不懈奋斗，实现了少年时的梦想。几十年如一日，袁老扎根于稻田，将自己的一生都奉献给了水稻，即使是年近九十，依旧每天坚持下田，在获得“共和国勋章”荣誉去领奖的那天，他还在湖南衡阳的一片试验田里查看水稻的生长情况，领完奖后回到家中的第一件事情就是下田。他说：“成功没有捷径。我不在家，就在试验田；不在试验田，就在去试验田的路上。”袁老毕生的追求，就是让所有人远离饥饿，他也希望活到 100 岁，为祖国作出更多贡献。为此，袁老改掉了多年以来的抽烟习惯，坚持每天打一小时麻将，只为让自己的头脑不痴呆，坚持锻炼，他说：“我觉得，人就像一粒种子。要做一粒好种子，身体、精神、情感都要健康。种子健康了，我们每个人的事业才能根深叶茂，枝粗果硕。”袁老的这种坚持不懈、顽强不屈的精神也让我多次为之流下泪水。袁老有两个梦想，一个是禾下乘凉梦，一个是杂交水稻覆盖全球梦，虽然袁老已经离去，但是我相信袁老的梦想终有一天会实现，袁老和他的精神也将永远被人民铭记。作为新时代青年的我们，都应该学习袁老的优秀品德和崇高精神，勤恳踏实，当好每一粒种子。

参考文献

[1] 郭久麟 . 袁隆平传 [M]. 重庆：西南大学出版社，2016.

[2] 刘朝晖 .“无双国士”袁隆平的另一面 [J]. 新民周刊，2021(19).

[3] 胡宇芬 . 金色的召唤 走近袁隆平杂交水稻创新团队 [J]. 科学大观园，2020(10).

[4] 俞慧友 .“90 后”袁隆平：依然管不住他那迈向稻田的腿 [J]. 智慧中国，2019(09).

十八洞村的精准扶贫之路

吴玉孜（2018级物理韶峰班）

十八洞村原是“竹子”“飞虫”两村合并后的村落，隐于武陵山脉深处，信息闭塞、交通不便、多有天灾。虽是保存完好的民族村落，但贫穷落后的村寨状况却也表露无遗。当地流传的苗歌唱到“山沟两旁穷疙瘩，每天红薯苞谷苞谷粑。要想吃顿大米饭，除非有病生娃娃”。一首简单的民歌，唱出的是十八洞村的穷苦与落后，也道出了村民穷苦生活的辛酸与无奈。

然而，2013年11月3日，习近平总书记来到十八洞村考察扶贫开发，首次提出了“精准扶贫”重要理念，作出“实事求是、因地制宜、分类指导、精准扶贫”重要指示，开启了湖南湘西的十八洞村的脱贫攻坚之路。全国的脱贫之路也拉开了序幕。

习近平总书记同村民围坐在一起，亲切地拉家常、了解村民的生活生产情况，强调，实现脱贫应当“不栽盆景，不搭风景”“不能搞特殊化，但不能没有变化”，不仅要实现脱贫，还要探索“可复制、可推广”的经验。基于湘西雄奇蜿蜒的苍翠青山，习近平总书记认为这里是“小张家界”，建议发展乡村旅游；他还特地嘱托道：全面建成小康社会，一个也不能少；共同富裕路上，一个也不能掉队。

十八洞村属于山区，适合种植蔬果，十八洞村的发家脱贫之路就是从当地蔬果特产“猕猴桃”开始的。叶红专表示：发展产业的精准扶贫，要根据市场需求，自己控制，自己判断，一定要做“有效益、有特色”的产业。在新的党员干部领导班子的带领下，十八洞村开始学习各方经验，四川蒲江猕猴桃种植的丰硕成果吸引了村民的眼球，也调动了村民的生产积极性，成了猕猴桃种植的首选品种。针对猕猴桃发展计划，十八洞村没有冲动实施、大干快上，而是结合实际，多方考察。他们一方面组织村民分批前往四川蒲江学习，另一方面邀请中国科学院武汉植物园专家考察山区地貌和土壤，对猕猴桃产业发展的可行性进行了充分评估。机会总是留给有准备的人。十八洞人的脱贫和生产热情，对猕猴桃种植环境的充分调研，为十八洞村的脱贫之路埋下了深深伏笔。优越的气候和地理条件加上对市场和销售渠道的努力寻找，十八洞村的猕猴桃产业发展终于取得成功，脱贫成果逐步、逐年显现。

十八洞村有与生俱来的发展旅游业的优势。青山环绕、苗族村貌、天然溶洞群、恬静的慢生活方式，都是十八洞村的“金山银山”。通过政府贷款和其他投入，十八洞村的交通状况得到了根本改善，村里修通了水泥公路，村头修建了供游客自驾游玩的停车场，还修建了沿村的游客步道，为旅游业的发展奠定了基础。同时，十八洞村以“修旧如旧”的方式保护性改造苗族村寨，山山水水成为自然景区，乡村风貌发生翻天覆地的变化，加上现代化的直播宣传手段，十八洞村的旅游业发展蒸蒸日上。据十八洞村旅游精准扶贫工作人员介绍，2014年国庆中秋小长假期间，以前名不见经传的小村子共接待了 1.7 万多名游客。村头的停车场被自驾游客的车辆挤爆。十八洞村因“精准扶贫”小有名气以后，来这里观光的游客逐渐多起来，一些有生意头脑的村民从中寻找到了商机，利用自建房开办农家乐。目前，十八洞村已经开了 8 家农家乐，午餐时间，这 8 家农家乐生意红火，餐位供不应求，农户实现了创利增收。

2016 年，十八洞村村民人均收入达到 8313 元，仅用三年的时间就已经完成脱贫工作。2019 年，人均收入增至 14668 元，十八洞村从苗歌里的“穷旮旯”变成了“金窝窝”。

十八洞村脱贫攻坚成功，完成了从深度贫困苗乡到小康示范村的蜕变。正如总书记期望的，十八洞村的脱贫经验是“可复制、可推广”的，印证了“精准脱贫”战略的正确性、可行性，十八洞村的脱贫事迹也激励着其他贫困地区通过自身努力实现脱贫致富。七年来，三湘大地涌现出了凤凰菖蒲塘村、保靖柳树坪村、新化油溪桥村、永顺科皮村、麻阳楠木桥村、桑植红军村等一大批“十八洞姊妹村”。

脱贫攻坚在党的方针政策的正确引导下，取得了完全胜利。各级党组织的亲力亲为，民众的艰苦付出，都是保证脱贫攻坚高质量完成的重要原因。正如习近平总书记所言，脱贫致富贵在立志，只要有志气、有信心，就没有迈不过去的坎。

参考文献

[1] 中共湖南省宣传部课题组 . 十八洞村 : 新时代脱贫攻坚的实践样本 [J]. 新湘评论 ,2020(23).

[2] 周建华 . 精准扶贫首倡之地 十八洞村新风貌 [J]. 中国民族，2020(12).

[3] 刘娇，吴金 . 首倡之地 首倡之为——回访习近平总书记考察调研过的十八洞村、菖蒲塘村 [J]. 新湘评论 ,2012(04).

全国脱贫攻坚模范——黄诗燕

肖炜杰（2018级化学类韶峰班）

党的十八大以来，以习近平同志为核心的党中央把脱贫攻坚摆在治国理政的突出位置，把脱贫攻坚作为全面建成小康社会的底线任务，组织开展了声势浩大的脱贫攻坚人民战争。脱贫攻坚工程是当代中国最大的利民、惠民、富民工程。实施精准扶贫，打赢脱贫攻坚战，是决胜全面建成小康社会的关键一环。炎陵县作为革命老区，革命战争年代中，有两位县委书记牺牲在这片红色热土上，多年来，生活在这里的民众深陷贫困，黄诗燕的到来，为这里的人民带来了新希望。

2011年，罗霄山片区被列为全国特困地区之一，同年7月，黄诗燕步入县委大院，成为这个20多万人口贫困县的县委书记。黄诗燕脚踏实地调研了一个多月，走遍了全县11个乡镇、54个贫困村。其中，最令他印象深刻的是离县城最远的策源乡梨树洲村，这里地处湖南第一高峰酃峰下，崎岖的山路使得开车需三个多小时才能到达。该村旅游资源丰富，却是那年全株洲仅有的“无电村”。全村年人均纯收入仅1000余元，25户人口的生活苦不堪言。当地的旅游资源并没有被很好地利用起来，这让黄诗燕感到十分惋惜。

在村里调研期间，学农出身的黄诗燕发现，这里海拔高、气温低、空气湿、多沙土，很适宜黄桃的种植，但当地村民种植黄桃的经济效益却不好。在黄诗燕倡议下，炎陵县成立了黄桃产业办、黄桃协会。从2011年开始，县里组织的有关黄桃大大小小的活动，黄诗燕不知参加了多少场。他提议将当地黄桃统一定名为“炎陵黄桃”，申请国家地理标志产品，打响了品牌。终于，黄桃从炎陵的深山沟，走向全国各地。目前，当地种植八万多亩，2019年产值11亿元，黄桃有关收入占全县农民农林牧渔业收入四成；近六成贫困人口靠种植黄桃实现稳定脱贫。

为了实施易地扶贫搬迁、扶贫对象安居、土坯房集中改善三大工程筹资，县里整合各项涉农资金，握指成拳，把钱花到老百姓最需要的地方。全县1250户贫困户易地搬迁住进新房，2543户贫困户实现安居，6122户土坯房得到改造。在炎陵，最漂亮的是为人民修的学校和医院，最破旧的是县委大院。村民们觉得他就不像个当官的，黄诗燕笑道，自己本来就是农民。

黄诗燕任炎陵县委书记期间，炎陵县经济总量增长2.3倍，财政收入增长3倍，城乡居民收入增长2.7倍。2017年，炎陵县成为全省第一批摘帽的国家级贫困县，实现高质量脱贫，贫困发生率从2010年的19.5%下降到2018年的0.45%。

2019年11月29日黄诗燕因公殉职，把生命和热血奉献给了脱贫攻坚事业，用自己短暂而精彩的人生谱写了一曲共产党人为人民服务的诗歌。正如他的名字一般，他像燕子窝安置在人类的家里就不离开一样，9年来黄诗燕像一颗钉子一样“钉”在脱贫攻坚的阵地上，拼尽了所有的力气。

黄诗燕的背后是“红军不怕远征难，万水千山只等闲”的革命精神，是“随风潜入夜，润物细无声”的为民情怀。以忠诚干净担当的标准严格要求自己，以寝食不安的态度对待自己的一权一事，以夙夜在公的精神抓好分内的一职一责，始终把人民群众当亲人，兢兢业业为民、勤勤恳恳干事，切实做到群众所盼必有谋、群众所求必有应、群众所需必有为、群众所怨必有改，把为百姓谋福祉作为工作的出发点和落脚点。

时代造就英雄，伟大来自平凡。在脱贫攻坚工作中，数百万扶贫干部倾力奉献、苦干实干，同贫困群众想在一起、过在一起、干在一起，将最美的年华无私奉献给了脱贫事业。作为当代大学生，我们应该向黄诗燕学习，把我们的青春和热血挥洒在祖国需要的地方，时时刻刻要把为人民服务作为我们的初心和使命，我们要始终坚持为了人民、依靠人民，尊重人民群众主体地位和首创精神，在今后学习和工作中深刻体会并不断实践。

参考文献

[1] 习近平 . 在全国脱贫攻坚总结表彰大会上的讲话 [J]. 新长征 (党建版),2021(04).

[2] 肖欣，李伟锋，李永亮 .“一夜惊怜丝吐尽 , 三乡切盼燕归来”——追记“时代楷模”黄诗燕 [J]. 党员文摘 ,2021(01).

[3] 李伟锋，李永亮 . 罗霄山下领头“燕”——学习优秀共产党员黄诗燕同志忠诚奉献的精神 [J]. 新湘评论 ,2020(07).

[4] 罗建华 . 向黄诗燕同志学习 履职尽责不辱使命 [N]. 湖南日报，2020-01-21(06).

半个多世纪的绿色奇迹与“塞罕坝精神”

李玺龙（2018级化学类韶峰班）

2021年2月25日，全国脱贫攻坚总结表彰大会在北京隆重举行，习近平总书记向河北省塞罕坝机械林场颁发了“全国脱贫攻坚楷模”奖牌。塞罕坝之所以获此殊荣，在于一直坚持践行“绿水青山就是金山银山”理念，没有辜负习近平总书记的殷切期望，在为人民创造巨大生态福祉的同时，也让全场职工走上了致富之路，并带动了周边农民增收致富，真正实现了“生态美”“百姓富”有机统一。

在20个世纪60年代的时候，塞罕坝作为一片未开发的无人荒地，集高寒、高海拔、大风、沙化、少雨五种极端环境于一体，自然环境十分恶劣。当时才刚刚下达开垦决定的时候，队伍中资源紧缺，没有粮食，缺少房屋，交通闭塞，冬季大雪封山，人们几乎处于半封闭、半隔绝的状态。

由于当时基础设施建设的严重不足、苗木资源匮乏，他们于是第一代垦荒人自己从零培育苗木91亩，1965年便结束了外购苗木的历史。1975年，塞罕坝机械林场在坝上西部的三道河口建立了分场。在土壤贫瘠，气候干旱，造林难度很大的艰难条件下，经过了多年的实验和研究，因地制宜地探索出适合当地气候和土壤条件的治沙、造林办法。成功在这造林条件十分恶劣的沙地和石质山坡上，育林10多万亩，森林覆盖率由10.3%增长到超过70%。

如今的塞罕坝已成为中国华北一条阻隔风沙、涵养水源、净化水质的最好的生态园，从无到有，从一片黄沙泥土的荒芜到如今的115万亩人工林，从恶劣的生态环境到生态友好的风景区。森林覆盖率由建场初期的11.4%提高到现在的82%，林木蓄积量由33万立方米增加到1036万立方米。为京津地区构筑起一道坚实的绿色生态屏障。

塞罕坝林场建设的事迹是中国精神与中国梦互动共赢的缩影，其精神蕴含了深刻价值意蕴，是新时代实现中华民族伟大复兴梦想应该继承与发扬的宝贵精神财富。一代又一代的塞罕坝人前赴后继、顽强拼搏，不因未知而感到迷茫，始终坚持把建立防护林场当成奋斗目标。这样的伟大事迹造就了“塞罕坝精神”。“塞罕坝精神”可以说是“伟大建党精神”的当代体现与价值缩影，它既展示了中国精神的强大意志，又让我们离实现伟大中国梦更进一步。习近平总书记曾说过，“塞罕坝精神”至少包括牢记使命、艰苦创业、绿色发展等精神元素，是新征程上宝贵的精神财富。

“塞罕坝精神”凭借丰富的内涵，为社会主义核心价值观的培育提供了价值导向，满足了其发展的价值诉求，为社会主义核心价值观的不断发展提供了很多宝贵内容。塞罕坝人工林场的成功，无疑为中国的可持续发展建设提供了宝贵经验，在国际绿色发展理念的背景下，这不仅突出了中国精神的指导意义，弘扬了中国精神，也在国际地位上提升了中国自信力。“塞罕坝精神”中的牢记使命精神、艰苦创业精神和科学负责精神，正是每一个中国梦实现主体应具备的精神，能够积极引领每一个中国人投身于中国梦的伟大征程中。对“绿色生态”“脱贫攻坚”“可持续发展”等诸多战略具有重要的指导意义。

习近平总书记强调，全党全社会要坚持绿色发展理念，弘扬塞罕坝精神，持之以恒地推进生态文明建设，一代接着一代干，驰而不息，久久为功，努力形成人与自然和谐发展新格局，把我们伟大的祖国建设得更加美丽，为子孙后代留下天更蓝、山更绿、水更清的优美环境。作为新时代的社会主义现代化事业建设者，我们应该“不忘初心、牢记使命”，始终铭记着自己作为社会主义现代化事业建设者的使命，不断拼搏奋进，将“塞罕坝精神”贯彻始终，为实现中国梦而努力。

参考文献

[1] 王德光 .“塞罕坝精神”: 使命担当与逐梦情怀 [J]. 新闻战线 , 2014(11).

[2] 王金品 . 学习继承和弘扬塞罕坝精神是时代的呼唤 [J]. 河北林业 ,2014 (05).

[3] 赵云国 . 谈谈新时期的塞罕坝精神 [J]. 河北林业 ,2007(05).

中 篇

团结协作：在感悟如磐初心中培根铸魂

从《沁园春·长沙》感受毛泽东的家国情怀

许诗瑶 刘磊 石李祯 宋扬 孙一卓
（2018 级材料类师昌绪班）

一、选题原因

家国情怀是一个人对自己国家和人民所表现出来的深情大爱，是一种深层次的心灵感触和人生追求，是实现民族复兴的内生动力。毛泽东的家国情怀是 20 世纪最伟大最有代表性的精神符号，是近代以来中国改变积贫积弱，改变被奴役被剥削地位的时代最强音，具有感天动地、扭转乾坤的洪荒伟力，是中国人民世代相传的精神财富。一代人有一代人的长征，一代人有一代人的担当。我们当代青年人就是要弘扬家国情怀，以敢为人先、舍我其谁的气魄，勇立时代潮头，与以改革创新为核心的时代精神相对接，在新的历史条件下，不断迸发锐意进取、敢为人先的创新精神，不断增强与市场经济相适应的自主、平等、竞争、效率观念，以国家利益为使命，在实现中国梦的奋斗中砥砺前行。

二、研究内容和观点

毛泽东是诗人哲学家和哲学家诗人，也是诗人革命家和革命家诗人，他的诗词体现了中国共产党发展的历史脉络。毛泽东诗词研究者朱向前曾说：“毛泽东是用诗写史，也是以史写诗，正事写史，余事写诗，诗史合一，是为史诗。”毛泽东诗词反映了中国革命的艰难困苦和中华民族站起来的历程，是几代中国人的集体记忆。

党的四大以后，革命群众运动，特别是工人阶级反帝斗争迅猛发展。轰轰烈烈的五卅运动和省港大罢工震惊了整个世界，激励鼓舞了当时想要将中国从帝国主义和封建主义的阴霾中解救出来的有志青年，其中也包括怀着强烈家国情怀的毛泽东。因此当青年时的毛泽东途经长沙时，面对秋日美景，联想到当时的革命斗争生活，创作出《沁园春·长沙》来形象含蓄地表达：主宰国家命运的，是以天下为己任、蔑视反动统治者、敢于改造旧世界的革命青年。

（一）独立寒秋，湘江北去，橘子洲头。看万山红遍，层林尽染；漫江碧透，百舸争流。鹰击长空，鱼翔浅底，万类霜天竞自由。

词的开篇“独立寒秋，湘江北去，橘子洲头”，点明时间、地点和特定的环境。“立”二字，凸显了作者雄立橘子洲头、凝望湘江奔流的英姿。“寒秋”点明了时间，但从气候上讲，当时长沙的秋天并不寒冷，这里的“寒”也不是他心境的描述，而是指当时革命形势的严峻。

“看万山红遍，层林尽染”，一个“看”字，总领七句，描绘了独立橘子洲头所见到的一幅色彩绚丽的秋景图。既是四周枫林如火的写照，又寄寓着词人火热的革命情怀。红色象征革命，象征烈火，象征光明，“万山红遍”正是词人“星火燎原”思想的形象化表现，是对革命与祖国前途的乐观主义的憧憬。“鹰击长空，鱼翔浅底，万类霜天竞自由。”则是词人对自由解放的向往与追求。词人从山上、江面、天空、水底选择了几种典型景物进行描写，远近相间，动静结合，对照鲜明。这七句，为下面的抒情提供了背景，烘托了气氛。

对祖国山河的热爱　上阕的主体是绘景，由一个“看”字总领七句，山水尽收眼底，呈现的是四幅图画，描绘出立体的湘江壮美秋景。远看：岳麓山群峰耸立，层次分明，像是染了红色。近观：秋水澄练，秋江碧波，蜿蜒流过的湘江清澈晶莹，如碧绿的翡翠，如透明的水晶。江面上，千帆竞发，生气勃勃，可谓“秋水共长天一色”。仰视：秋高气爽，雄鹰振翅健羽，自由飞翔。俯瞰：湘江水透明见底，天空景象映射到清澈的湘江水中，相映成趣。鱼儿游在水中，也仿佛是游在空中，活脱脱一个“翔”字给人无限遐思。面对如此生机盎然的秋景，作者不禁心动神驰，吟出一句“万类霜天竞自由”，把自然风光和万物情态作了高度概括，深刻揭示秋景之真谛奥秘和自然之奥秘，表达了毛泽东对如此多娇的祖国河山的热爱与赞美之情。

革命乐观主义精神　由“万山”一词可看出毛泽东星火燎原思想的形象化表现。他由眼前的岳麓山联想到全国成千上万座山。“红遍”和“层林尽染”，指的是枫叶染红了整座岳麓山，这既是对岳麓山自然秋景真实描写，又寄寓着他火热乐观的革命情怀。因为红色象征革命，象征烈火，象征光明。“鹰击长空，鱼翔浅底，万类霜天竞自由”这一句表达了他对自由自在的生活的向往与追求，同时再一次反映出他内心的乐观与信心。

（二）怅寥廓，问苍茫大地，谁主沉浮？

面对湘江动人的景色，青年毛泽东触景生情，发出了“怅寥廓，问苍茫大地，谁主沉浮”的天问。自中国共产党成立以来，一方面在它的领导下，全国工农革命运动蓬勃发展，各种形式的反帝反封建斗争风起云涌；另一方面反动势力为了维护反动统治，对革命力量进行疯狂的镇压。中华民族的命运将走向何方，谁将成为主宰苍茫大地盛衰兴废的力量，这些问题成为毛泽东关注和思考的焦点。

1920年之际，毛泽东旗帜鲜明地赞成马克思式的革命，并号召道：“这样的责任，乃全国人民的责任，不是少数官僚政客武人的责任。”到了1926年9月，即在创作《沁园春·长沙》的前夕，毛泽东又发表了文章进一步清楚明确地指出：“我总觉得都市的工人、学生、中小商人应该起来猛击买办阶级，并直接对付帝国主义……然若无农民从乡村中奋起打倒宗法封建的地主阶级之特权，则军阀与帝国主义势力总不会根本倒塌。”这时的毛泽东对于“谁主沉浮”的回答已然胸有成竹，他深刻地认识到，人民群众才是创造历史、推动历史进程的主体力量。“怅寥廓，问苍茫大地，谁主沉浮？”这句词也成了对他充满理想、立志为挽救民族、勇于实践、勇于创新的英勇无畏的英雄主义精神的鲜明写照。

需要引起注意的是，写下这首诗词时，毛泽东已经为人夫、为人父，他有妻子杨开慧，有两个儿子——毛岸英、毛岸青。但他思考的不是自己一家之幸福，而是祖国的大好河山由谁来守护。一“怅”一“问”，将整首词推向高潮。这一“问”，结束了词的上阕，也“问”出了青年毛泽东心忧天下的博大胸怀和舍我其谁、以天下为己任的责任担当。

虽然，这时的毛泽东在人生理想中不无一些幻想的书生意味，“谁主沉浮”的雄心壮志也仍是憧憬，亦有一些对未来的茫然，甚至是迷惑。但在诗词中充满的那种坚毅和令人振奋的宏伟志向、必胜信心让人精神振奋，力量倍增，令几代人心驰神往。历经几十年的风霜雪雨，依然熠熠生辉，激励着亿万人。

（三）携来百侣曾游。忆往昔峥嵘岁月稠。恰同学少年，风华正茂；书生意气，挥斥方遒。指点江山，激扬文字，粪土当年万户侯。

毛泽东同志从1911至1925年，曾数度在长沙学习、工作和从事革命活动。这期间，国内外发生了许多重大事件，如辛亥革命、第一次世界大战、俄国十月革命、“五四运动”、中国共产党成立等，都是影响世界形势的巨大变革。这样的岁月，如历史群山中耸峙的一座又一座峥嵘的高峰。“携来百侣曾游。忆往昔峥嵘岁月稠。”毛泽东从对往事的回忆展开，比及当时的时代背景，篇幅短，意味深：从“五四运动”到现在，不可不谓艰辛，但过去的艰难岁月一个“稠”即可带过，真正给时代带来希望的还是新时代青年。

“恰同学少年，风华正茂；书生意气，挥斥方遒。”在这峥嵘岁月里，作者和他的同学如蔡和森、何叔衡、张昆弟等立志救国的知识青年，正值青春年少，神采飞扬。在这一时期，毛泽东同志在长沙组织了湖南学生联合会、新民学会，开办了平民夜校、文化书社和湖南自修大学，参加了反对袁世凯称帝、领导了驱逐张敬尧等军阀的活动。特别是创办《湘江评论》，成立马克思主义研究会，为1921年中国共产党的成立，在湖南地区做了思想上和组织上的准备。此句是作者对自己思想的描写，也是对广大新时代青年乃至未来青年的期望。

“指点江山，激扬文字，粪土当年万户侯”。诗中描写了青年居高临下，迎风而立，指点江山，谈古论今，将自己的理想与国家命运结合起来，勇担时代责任，满怀家国情怀，坚定勇敢充满信心，淋漓尽致地抒发了青年内心的意气风发和豪情壮志，表达了对革命和国家未来充满了希望。

青年抱负，远大志向 家国情怀对青年的第一层要求：修身与个人理想。作者在诗词中形象地描绘的时代青年形象：书生意气，激扬文字。文而有实，雅而有志，实可指点江山，志在必取万户侯。以实力服务苍生，立男儿卫国之志。

对国家的责任与担当 家国情怀对青年的第二层要求：治国与国家命运。将个人理想与国家命运相结合，在乱世之中勇担重担。作者参加反帝运动，领导驱除军阀活动，放眼世界与未来，探索国家命运与前途。即便身负重任，也可笑谈天下。

（四）曾记否，到中流击水，浪遏飞舟？

“曾记否，到中流击水，浪遏飞舟？”作者用“曾记否”三字唤起对往事的追忆，继而深情地发问：同志们是否还记得，当年我们在江心游泳时，激起的波浪把迎面飞驶的船只都阻挡住了。毛泽东到长沙以后，常到湘江里与大自然搏斗，在与大河激流的搏斗中磨炼自己钢铁般的意志，锻炼出雄健的体魄。此句毛泽东用浪漫主义的夸张手法，极其形象地表现出他和战友们劈风斩浪、力挽狂澜、一往无前的英姿。“浪遏飞舟”与上阕末句“谁主沉浮”相照应，激励无产阶级革命战士永远投身到如火如荼的革命斗争中，为夺取中国革命的彻底胜利而努力奋斗。他对“谁主沉浮”作出回答：主宰国家命运的，是以天下为己任、蔑视反动统治者、敢于改造旧世界的革命青年。

毛泽东以革命浪漫主义的精神，充分抒发了共产党人崇高的理想主义情怀。1925年前后，大革命高潮风起云涌，青年毛泽东勇立潮头。他在橘子洲上，以一篇《沁园春·长沙》，讴歌壮丽的秋景，发出了时代之问：“怅寥廓，问苍茫大地，谁主沉浮？”自古以来，文人诗作每逢秋景，不是寂寥就是伤悲。但毛泽东眼里的秋光，充满了勃勃的生机，展现出无限的创造力：“鹰击长空，鱼翔浅底，万类霜天竞自由。”这是为什么？因为此时此刻，抒情的主体不再是封建时代的王侯将相、才子佳人，而是革命的新青年和中国共产党人，他们的使命就是荡涤旧社会的污泥浊水，推翻压在人民头上的三座大山，创造“万山红遍，层林尽染”、人民当家作主的新世界、新社会。苍茫大地，谁主沉浮？回答无比坚定，是“风华正茂”的“同学少年”，因为他们是革命理想的象征，是新世界的开创者，只有他们才能“指点江山，激扬文字，粪土当年万户侯”；只有他们，才能担负起“到中流击水，浪遏飞舟”的崇高使命。

从《沁园春·长沙》中，我们深深地体会到了青年毛泽东对祖国山河的热爱、革命乐观主义、英雄主义及浪漫主义精神、远大志向以及对国家的责任与担当。

以国为家是青年毛泽东的显著人格特征，也是那个时代无数进步青年的主流色彩。什么是青年？什么是家国情怀？是五卅运动中身先赴死的学生，是橘子洲头指点江山的革命领袖；是手托炸药包炸毁敌军暗堡，牺牲时未满19岁的董存瑞；是疫情下选择挺身而出的中国青年……这便是家国情怀，这就是青年的答案。以青春之我，创造青春之家庭，青春之国家，青春之民族，青春之人类，青春之地球，青春之宇宙，资以乐其无涯之生。青年一代有理想、有本领、有担当，国家就有前途，民族就有希望。家国情怀，是我们青年人的荣誉与骄傲。尤其是在和平发展年代，其承载的精神和意义更应该被铭记于心、付诸实践，人民和国家才会更好。

三、不足之处和下一步研究设想

不足之处　1. 由于选题的时间范围跨度太大，只能选取其中重点进行阐述，导致每一时期的分析不够具体，没有对深层次的研究问题进行探究和解答。

2. 研究手段单一，没有采用图表、调查等方式对选题进行更丰富而系统的研究。

3. 我们不是非马克思主义学院的学生，对人文社科类论文的专业性研究能力不足，分析和理解能力均有一定程度限制，影响了整体研究效果。

下一步研究设想　1. 针对论文内容不丰富的问题，可在之后查阅更多相关文献，对各个时期进行丰富补充。

2. 在后续时间和安排允许的情况下，对选题的研究形式进行补充，选取更多直观性强、形式新颖的研究方式。

3. 向人文社科类相关专业的同学请教，进一步改进论文内容。

四、研究体会与收获

在以毛泽东诗词《沁园春·长沙》为着手点挖掘其中所富含的家国情怀的过程中，我们深入了解了中国共产党艰难而曲折的光辉历史，体会了以毛泽东同志为代表的无数革命青年舍身忘我、不畏艰难的奉献精神。通过对诗词的赏析，我们深刻认识到毛主席诗词造诣之高，为人之大。他的豪情壮志、领袖气概，令人折服。此次学习我们最大的收获是：家国情怀融入于身。一代人有一代人的长征，一代人有一代人的担当。旧中国时期的革命者为了国家独立和民族解放抛头颅、洒热血，新时代的中国青年当时刻怀揣家国情怀，为实现中华民族伟大复兴而奋勇拼搏！

参考文献

[1] 邵长威 . 论习近平关于家国情怀重要论述的理论内涵及培育路径 [J]. 辽宁工业大学学报 (社会科学版),2021,(01).

[2] 杨丽 .《沁园春·长沙》的精神内涵与当代启示 [J]. 湘潮 ,2020(12).

[3] 汪建新 . 激情岁月：万类霜天竞自由——《沁园春·长沙》解析 [J]. 党史文苑 ,2021(03).

[4] 杨德勇 . 毛泽东《沁园春·长沙》研究新论 [J]. 毛泽东论坛 ,2016(01).

[5] 杨朴 . 宏大的意象与博大的胸怀——《沁园春·长沙》的独特意境 [J]. 沈阳工程学院学报 (社会科学版),2017(01).

从李大钊看中国共产党人的精神

毛子皓 许岳 钱思捷 王华宇 王立夏
（2018 级数学类韶峰班）

一、选题原因

中国共产党带领广大人民群众进行革命、建设和改革的奋斗历程中，培育形成了一系列彰显民族特质、体现时代要求、凝聚各方力量的“精神”，大大丰富和发展了民族精神。而我们今天的选题，就和中国共产党人的精神有关，我们从一个人开始说起。

李大钊同志 1889 年 10 月出生于河北省乐亭县。那时，中国正处在帝国主义列强加紧侵略和封建统治日益腐朽而造成的深重灾难之中，国家和民族濒于危亡的边缘。进入二十世纪，辛亥革命爆发、新文化运动涌起，特别是五四运动的发生，中国社会出现了曙光初现的变化。李大钊同志是在这样的历史背景下走上探索救国救民道路的。1913 年，他东渡日本，就读于东京早稻田大学，开始接触社会主义思想和马克思主义学说。1916 年回国后，他积极投身新文化运动，宣传民主、科学精神，抨击旧礼教、旧道德，向封建顽固势力展开猛烈斗争。他和他的战友们改造旧中国的决心和激情，有力激发了当时中国青年的蓬勃朝气和进取精神。

二、研究内容和观点

（一）李大钊和陈独秀的相识与新文化运动的产生

1913 年，李大钊先生毕业后怀着爱国壮志远赴重洋到达日本，在那里，他组织同胞成立了神州学会来从事反袁活动。当时的李大钊是《甲寅》杂志的忠实读者和撰稿人。章士钊“惊其温文醇懿”，于是与李大钊相见成了好朋友。当时的陈独秀也在日本，并帮助了章士钊先生从事《甲寅》的编辑工作。1914 年，陈独秀在《甲寅》上发表了《爱国心与自觉心》，其文虽然也揭露了袁世凯的统治，但是表露出了非常悲观的情绪。李大钊看到这文章之后觉得“厌世之辞，嫌其泰多；自觉之义，嫌其泰少”，于是连忙写下了信件发给章士钊先生，号召大家“改进立国之精神，求一可爱之国家而爱之”。章士钊先生将此信改为《厌世心与自觉心》，发表到了《甲寅》上。章士钊先生在《甲寅》编辑部，对陈独秀极力推崇李大钊的这篇文章。一开始，陈独秀不愿意看，认为这种文章大体一样，都在写一些陈词滥调，甚至极言“一个没有民主自由的国家，还不如亡了好”。但是过了几天，还是忍不住仔细阅读了李大钊的文章。陈独秀在看完这篇文章之后，非但没生气，甚至是狂喜，他认为李大钊对自己的批评很符合实际，便立马问章士钊能不能约李大钊面谈。也是自此，陈独秀和李大钊结识，并为之打动，决心要开办一个开蒙中国新思想的杂志，暂定为《青年杂志》(后改为《新青年》)。

(二)李大钊和工人

1916年，李大钊先生刚从日本早稻田大学回国，在北京遇上了一个叫葛树贵的工人。在大街上，看到妻子为给孩子治病下跪乞讨，葛树贵竭力阻止。李大钊见他宁折不弯，典当了自己的衣物帮孩子治了病。

1920年4月8日，邓中夏带领平民教育讲演团一个组到长辛店进行讲演活动。可当时初次在长辛店讲演，效果不佳。这主要是有一些知识分子还没有放下架子，与工农还没有共同的思想感情和语言。一些本来就是“救世主”的姿态下去的学生，这时候便责怪起群众“愚蠢”来，不肯到工农中去了。于是李大钊就跟他们说，你们要坚持下去，要虚心向工人学习。慢慢地他们克服了起初的困难，学会了用通俗的语言同工人进行交谈，宣传革命道理。这样，逐步把长辛店开辟为早期北方工人运动的重要据点。工人们的觉悟得到很大提高。为工人进一步开展斗争奠定了基础。

1920年冬天，李大钊领导北京共产主义小组总结了前一阶段的工作，为了进一步深入地在工人中开展宣传、组织活动，决定在长辛店创办一所劳动实习学校，作为工作的据点。劳动学校从做工、劳动、为什么下雨打雷讲起，讲到工人为什么受苦受穷？为什么要团结？为什么要向帝国主义、军阀、官僚、资本家作斗争？再讲到阶级斗争、工人阶级政党、列宁领导的十月革命和苏俄，讲工人阶级的组织——工会，等等。讲课内容由易到难，由浅入深，这些革命道理，犹如温暖的阳光，照亮了工人同志的心，马克思主义开始在工人中生根发芽了。

这期间，李大钊到郑州等地去视察和指导过工人运动。在郑州铁路工人夜校，他勉励工人们：“你们要好好学习文化，学技术。你们工人可不矮呀，工人够上天那么高呀！”他在黑板上写了个“工”字，又在“工”字下面紧接着写了个“人”字，两个字连在一起就是一个“天”字。李大钊走后不久，郑州铁路工人就在夜校老师的帮助下组织了工人俱乐部。

李大钊是为民造福的表率。在革命斗争中，他始终同学生、工人、农民等普通大众打成一片，布衣素服，深入群众开展工作。他温和可亲的形象深刻地留在广大群众心中，群众愿意跟随他一起斗争、一起前进。

(三)李大钊就义

1924年4月6日清晨，奉军及所谓“京师警察厅”出动数百名宪兵、警察、特务，不顾外交惯例和国际公法，悍然包围、袭击了苏联大使馆以及附近的远东银行、中东铁路办事处、庚子赔款委员会等，实行了疯狂的大逮捕。这一天，军阀张作霖共逮捕了包括李大钊在内的60名共产党人及各方进步人士。

李大钊从被捕到就义，在狱中一共22天。李大钊入狱后，敌人用种种残酷的刑罚拷打折磨，把竹签钉进他的指甲缝里，最后竟剥去了他双手的指甲。但是，李大钊始终立场坚定，坚贞不屈，没有向敌人泄露党的任何秘密。为了保护同时被捕的其他同志，李大钊还用血迹斑斑的双手写下《狱中自述》，表示自己“负其全责”，要敌人“对于此等爱国青年，宽大处理，不事株连。”李大钊在《自述》中自豪地写道：“钊自束发受书，即矢志努力于民族解放之事业，实践其所信，励行其所知。”

李大钊的被捕，也在社会上引起了极大的震动。学生、工人、教育界、学者、名流以至他的同乡，均起而营救。京津“各报社评，皆暗为守常呼吁”，连反动报纸都不得不虚伪地赞扬他的学问、道德和人格。面对来自社会各界和舆论的强大压力，张作霖一度动摇迟疑。就在这时，已叛变革命的蒋介石亲自出面，推波助澜，给张作霖拍来密电，要求处死李大钊。为了博得帝国主义支持，张作霖下令杀害李大钊。

李大钊第一个昂首从容地走上绞刑台。就在这绞刑架下，在杀人的刑台上，李大钊发表了最后一次慷慨激昂的演说：不能因为你们今天绞死了我，就绞死了伟大的共产主义！我们已培养了很多同志，如同红花的种子，撒遍各地！我们深信，共产主义在世界、在中国，必然要得到光荣的胜利！最后高呼：“中国共产党万岁！”

李大钊一心为党，一心为人民，他对革命忠心耿耿，奋斗一生，他用自己的全部言行，最后用自己的鲜血来实现了自己的箴言：铁肩担道义，妙手著文章。

（四）当代启示

李大钊是中国共产党早期的创始人之一，为中国共产主义革命奉献终生。中共中央在写给李大钊同志的碑文中评价道：他永远是一切革命者的光辉典范。这样的高度评价无疑是对李大钊同志对党和国家的奉献的最好印证，我们应传承和发扬李大钊的优秀精神品质。

1. 李大钊是中国最早的马克思主义信仰者，他怀揣着爱国之心，终其一生践行自己的信仰。当代青年要刻苦学习，把爱国主义真正地放在心中，树立起爱国主义的精神。不仅要对祖国同胞有强烈的认同感，同时也要对祖国的成就和文化感到自豪。

2. 李大钊始终认为青年教育要与实践相结合，以更好地服务工人农民。尽管时代不同，但这些思想仍焕发着生机。青年要积极投身于社会实践，深入群众，在了解社会的基础上提出真知灼见。只有不断地向社会学习，投身实践，才能更好地服务社会，实现自己的价值。

3. 李大钊为革命献出了年轻的生命，他身上奋不顾身的革命斗志是每一个中华儿女需要学习的。生活在和平年代，我们要居安思危，时刻关注国际国内时事，为谋求中国发展献上绵薄之力，为实现中华民族伟大复兴共同努力。

作为新时代的青年，应志存高远、忠于祖国，努力做新时代具有远大理想和坚定信念的爱国者。所谓“志不立，天下无可成之事”，一个人的理想只有同国家的前途和民族的命运相结合才有价值，一个人的追求只有同社会的需要和人民的利益相一致才有意义。我们要把最美好的青春献给祖国和人民，谱写出壮丽的青春之歌！

三、不足之处和下一步研究设想

不足之处：报告内容比较粗略，没有细致地进行研究、查证。比如李大钊与工人的历史背景中，对于一些重大历史事件就一笔带过。其实这些历史事件对于李大钊后续行为和思想变迁是具有相当大的影响的。另外就是报告中自己分析的部分较少。

下一步研究设想：对一些重大历史事件要仔细分析，比如新文化运动，五四运动等。下一步研究还要侧重于对问题的分析与论证。

四、研究体会与收获

通过这次研究我们首先认识到了，中国共产党人的精神是伟大崇高的，是中华文化的宝贵财富。在研究之中，我们看到了早期中国共产党人的使命与担当。一代人有一代人的使命，一代人有一代人的担当，在民族存亡之际，他们担负起了历史的重任，选择了一条科学的、先进的、适合中国走的道路。在他们的身上，我们还看到了青春热血，他们以实际行动诠释了什么是青春。正如李大钊先生所说："以青春之我，创建青春之家庭，青春之国家，青春之民族，青春之人类，青春之地球，青春之宇宙，资以乐其无涯之生。"

参考文献

[1] 宗玉田 . 学李大钊修身立德 做新时代合格党员 [N]. 唐山劳动日报 ,2021−06−24(05).

[2] 吴志菲 . 李大钊：长夜茫茫破曙星 [N]. 人民政协报 ,2021−06−17(09).

[3] 尹鸿 , 杨慧 . 历史与美学的统一：重大历史题材创作方法论探索——以《觉醒年代》为例 [J]. 中国电视 ,2021(06).

[4] 王旗 , 禹竹蕊 . 李大钊的建党思想及当代借鉴 [J]. 中共石家庄市委党校学报 ,2021(06).

[5] 朱文通 . 李大钊的崇高革命精神及其时代价值 [N]. 河北日报 ,2021−05−28(07).

革命英雄王尽美

何碧雯 黄旭洋 秦旭辉 罗霄 肖楚楚 周聪颖
（2018级物理学韶峰班）

一、选题原因

他，恍如流星，在中华民族的历史长卷中，一闪而过转瞬即逝；他，灿若星辰，在共产党人的奋斗华章里，永不磨灭流芳百世。他是一位诗人，一位音乐家，一位革命者。生于1898年、逝于1925年，中共一大代表中，他最早离世、生命最短。为党的事业、为劳苦大众、为共产主义，他“尽善尽美尽年华”。他用短暂的一生诠释了自己的名字：王尽美。

王尽美是中共山东党组织最早的创建者和领导者，是中国工人运动的领袖之一，是中国共产党创始人之一。他1921年参加党的一大，1925年因病去世，年仅27岁。在建党初期的艰苦环境中，他一刻也未停止在轰轰烈烈的革命运动中组织群众、历练本领，锤炼出超常的群众工作能力。

二、研究内容和观点

（一）觉醒

王尽美，1898年出生于山东省诸城市枳沟镇大北杏村（今北杏社区）。少年时的王尽美家境贫寒，因先后给村里两户富家子弟做陪读，得到学习机会。1913年，历经万难初小毕业后，王尽美以优秀的成绩获得全免学杂费就读枳沟高等小学的机会。给他任教的王新甫老师是一位具有资产阶级民主进步思想的教师。课堂上，王新甫经常慷慨激昂地讲述黄花岗七十二烈士、铁路风潮、武昌起义等故事，介绍有关书刊。这些重大事件与进步思想触动了王尽美的心，开始对政治书刊产生浓厚兴趣，感到社会的变革关系着每个人的命运，萌发了民主主义思想与救国救民的志向。1915年，王尽美高小毕业，回到家乡务农，挑起了家庭生活重担。

王尽美在求学的道路上，开始接触进步思想。为了追求更高的理想，1918年，20岁的王尽美在奶奶、母亲支持下决定离开家乡继续求学。那年省城济南恰好有免费学校可以报考，王尽美积极准备，顺利考入山东省立第一师范学校，开始学习更广泛的知识。眼看着要去省城济南学习，王尽美漫步家乡的乡间小道，登上村前的乔有山，举目远望蜿蜒东去的潍河水，踌躇满志之余又有些恋恋不舍。看着脚下养育自己的这片黄土地，王尽美思绪万千，情不自禁地沉吟：“沉浮谁主问苍茫，古往今来一战场。潍水泥沙挟入海，铮铮乔有看沧桑。”

在山东省立第一师范学校学习期间，王尽美开始接触革命党人，涉足革命活动，在五四爱国运动中发挥了积极作用，带领山东的学子与北京等地的活动遥相呼应，成为山东学生联合会的领袖人物。这个时候，王尽美与另一位中共创始人邓恩铭在济南共同开展工作，结为革命挚友。1920年夏秋之际，两人组织一批向往共产主义的青年学生，秘密成立了“康米尼斯特学会”，这是济南第一个研究、宣传马克思主义和共产主义的团体。随后，他们发起筹建“励新学会”，创办《励新》半月刊、《泺源新刊》等进步刊物。《泺源新刊》是山东省立第一师范学生自治会创办的刊物，该刊以介绍新书刊、宣传新思想、揭露社会陋习、批评旧教育、倡导教育改革为宗旨。

1921年春，王尽美、邓恩铭、王翔千等在上海和北京的共产党早期组织指导和帮助下，建立了在济南的共产党早期组织。随着“五四运动”的广泛开展，全国各地的学生组织已经与北京各院校的学生会建立联系，进行联合斗争。王尽美作为山东学生运动的领导人前往北京等地交流工作，参加了马克思主义学说研究会，认识了李大钊，最终在革命实践活动中找到了马克思主义这个真理。

（二）追梦

在李大钊指导下，王尽美、邓恩铭于1921年春天在济南建立了共产主义小组，在齐鲁大地播下了革命的火种。1921年，王尽美作为代表参加中共一大会议，向大会报告了山东建立党组织的详细情况，并结合工作开展现状，提出自己的建议。多年以后，中国走出历史阴霾的道路探索，都会追溯到这次非凡的会议。对王尽美来说，在这里他遇到了一大批志同道合的同志，彼此留下了深刻印象。

中共一大后，王尽美的思想觉悟进一步提高，更加坚定了救国救民的革命决心，王尽美写下了其最为著名的《肇在造化——赠友人》，“贫富阶级见疆场，尽善尽美唯解放。潍水泥沙统入海，乔有麓下看沧桑。”并将自己的名字“王瑞俊”改为“王尽美”，以表达未来革命“尽善尽美”之心意，彰显自己为全人类实现尽善尽美的社会理想。

回到济南后立即开展工作，学习传达中共一大会议精神，号召大家认真学习讨论《共产党宣言》等资料。在中共中央的支持领导下，王尽美在山东建立了中国共产党山东区支部，任书记。王尽美不分昼夜地工作，担负着艰巨的任务，担子越来越重。在此期间，王尽美在学校的壁报栏上发表了一篇题为《饭碗问题》的文章，抨击了教育制度的腐朽和教师的麻木，学校当局开除了王尽美的学籍。从此以后，他开始走出学校，发动群众，积极组织工人运动，逐渐成为一名职业革命家。

为学习借鉴苏联革命的成功经验，王尽美等人于1922年初排除万难，历经三月来到莫斯科，参加了远东各国共产党及民族革命团体第一次代表大会。短短几个月的参观学习经历，王尽美深刻地感受到了苏联社会主义革命取得的伟大成就，开阔了眼界，更加丰富了王尽美对无产阶级革命和社会主义建设的认识，更加明确了中国革命道路的方向。

1922年7月，王尽美参加了在上海召开的中共二大。为了指导中国的工人运动，王尽美与邓中夏、毛泽东等人联系当时中国的现状，一起编写《劳动法大纲》。随后王尽美根据中央指示，在山东广泛建立了党团组织，促进了党的各项工作进展。1922年8月，他被派往北方铁路工运重点地区山海关做工运工作。他以冶铁徒工为掩护，组织起“山海关京奉路工友俱乐部”，继毛泽东同志领导的安源路矿工人罢工之后，领导了工人大罢工，包括京奉铁路工人罢工、开滦五矿大罢工。在艰苦卓绝的斗争中，王尽美随时面临生命危险，但他毫不畏惧，把个人安危置之度外。

（三）探索

王尽美为组织无产阶级革命队伍，献出了他短暂的一生。

1924 年 1 月，在贯彻党的三大所制定的统一战线政策中，王尽美和毛泽东、李大钊等同志一起参加了孙中山先生在广州主持召开的国民党一大。10 月，由于工作过度繁忙，加上生活条件低劣、营养不良，王尽美感染了肺结核病。但坚强的革命意志使他没有倒下，在大口吐着鲜血之后，用清水漱一下口，又奔波在济南、青岛之间。冬天，他的身体已经极端虚弱了。这时孙中山先生委派他做特派员。他为党能够得到这样一个以孙中山的名义进行活动的机会而万分高兴，挣扎着夜以继日地紧张工作。1925 年 1 月，王尽美在出席了党的四大之后不久就病倒了。他怕给组织上添麻烦，就在同志们的劝说下回家养病了。8 月 19 日，王尽美病逝于青岛，时年 27 岁。在病魔缠身的时候，王尽美支撑着虚弱的身体，躺在病床上已经不能拿笔，他不顾病痛让党内同志记录下遗嘱：“全体同志要好好工作，为无产阶级和全人类的解放和共产主义的彻底实现而奋斗到底！”

王尽美的儿子王乃征、王乃恩日后回忆道：“尽管祖母和母亲无微不至地照顾，也难拯救病入膏肓的父亲。他在生命的最后时刻想的是：死也不能离开自己的战友！死也不能离开自己的战场！我们清楚地记得，当时父亲用两只无力的手拼命握着我们兄弟俩的小手摇了摇，在祖母和母亲的悲泣声中离开了家……哪里想到，那一次竟成了生离死别！”

1949 年 9 月，在全国革命取得胜利的时候，为怀念革命烈士，第一届全国政治协商会议作出建立英雄纪念碑的决定。会后，毛泽东同志专门把参加会议的山东代表马保三同志找去，语重心长地讲，革命胜利了，不要忘记老同志。你们山东应当把王尽美和邓恩铭同志的情况搞清楚，应当收集烈士的遗物。根据毛泽东同志的指示，山东省委把王尽美同志的祖母接到了济南。这位在旧社会历尽了千辛万苦的老人，在党的关怀下，度过了幸福的晚年。

1952 年，毛泽东同志去山东视察工作，曾经向省委领导同志提到：山东有个王尽美，是个好同志，听说他老母亲现在还活着，要好好养起来。如果你们养活有困难，就送到中央组织部。

1958 年，山东省委将王尽美的坟从老家迁到济南市英雄山烈士陵园。毛泽东同志亲笔为纪念塔题写了“革命英雄纪念塔”七个大字。

1961 年，同为中共一大代表的董必武同志去武汉途经济南，挥笔写下了这首《忆王尽美同志》，“四十年前会上逢，南湖舟泛语从容。济南名士知多少，君与恩铭不老松。”追忆英年早逝的革命战友。

斯人已逝，英魂长存。王尽美的红色基因被一代代后人所继承，他的儿子、孙子、曾孙都先后紧随他的足迹加入了中国共产党，在一条光明、正确的道路上继续奋斗向前。

（四）启示

把时间的进度条拉回到百年前，彼时的中国，正在混沌的历史困局中找寻出路。十三位风华正茂的年轻人辗转于上海与浙江之间，荡舟于浙江嘉兴南湖之上，在惊险与激情中，一个崭新的政党——中国共产党由此诞生。这艘小小的红船承载千钧，播下了中国革命的火种。

在这个革命火种点燃之刻，历史留下了长长的名单，“尽善尽美唯解放”的王尽美便是其中一员。为了追求“尽善尽美”的理想社会，王尽美永不疲倦，积极投身工人运动的他积劳成疾，27 岁英年早逝。

回望百年峥嵘岁月，无数先驱在黑暗中孜孜以求、探索前行，挺身而出、无怨无悔。李大钊同志在传播马克思主义时就指出，“牺牲永远是成功的代价”。不怕艰难险阻，不怕流血牺牲，是中国共产党人的宝贵品格。他们将生命同中国共产党创建的历史紧密相连，同中国共产党领导的为人民谋幸福的历史紧密相连。

征程筚路蓝缕，党史波澜壮阔，伟大的英雄人物何以伟大？老一辈无产阶级革命家以鲜血浇灌理想，用生命捍卫信仰，构筑起一座座不朽的精神丰碑。于一个民族、一个国家而言，英雄是其历史的重要体现，是民族精神的重要来源，是弥足珍贵的精神财富。正是无数有名、无名的英烈抛头颅、洒热血，从“沉沉酣睡我中华”的悲观绝望中，拼搏出了中华民族伟大复兴的光明前景，换来了从红船一叶到中国号巨轮的历史性巨变。

讴歌英雄，是为了铭记，更是为了激励今天的我们在奋斗之途汲取前行力量；瞻望前路，站在新的历史起点上，依然有新的机遇与挑战等待我们在未来探寻。历史的道路，不全是坦平的，有时走到艰难险阻的境界，这是全靠雄健的精神才能够冲过去的。回顾党史，让我们赓续中国共产党人精神谱系，树立正确历史观，坚定信念，砥砺前行，书写属于我们这一代人的时代新篇章。

王尽美在党的力量尚未强大和物质条件极度匮乏的时代，面对残酷的压迫仍然坚定共产主义的伟大信仰，为党的事业鞠躬尽瘁，死而后已，这种伟大的精神品质同样值得我们学习。我们得到以下启示：

要永远保持不折不挠的奋斗精神，坚定信仰，勇担当、敢攻坚、能破难，做新时代的不懈奋斗者。幸福本就是奋斗出来的，我们要勇于担当作为，敢于攻坚克难，以脚踏实地的实干精神、用铁的肩膀，扛起应该肩负的责任。

要把个人成长与国家命运相结合。我们要成为热血澎湃的爱国青年，坚定走中国特色社会主义道路的决心，立志高远，心系天下，将热情化为实践，将爱国化为行动，把爱国热情转化为立足岗位、刻苦学习、发奋工作的实际行动，成为时代的先锋，担负时代的责任。

在 2009 年的中国英雄模范人物评选活动中，王尽美成为“100 位为新中国成立作出突出贡献的英雄模范人物”之一。王尽美坚定的马克思主义信仰和他用生命鲜血铸就的革命精神永葆时代活力，如灯塔，如火炬，辉耀不息，照亮我们前行的路。

三、不足之处和下一步研究设想

我们小组通过对忠诚的共产主义战士——王尽美事迹的研究，回顾先烈走过的足迹，重温那段血与火的历史，并且通过对王尽美的生平经历的了解，我们深入挖掘了王尽美同志在党建思想、民众观以及情操的独特理解。

王尽美同志的思想存在着时代的局限性，这方面我们可以试着与当代党员中有志之士的事迹来相结合，来进一步深化我们的主题。其次王尽美同志给我们的思想启迪，我们总结得比较大而空洞，这部分我们可以从时事出发，与王尽美同志的思想相互映衬，来进一步精简和充实，以论证我党的制度优越性。

四、研究体会与收获

经过几个下午的努力，我们小组终于完成了本次小组学习研究的话题——革命先烈王尽美。

在这次的研讨式学习中，每个组员都付出了很多的耐心与精力，表示学到了许多新的知识，收获颇多。

首先，在此期间，我们组员互相帮助，一起经历并克服了许多困难，这培养了我们的团队精神。不知道如何选择合适的论题、不知道从哪种渠道查找资料……更重要的是，在讨论的过程中，每个组员都有自己独到的见解，难以认同其他人的看法，最后我们只得向一位马克思主义学院的学长请教，经过他一番详细的分析我们才知道自己争论问题的本质所在。也就是在这样一次次的争论然后又一起合力解决问题中，我们配合得也越来越默契，极大地提升了我们的团队合作能力。

其次，为了完成这次课题讨论，我们需要查找大量资料以帮助我们了解更多的有关王尽美同志的知识。查找、选择文献、梳理内容、撰写初稿、修改、定稿……在这样一次次反反复复的过程中，不仅让我们完成了本次课题任务，更重要的是，让我们对王尽美同志这段传奇人生、共产党员精神有了更深层次的理解。

“夫以铜为镜，可以正衣冠；以古为镜，可以知兴替；以人为镜，可以明得失。”在王尽美同志身上体现的始终坚定理想信念、鞠躬尽瘁忘我奋斗的革命意志和始终坚守党性原则、忠诚于党甘于奉献的政治品格，让我们看到优秀共产党员应该具有的精神品质，也让身为大学生的我们坚定自己的信念，努力学习知识，提升自身专业素养，为祖国的建设贡献自己的力量，在今后的生活中以此为标杆。

参考文献

[1] 李肇年 . 关于王尽美生平中的几个问题 [J]. 中共党史研究 ,1994(04).

[2] 中国共产党创始人之一王尽美 [J]. 世纪行 ,2011,(05).

[3] 房晓军 , 胡业福 , 耿国华 . 王尽美思想探析 [J]. 山东理工大学学报 (社会科学版),2011(02).

红色家书抵万金 红船精神映百年

戚源 黄泽宇 彭雪 张炜 朱越
（2018 级材料类师昌绪班）

一、选题原因

伟大精神总是在解决重大时代课题中产生和形成的，伟大精神的时代价值、生命力和战斗力，又总是体现在实现时代使命与推进时代发展的积极作用上。“红船精神”，就是中国共产党怀着“为中国人民谋幸福，为中华民族谋复兴”的初心与使命所创建的宝贵精神财富。习近平总书记在《弘扬“红船精神”走在时代前列》文章中系统地阐述了“红船精神”的内涵，认为“红船精神”是中国革命精神之源，并将“红船精神”的内涵高度提炼为：开天辟地、敢为人先的首创精神，坚定理想、百折不挠的奋斗精神，立党为公、忠诚为民的奉献精神。

“在一百年的非凡奋斗历程中，一代又一代中国共产党人顽强拼搏、不懈奋斗，涌现了一大批视死如归的革命烈士、一大批顽强奋斗的英雄人物、一大批忘我奉献的先进模范，形成了一系列伟大精神，构筑起了中国共产党人的精神谱系，为我们立党兴党强党提供了丰厚滋养。”在党史学习教育动员大会上，习近平总书记道出了一百年来中国共产党不断壮大的基因密码，更道出了一个个共产党人由己而家、由家而国的行动自觉。

百年征程波澜壮阔，初心历久弥新，以史鉴今、以史为师。本次研讨性教学活动我们选择通过红色家书来展现红船精神的内涵，这是因为“红船精神”贯穿于中国革命、建设、改革的始终，在不同的历史阶段总能迸发出新的时代力量。我们要锚定新的历史方位，以更高标准弘扬、践行“红船精神”。而红色家书是有关中国共产党的历史文献，反映了参与中国革命、建设、改革事业的中共党员和追求进步的人士最真实的内心写照，是宝贵的红色文化资源。

红色家书字字滚烫、字字铿锵、字字珠玑，红船精神处处敢闯、处处坚定、处处真情。学习红色家书，传承红船精神，坚守百年信仰，作为新时代青年大学生，应自觉以红色家书与红船精神激励我们奋进新时代，开启新征程，展现新作为，实现新担当。

二、研究内容和观点

学党史，明家书，悟内涵。“红船精神”是中国共产党人的精神源头，激励和鼓舞我们党走过风雨、闯过险滩，赢得革命、建设和改革的一个又一个辉煌。“红船精神”伴随中国革命的光辉历程，共同构成党在前进道路上战胜各种困难和风险、不断夺取新胜利的强大精神力量和宝贵精神财富，蕴含着极其丰富和博大精深的内涵。本文追溯建党百年历史洪流，通过红色家书感受其蕴含的红船精神的内涵。

（一）红色家书蕴含开天辟地、敢为人先的首创精神

红船精神体现了中共领航、依水行舟的中流砥柱形象。近代以来，中国外有列强瓜分，而内部一盘散沙。聂荣臻在给父母的信中写道："海外游子，悬念何如？又问川战复起，兵自增，而匪复猖，水深火热之家乡！父老之苦困也何堪？"陈毅安给妻子的信中亦说道："思前想后，除了我们努力革命，再找不出别的出路。把一切旧势力铲除，建设我们新的社会。"1921 年，中共一大召开，中国共产党正式成立。于此境况下诞生的中国共产党，坚定表明为人民谋幸福、为中华民族伟大复兴而奋斗的立场。"现在正是掀天揭地社会大革命的时代，正需要一般有志青年实际从事。"不愧是共产党妇女运动第一人向警予所书。中国共产党不仅在理论上被认定为"群众党"，而且在行动上称为"先锋队"，开启了领导干部大规模深度联系群众之先河，实现了领导力量与群众力量的完美结合。中共党员罗荣桓致其儿子罗东进信中述道："历史是向前发展的，事物是多样性的，因此也就不可能要求前人给我们写成万应药方。"李大钊也曾因中国共产党要筚路蓝缕，完成开天辟地的大事业，写下这样一段话："今日之世界，乃为资本主义渐次崩颓之时期，故必须采用一种新政策：对外联合以平等待我之民族及被压迫之弱小民族，并列强本国内之多数民族；对内唤起国内之多数民众，共同团结于一个挽救全民族之政治纲领之下，以抵制列强之压迫，而达到建立一恢复民族自主、保护民众利益、发达国家产业之国家之目的。"即使他身陷囹圄，仍然为了民族之解放，为了中华之重振而努力，阐述其革命主张，充分表达了他坚定的信仰和伟大的抱负。

（二）红色家书蕴含坚定理想、百折不挠的奋斗精神

革命理想高于天，党之所以可以带领人民取得一个又一个胜利，离不开一大批在红船精神的激励下的中华儿女。而陈觉、赵云霄这一对革命伉俪就是很好的体现。两人皆是为了革命事业而被捕，面对敌人酷刑，他们均大义凛然，先后慷慨就义，这正是因为他们拥有实现共产主义事业的坚定理想，以及百折不挠、绝不屈服的奋斗精神。赵云霄在就义的前两天，给自己出生不久的女儿留下了一封诀别信，信中一句句"小宝宝"的呼唤，是一曲人间大爱的礼赞，也是一首坚定报国的绝唱。

"母亲因为坚决地做了反满抗日的斗争，今天已经到了牺牲的前夕了""希望你不要忘记你的母亲是为国而牺牲的！"，这一句句震撼人心的话语，正是出自革命烈士赵一曼给自己的儿子留下的遗书。她不仅是一位母亲，更是一位共产党员，为了实现共产主义理想，她顾不上对孩子尽到一位母亲的责任，毅然投身于伟大的共产主义事业，并为之奋斗终身。一份尘封的日本档案，记录了赵一曼牺牲前的遭遇："七月二十六日在长时间经受高强度电刑的状态下，赵一曼女士仍没招供，确属罕见，已不能从医学生理上解释"，这就是对赵一曼同志百折不挠的红船精神的最好证明，正是因为她心中坚定的理想信念，才会让她忍受着非人的折磨，对共产党的秘密保守如瓶。"我最亲爱的孩子啊！母亲不用千言万语来教育你，就用实行来教育你。"赵一曼同志用她的实际行动告诉了她的孩子什么是真正的红船精神！

回望历史，共产主义事业是正义的、宏大的，但并非是一帆风顺的，在这条坎坷而崎岖的道路上，不知埋藏着多少共产党人的英灵。“砍头不要紧，只要主义真。杀了夏明翰，还有后来人！”夏明翰的绝笔家书如是说。而这首慷慨激昂的《就义诗》，也是对红船精神最好的回应。

（三）红色家书蕴含立党为公、忠诚为民的奉献精神

1949 年 10 月 1 日中华人民共和国的成立，开辟历史新纪元。中国共产党面临的时代环境和肩负的历史任务都发生了改变。党员们围绕民主改革、恢复生产、巩固政权等各项任务积极开展工作，充分体现了立党为公、忠诚为民的奉献精神，并教育自己的儿女树立远大理想，如开国元勋叶剑英在给女儿叶楚梅的信中写道：“女儿！让爸爸们，把新民主的地基，铲得平平的，……当着你们还在学习时期，就应该全心全意地为我们建设完全新的中国而努力！”纸短情长，不尽欲言，叶剑英在家书中教导亲爱的女儿在读书时就要为建设新中国做准备。

党和政府非常关心民众生活，急人民之所急，把人民最关心的急迫问题放在工作极重要的地位。那时，在人民群众中呼声最强烈的一个问题便是自然灾害十分严重，在危难面前，涌现出一批批立党为公、忠诚为民的中共党员，其中最为典型的便是“最美奋斗者”焦裕禄，他临危受命，改变了贫瘠的兰考，“现在您所牵挂的这片土地也变得富饶美丽，您爱兰考的乡亲，他们也会像走亲戚一样来看您……我也会扶着您，去看看您治理过的沙丘，走访过的农户，和您亲手种下的那棵泡桐树。”每到四月，兰考的泡桐总会一丛一丛地盛开，虽然焦裕禄同志已经走了很久了，但“我们知道您没有走远，没有走出兰考。”属于焦裕禄的那份立党为公，忠诚为民的红船精神依然万古流芳，永垂不朽，这条红船也会继往开来，驶向遥远的前方。

作为新时代青年大学生，我们应从以下三个维度重温红色家书，践履红船精神：

一是理想维度。敢为人先，勇立远大理想。理想犹如灯塔，激励着一代又一代中国青年为中华民族的伟大复兴而奋斗，激励着无数革命前辈为民族独立和人民解放抛头颅、洒热血。无论是“生是为中国，死是为中国”，还是“苟利国家生死以，岂因祸福避趋之”，自古至今，无数中华儿女的理想信念都建立在深厚的家国情怀的基础上，他们的人生目标有所不同，职业选择也有差异，但都树立了报效国家的远大理想，将个体的发展置于国家的发展大潮中。随着时代的变迁，家国情怀在不同的历史时期呈现出不同的特征。当今经济全球化的大趋势下，各种思潮尤其是西方的意识形态冲击着青年们的思想观念和价值取向，导致其理想模糊不清。因此，青年们要将践行家国情怀与树立远大理想联系起来，不背离祖国的需要、人民的利益，以青春之我成就青春之中国。

二是品德维度。奉献人民，勇炼品德修为。在新时代，青年践行家国情怀，先要修身，提高个人修为。修身不仅要修炼内功，苦练本领，还要打牢道德根基，使个人在人生道路上走得更正、更远。自古以来，中华儿女都重德立命、修身治世，讲求积德行善，在服务别人的过程中成全自己。中国共产党在成立之初就确立了为人民服务的宗旨，以立党为公、忠诚为民的奉献精神，创造了举世瞩目的中国奇迹。

三是实践维度。砥砺奋斗，勇担时代重任。“好儿女志在四方，有志者奋斗无悔”，践行家国情怀的关键就是要把广大青年的报国志向凝聚起来，砥砺广大青年在社会实践中为实现报国

之志而不懈奋斗。奋斗是最亮丽的底色，“自信人生二百年，会当水击三千里”，中华民族伟大复兴要靠新时代青年的奋斗来实现。

从建党的开天辟地，到新中国成立的改天换地，到改革开放的翻天覆地，再到中国特色社会主义进入新时代的惊天动地，凝结一代又一代共产党人的首创与奋斗的精神力量，成为我们今天接续奋斗、开拓未来的最宝贵的精神财富。从抗日战争的同仇敌忾，到抗疫斗争的逆行出征，脱贫攻坚的尽锐出战，从公开战线到隐蔽战线，从看得见硝烟的战场到看不见硝烟的战场，充盈于天地之间的，是敢为人先，是坚定理想，是忠诚为民。践行家国初心，担负伟大使命，党的红船会继续劈波斩浪，扬帆远航。

三、不足之处和下一步研究设想

在本次研讨性学习中，由于组员知识储备原因，研究方向并不全面，对于部分内容并没有深入探究，历史逻辑、理论逻辑与实践逻辑相结合的力度有待加强，理论分析与实证分析、纵向比较与横向比较、案例分析与系统论证、文献研究与实践调研等研究方法还结合得不够紧密。研究的思想深度、理论高度、历史厚度、视域宽度有待提升与拓展，需要进一步加强对毛泽东思想概论的学习研究。

下一步，我们计划深入研究“红船精神”与红色家书在当今社会的重要意义，进一步研究它们对当代青年的教化作用以及它们所蕴含的时代意义。

四、研究体会与收获

通过研究性学习，我们尽力克服所遇到的困难，通过查阅相关文献资料和参观湖南党史陈列馆，我们学习到了大量有关于“红船精神”的知识与精神伟力，感受了许多红色家书的激情澎湃与大义凛然，有以下五点收获：

一是学史明理。深刻感悟到红色政权来之不易、新中国来之不易、中国特色社会主义来之不易，深刻领悟到中国共产党为什么能、马克思主义为什么行、中国特色社会主义为什么好的真理力量。面对着如今蒸蒸日上的中国，我们更加要缅怀当初那些为了民族之解放、祖国之兴盛而奋不顾身的人们，更加珍惜来之不易的幸福生活。

二是学史增信。历史是最好的教科书、最好的老师、最好的营养剂，它带给我们的影响是生生不息的，历史所承载着的一代又一代人的精神对我们的影响也是源源不断的，我们要以史为据、以史为师、以史为鉴，鉴往知来、鉴古知今，为建设社会主义现代化强国而不断努力。

三是学史崇德。从用鲜血书写红色家书与用生命诠释红船精神的革命烈士、英雄人物、先进模范身上所体现出的中国共产党人的“精气神”当中，寻找到提升自身德行的明镜。学习红色家书的主人公身上威武不屈的气节、团结合作顾全大局的德性、勇往直前不怕牺牲的精神、为民服务甘于奉献的情怀、严以律己自我批评的作风、敢于担当乐挑重担的勇气、实事求是求真务实的风格、吃苦在前享受在后的品格、以身作则率先垂范的高风、砥砺前行奋发有为的斗志、与时俱进开拓创新的品性、雷厉风行敢打敢拼的性格、遵守纪律服从组织的本性。我们将继续发扬红色传统、传承红色基因，赓续共产党人精神血脉，传承红色基因，树立和践行社会主义核心价值观，提升为党和国家事业继续奋斗的德行和能力。

四是学史力行。在本次研究中我们意识到“纸上得来终觉浅，绝知此事要躬行”的道理，要知行统一、学用结合，把学习党史同推动实际工作结合起来，同解决实际问题结合起来。不做过客与看客，争做探索者、创新者、推动者、实践者。做到学党史、知党情、感党恩、跟党走。做到学党史、悟思想、办实事、开新局。

五是学史强能。这次研究性学习提高了我们探索研究、整合相关信息、思维辩证的能力，还让我们明白了学习是一个发展的开放的过程，任何一门课程的学习都离不开自我探究，小组作业的方式也极大程度锻炼了我们的合作能力，总而言之，此次学习我们都收获良多。

参考文献

[1] 黄卓群，何先培．真情透纸背——品读向警予家书十封 [J]. 湘潮（下半月）,2015(10).

[2] 王桢．四封家书，展现共产党人的家国情怀 [J]. 党建 ,2021(04).

[3] 王龙．共产党人的红色家书 [J]. 同舟共进 ,2021(04).

[4] 郑林华．毛泽东与叶剑英：经得起生死考验 [J]. 湘潮 ,2019(06).

[5] 叶剑英家书两封 [J]. 党的文献 ,1997(02).

信仰的力量

赵陈可 蒋雨馨 贺晨尔 张曦月 杨念 李千蕊
（2018 级化学类韶峰班）

一、选题原因

从上海石库门到嘉兴南湖，一艘小小红船承载着人民的重托、民族的希望，越过急流险滩，穿过惊涛骇浪，成为领航中国行稳致远的巍巍巨轮。胸怀千秋伟业，恰是风华正茂。一百年来，中国共产党始终牢记初心和使命，领导中国人民历经艰难险阻，取得了一个又一个胜利，深刻改变了近代以来中华民族发展的方向和进程，深刻改变了中国人民和中华民族的前途和命运，深刻改变了世界发展的趋势和格局，为中华民族和人类社会发展作出了伟大历史性贡献。

向警予作为中国共产党唯一的女创始人，杰出的共产主义战士，伟大的无产阶级革命家，中国妇女运动的先驱和杰出领袖，她不畏艰险，坚贞不屈，直至为中国共产党的事业奉献了自己的生命，她的精神永远是我们的宝贵财富。我们怀着十分崇敬的心情，深切缅怀她为党、为祖国、为人民建立的不朽业绩，追思她为人民和妇女解放事业不懈奋斗的光辉一生，学习她的革命精神、崇高品德和优良作风，这对于激励我们高举中国特色社会主义伟大旗帜，为实现中华民族伟大复兴的中国梦而努力奋斗具有十分重要的历史和现实意义。

二、研究内容

（一）溆水盈盈永不停，英雄追梦播芳馨

在史料里，向警予被毛泽东称为“我党唯一的女创始人”，牺牲时年仅 33 岁。她发起了中国第一场女权运动，后来成长为第一个女中央委员、党中央第一任妇女部长。她为妇女解放奋斗终身，是中国妇女运动的先驱。

乱世小家中，少女初怀梦　向警予，原名向俊贤，1895 年生于湖南溆浦县商会会长之家。内忧外患年代里成长起来的她，自幼不受封建思想束缚，充满求知渴望，关心国家兴亡，从小就立志为拯救国家和民族“干出惊天动地的事业”。

新学园中已露头，文武皆超众　勤奋学习，勇于创新，是向警予一生最鲜明的品质。1912 年，她以优秀的成绩考入湖南省第一女子师范学校，在校期间，向警予发奋学习，酷爱体育，各科成绩名列前茅，是学校闻名的“文武双全”的学生。两年后她转入周南女校，并改名为向警予，表示对封建势力的高度警惕和反抗。在上学期间，她关心国事，当丧权辱国的“二十一条”签订后，她和长沙的同学们一起走上街头演讲，唤起同胞们救国救民的热情。

挑战旧民风，妇女欢声动 向警予的一生虽然短暂，但始终致力于革命与女性事业，革命与女性解放是她毕生奋斗的主题。向警予曾立下誓言，为花季少女解开裹脚布，为广大妇女争取参政权。作为女性，向警予最为关心的就是中国妇女的解放。她认为让女子受教育是解放妇女的根本所在。

1916年，向警予从周南女校毕业，回到家乡，克服重重困难创办了第一所男女同校新式学堂。上任第一件事就是给女生们放脚，提倡男女平等、破除封建思想的新观念。她起草了妇女运动的一系列文件和决议，以报刊宣传为武器，发表文章，深入一线，理论结合实际，直接对深受压迫的广大妇女进行革命宣传，被誉为“宣传鼓动的能手”，“在中国新闻史上，她是杰出的女报刊工作者和宣传家”，为妇女解放运动作出了巨大的贡献。

如今，当年由向警予创办的溆浦女校已更名为警予学校，百年弦歌不绝，警予精神在校园里扎根发芽。

为党分忧投入真，舍命丹心奉 追求真理，坚守信仰，是向警予精神之本，也是向警予一生最鲜明的政治品格。1919年，向警予参加毛泽东、蔡和森领导的“新民学会”，思想逐渐倾向于革命。为了探求救国之路，1919年12月，向警予不远万里到法国勤工俭学。在12月7日欢送第八届留法勤工俭学学生会上她演讲道：“吾人之求学，宜抱贡献于人群之宗旨，以谋振奋东方民族之精神，亦吾人应注意也。”心系群众，一心为民，是向警予一生的追求，她是这么说的，也是这么做的。进入蒙达尼女子公学后，她以顽强的毅力致力于学业，刻苦学习法文，通过查阅字典，阅读翻译马克思主义著作。还广泛地接触法国工人阶级，受具有巴黎公社斗争传统的法国工人阶级的影响，进一步坚定了共产主义信念。她坚信只有社会主义才能救中国，并为之奋斗了一生，直至生命的最后一刻。

1920年5月，志同道合的向警予和蔡和森在法国蒙达尼公园结为革命伴侣。拍摄结婚照时，这对革命伉俪相依而坐，没有鲜花、钻戒和婚纱，只有手中拿着的《资本论》，象征着他们共同的理想信念。

1921年，向警予不但与蔡和森共同提出“中国共产党”的名称与计划，同时向各路宣传，陈诉建党之急。之后向警予与周恩来、李立三在法国成立中国共产党早期组织，几乎与国内的中国共产党的早期组织同时建立。因此，她后来被毛泽东称为“她是我党唯一的女创始人”。

1922年初，向警予回国后正式办理了入党手续，开始领导中国最早的无产阶级妇女运动，在妇女解放运动史上作出了不可磨灭的贡献。

血洒汉江终不悔，吐辉华夏自相传 血和泪，浸透了1927年的历史。无数共产党人骨肉分离，血流成河。这年，向警予从莫斯科东方劳动者共产主义大学留学归来后，在中共汉口市委宣传部和市总工会宣传部工作。

大革命失败后，省委机关遭到彻底破坏，很多人被捕杀害。党的大部分领导先后转移，向警予却主动要求留在武汉，坚持地下斗争。“武汉三镇是我党重要的据点，许多重要负责同志牺牲了，我一离开，就是说我党在武汉失败了，这是对敌人的示弱，我决不能离开！”

1928年3月20日拂晓，由于叛徒的出卖，向警予被拘捕。她在监狱中还坚持向难友们宣传革命，介绍马列主义，讲农村暴动，唱革命歌曲。每次受刑回来，难友们看到她血肉模糊的身体，都难过地哭了，可她仍然鼓励大家要斗争到底。英勇无畏，坚贞不屈，是向警予一生最恢宏的革命气度。最后一次审讯时，敌人威胁说已经查明了她是共产党重要领袖，逼她招供。向警予毫无惧色地回答："不要多讲废话，要杀就杀！至于我是不是向警予，没有多大关系，横竖你们都是刽子手！革命者不会在你们的屠刀下求生！"

同年5月1日，国民党新军阀决定在这个全世界工人阶级的节日里处决向警予。赴刑场的路上，向警予神情自若，嘴角挂着微笑，从容走向刑场。沿途街上，挤满群众。向警予奋力高喊，做了最后一次演讲："我是中国共产党党员向警予，为解放工农劳动大众，革命奋斗，流血牺牲！反动派要杀死我，可革命是杀不完的！无产阶级团结起来，反动派的日子不会太长了！"

向警予同志短暂而光辉的一生，崇高而壮美，热烈而伟大。得知向警予牺牲的噩耗，蔡和森失声痛哭。他将最深情的呼唤留给他已离去的妻子："伟大的警予，英勇的警予，你没有死，你永远没有死！你不是和森个人的爱人，你是中国无产阶级永远的爱人！"

（二）而今战乱无踪影，巾帼英名世代铭

向警予的一生，是短暂而波澜壮阔的一生，她不断追求真理，坚持革命。她说每个人都应该珍惜自己的生命，却又说到了不能珍惜生命的时候，只有勇敢地牺牲。怀抱坚定的信仰，并用激越的精神去践行，至死不渝，这是向警予的真实写照。她在给父母的信中说："我这样匆匆究竟为什么？""造真学问储真能力，这不是对国家对两亲对兄弟对自身的唯一光明唯一希望吗？""我为这唯一光明唯一希望而不孝不友之事竟躬犯之，如无所建白，扪心何以自安。"为党的事业和共产主义理想这"惟一光明惟一希望"牺牲一切乃至生命，这是向警予铭刻进生命的誓言，她也是这么做的。

习近平总书记说："没有理想信念，理想信念不坚定，精神上就会得'软骨病'，就会在风雨面前东摇西摆。"正是因为有了像向警予这样一批具有坚定共产主义理想的中华儿女，才有了中国共产党，才有了今天的中国。

回首党的百年岁月，他在内忧外患中诞生、成长，自成立之日起就把实现中华民族伟大复兴作为自己的历史使命，他捍卫民族独立，维护民族利益，反抗外来侵略。这是一种精神，是一种信仰。他的信念在一代又一代的人心中传递。有在长征路上"夜行八百，日思万里，笑望前程"，不为功名不为家的董必武；有完成了"志在世无饥饿民"的丰功伟业，"耄耋老骥不停蹄"的袁隆平，无数平凡而伟大的人坚守在自己的岗位上，为中国共产党所走的每一步做出了自己的努力，他们是保家卫国的军人，是攻坚克难的科研工作者，是无影灯下守护广大群众生命的医务人员，是一群以血肉之躯书写不朽伟业的共产党员！

作为新时代青年的我们，更应该树立远大理想，坚定自己的信仰，毫不动摇地坚守正确的世界观、人生观、价值观；更应该不断追求事物的真理所在，而不是浮于表面；尤其我们作为理工科的学生，更要脚踏实地，求真务实，坚守底线，不能够弄虚作假，要坚决抵制学术不端、自觉遵守科学道德；要更加努力地学习，用科学文化知识来武装自己的头脑，敢于创新，与时俱进，只有这样才能肩负起实现中华民族伟大复兴的历史使命，将先辈们的精神与信念继续传

递下去。

三、不足之处和下一步研究设想

（一）不足之处

1. 理论研究的深度和广度都不够

组员们对于资料的查阅能力略显不足，对于主题内容的准确查阅还是能力欠缺，有的时候需要相当长的时间才能找到自己想要的对应的中心内容。且由于网络资源较多我们未能对该主题相关的文献资料进行大量阅读。

2. 以理论为主，缺乏实践经验

本次党史故事的分享，我们主要借助网络查找资料并结合个人的理解，未能参加实践研究和实事实地考察，研究停留在理论层面。

3. 研究时间短，研究范围窄

在本次学习中，虽然我们采用了小组讨论、文献检索、新闻报道阅读等多种方法，但由于时间有限，我们主要利用文献检索。由于实际原因等方面的限制，我们未能接触到相关人员，这导致研究范围的覆盖面不广，事实缺乏一定准确性。

（二）下一步研究设想

1. 拓展研究渠道，扩大研究范围

如果有足够的时间，我们小组将会跨出校门，对其他各大高校的学生对于向警予精神的看法进行广泛的调查研究，同时访谈溆浦女校及与向警予有关的人员，对其做出的贡献和事迹作出准确的叙写。

2. 加强对向警予精神进一步研究

本小组成员将会在当前初步学习成果的基础上，研究向警予的精神内核，将这种爱国敬业精神与当代人民的启示、中国的发展相结合，作为情感共鸣和榜样感召。

3. 加深内容学习，创新汇报方式

本小组成员对下一步学习所采取的方法，不再是单一的文献研究法，而是文献研究法与实地考察法相结合，同时请教老师，争取全方位完善，给同学们带来更多展示上的创新体验和深切的感动。

四、研究体会与收获

（一）注重团队合作，凝聚集体力量

一滴水只有放进大海才不干涸，一个人只有融入集体才能更优秀。从一开始便千头万绪的课题研究过程中，我们深刻地感受到团队合作的重要性。我们各司其职，但又互相配合，互相沟通与交流，共同朝着对一个主题有着共同理解的目标努力发展，不同于个人研究，作为合作

的结果，团队最终的共享观点更加尖锐、丰富和富有活力。

（二）人民有信仰，国家有力量，民族有希望

一直以来，西方人认为我们不信仰宗教便没有信仰，中国人的信仰是刻在文化基因里的家国情怀。如今我们郑重凝视历史，开展关于党史的研究性学习，为的是体会先辈信仰之纯真热烈、之可贵可爱，为的是接过那一簇簇不灭的薪火，凝聚成我们青年一代更坚定的理想信念，凝聚成中华民族复兴路上奋勇向前的磅礴力量。不忘初心，砥砺前行，我们必将谱写绚烂的新篇章！

参考文献

[1] 方汉奇 . 中国新闻事业通史 (第二卷)[M]. 中国人民大学出版社，1996 年 .

[2] 闫笑岩 . 向警予 :“为党的事业而死，无上光荣！”[J]. 党建，2020(08).

[3] 王相坤 . 中共创立时期共产党人的初心解读——向警予篇 [J]. 党史文苑 ,2019(06).

[4] 陈红 . 向警予 :“中国无产阶级永远的爱人”[J]. 湘潮 ,2017(03).

中国革命的转机——遵义会议

胡家豪 刘桐韬 孟超 姜杰铭 谢久周
（2018 级数学类韶峰班）

一、选题原因

回首中国共产党百年的光辉历程，党的一个又一个重要会议代表着奋斗的证言、信仰的烙印、前进的里程碑，铺就了我们从昨天走到今天、从今天走向未来的路程。党的纲领、章程、路线、方针、政策的制定和修改，党的各项工作的布置和检查，党的工作经验教训的总结，党的组织和人事的变动……都是通过党的各种会议来实现的。历史证明，党的会议尤其是重要会议与党的事业关系密切。

遵义会议是中国共产党第一次独立自主地运用马克思列宁主义基本原理解决自己的路线、方针和政策方面问题的会议。这次会议，在极端危急的历史关头，挽救了党，挽救了红军，挽救了中国革命，在中国共产党和红军的历史上，是一个生死攸关的转折点。研究遵义会议，有利于更深入了解中国共产党百年奋斗的苦难辉煌历程，更好地了解马克思主义中国化的进程和成果，因此我们选择遵义会议作为我们的研究主题。

二、研究内容和观点

遵义会议是指 1935 年 1 月中共中央政治局在贵州遵义召开的独立自主地解决中国革命问题的一次极其重要的扩大会议。是在红军第五次反“围剿”失败和长征初期严重受挫的情况下，为了纠正王明、博古、李德等“左”倾领导人在军事指挥上的错误而召开的。

1. 背后故事

1934 年 1 月，中共临时中央在瑞金召开六届五中全会。全会讨论了博古关于目前形势与党的任务的报告，错误地断定中国已存在“直接革命形势”，继续坚持过左的土地政策，将“左”倾错误发展到顶点。在这种错误的领导下，第五次反“围剿”失败了，在这种情况下，红军不得不放弃革命根据地，开始长征。

长征初期，中央红军湘江战役遭受重创后元气未复，和红二、红六军团会合的原定计划不能实现，建立黔北根据地不能实施，找不到战略立足点，面对几十万国民党军的围追堵截，随时可能全军覆没，在这样危急的军事形势下，迫切需要有这么一个军事领袖率领红军走出困境、取得胜利。在突破敌人的四道封锁线尤其是突破湘江封锁线时，中央红军遭受了重创，折损过半，数万红军将士把英魂永远留在了湍急冰冷的湘江。仗要怎么打，路往何方走？红军的行动路线关乎着中国共产党的生死存亡。

领导的更换已迫在眉睫，朱德也说过“如果不改变领导，我们就不能再跟着走下去！”。在这紧要关头，中央红军成功占领贵州黎平。紧接着，中共中央政治局在黎平召开会议。在争论之后，会议接受毛泽东的意见，通过了《中央政治局关于战略方针之决定》，决定在川黔边创建新的根据地。黎平会议肯定了毛泽东同志的正确意见，改变了中央红军的前进方向，使红军避免了可能覆灭的危险。12 月 31 日晚至次日凌晨，中共中央在猴场召开政治局会议，提出首先在以遵义为中心的黔北地区，然后向川南创建川黔边新的根据地的战略任务。1935 年 1 月初，中央红军分别从回龙场江界河、茶山关渡过乌江，1 月 7 日晨，红军先头部队进占黔北重镇遵义。红军成功攻占了遵义，将国民党反动派的几十万大军抛在乌江以东、以南地区，红军得到了短暂的休息时间，为遵义会议的召开赢得了宝贵的时间。

2. 会议内容

1935 年 1 月 15 日至 17 日，中共中央政治局在原系国民党二十五军第二师师长柏辉章的私邸召开扩大会议。周恩来、王稼祥等中央政治局委员参加了此次会议。此时屋外天寒地冻，屋内热火朝天。据中共中央党史研究室第一研究部编著的《红军长征史》记载：“会议一共开了三天，气氛紧张激烈，发言的声音很高，每天总是开到半夜才休会。”

首先由博古作关于第五次反“围剿”的总结报告，他过分强调客观困难，把失败原因归之于反动力量的强大，而不承认他和李德压制正确意见从而导致错误的军事指挥的行为。然后周恩来就军事问题作副报告，指出第五次反“围剿”失败的主要原因是军事领导的战略战术的错误，并主动承担责任，作了诚恳的自我批评。除此之外，张闻天也作了反对“左”倾军事错误的报告，比较系统地批评了博古、李德在军事指挥上的错误。毛泽东接着作了长篇发言，他指出，第五次反“围剿”过程中，李德的军事路线是完全错误的，一味地照搬外国人的经验是不可取的，“御敌于国门之外”“堡垒对堡垒”的阵地战是跟敌人拼消耗，而以苏区的实力，不可能在硬拼的军事冒险主义下打破敌人的“围剿”。王稼祥、朱德、刘少奇等多位同志也相继发言，不同意博古的总结报告，同意毛泽东、张闻天提出的意见。

会后，张闻天根据参加会议多数人特别是毛泽东的发言内容，起草了《中央关于反对敌人五次“围剿”的总结的决议》。这个决议明确指出，博古、李德以单纯防御路线代替了决战防御，以阵地战、堡垒战代替了运动战，是第五次“围剿”不能粉碎的主要原因；增选毛泽东为中共中央政治局常务委员，使得毛泽东进入了中共中央的核心领导层；取消了以博古、李德为主的旧的“三人团”，成立了由毛泽东、周恩来、王稼祥组成的新的“三人团”，周恩来为团长，负责指挥全军的军事行动。

3. 意义与启示

在当时党和红军面临的危急局势下，军事指挥问题是红军内部的争论焦点。而遵义会议的召开首先调整了最为迫切的军事指挥权，重新确立了毛泽东对军队的指挥权，结束了盲目的机械的“左”倾主义军事领导路线，使革命军队避免了更大的损失，使这支人民军队重塑灵魂，使党的革命事业重新回到正确航向上来。

习近平总书记指出："遵义会议作为我们党历史上一次具有伟大转折意义的重要会议，在把马克思主义基本原理同中国具体实际相结合、坚持走独立自主道路、坚定正确的政治路线和政策策略、建设坚强成熟的中央领导集体等方面，留下宝贵经验和重要启示。我们要运用好遵义会议历史经验，让遵义会议精神永放光芒。"雄关漫道真如铁，而今迈步从头越。我们要从遵义会议中汲取经验，弘扬遵义会议精神，感悟中国共产党人不忘初心、牢记使命的信念。

三、不足之处和下一步研究设想

1. 不足之处

由于查资料的能力有限，我们暂时未能呈现出关于遵义会议的更多细节；我们研究的内容对遵义会议的历史的重复较多，而缺少对遵义会议所蕴含的党的智慧与精神的挖掘，缺少创新性；对遵义会议的学习不够深刻，小组成员之间相互交流不够充分。

2. 下一步研究设想

随着我国文化旅游业的蓬勃发展，有关红色文化主题的旅游正在逐渐成为一个重要的领域。遵义会议会址内的陈列馆、会议室、革命文物、历史资料、历史照片，是让后人对革命先烈勇于斗争、百折不挠、不怕牺牲的革命精神生动展现。下一步，我们将以渝黔地区红色旅游建筑为主要研究对象，设计渝黔地区红色旅游策略。

四、研究体会与收获

遵义会议之前，"左"倾教条主义导致红军遭受重大损失。遵义会议之后，在毛泽东的亲自指挥下，红军四渡赤水，抢渡金沙江，取得了一系列的胜利，显示出了强大的生命力与活力，为中国革命提供了科学理论指导，为党的建设留下了宝贵的精神财富，为新时代中国特色社会主义建设积累了宝贵的经验。因此，遵义会议说明了在事关党和国家的重大问题上，必须有坚定正确的战略定力，必须善于坚持战略和策略的辩证统一。

参考文献

[1] 应琛．遵义会议：生死攸关的伟大转折 [J]. 新民周刊 ,2021(02).

[2] 刘琼 , 任姗姗 , 王子潇．伟大转折，开启革命新局面——记遵义会议 [J]. 当代贵州 ,2021(06).

[3] 刘智勇．从遵义会议精神中汲取改革发展的智慧和力量 [N]. 中国航空报 ,2021-05-11(05).

淮海战役中的小推车

李雪萌 杨宇晴 刘乐 刘思思 郑竹彦 周亚筝
（2018 级化学类韶峰班）

一、选题原因

一百年来，中国共产党领导中国各族人民艰苦卓绝地奋斗，战胜了各种艰难险阻，获得了伟大的成就。回看中国共产党历史上逶迤而又气势磅礴、雄浑而又绚丽多彩的壮美画卷，其中，淮海战役中的小推车是建党画卷中浓墨重彩的一笔。

淮海战争中，中国共产党靠一辆辆小推车紧紧地维系着与人民群众的军民鱼水情，这正是中国共产党能在淮海战役中以少胜多、所向披靡的原因。这种小推车精神对于当今中国共产党发挥执政党作用具有重要意义以及启示。史实告诫我党，只有执政为民，始终根植于人民，团结群众，赢得人民群众真心拥护和支持，才能共建祖国美好蓝图。再看今日，棘手的新冠疫情、急迫的抗洪问题无一不印证着党一定始终要铭记执政为民的原则。

二、研究内容和观点

（一）淮海战役的史实背景

淮海战役前期，1948 年下半年起，国民党军日益在大陆失去战略优势，形势上逐渐处于不利地位，八月份，国民党召开会议制定了战略应对方针，主张稳定东北地区，巩固华北一带，而在西北部则阻共扩张，然而在华东华中地区便全力以赴加强进剿。自此以后，国民党军主张防御，重兵坚守，编排了重兵集团，形成对解放军的应战策略。

而中共方面，于九月份展开了西柏坡会议，制定了逐渐由游击战转变为正规对抗的作战形式，并定下了建军五百万，歼敌五百旅，五年时间全面剿灭反动势力的任务目标。

九月中旬，中共发动了济南战争，这是我军第一次攻克国民军重点防守地区，济南的失守意味着国民党军战略计划的失败。

在济南战役中，解放军一共剿灭国民党军两万余人，俘虏六万余人，其中有将领 23 人。期间起义不断，缴获枪支弹药无数。随着济南的攻克，山东境内各地的据守国民党军也先后弃城，只留下极少数的几个据点，自此以后，中共势力之焰难以抵挡，南下作战已无负担。

九月份济南战役之后的 24 日，粟裕向中央上报，表示淮海战役势在必行，得到了中央军委的同意。

（二）淮海战役面临的严峻情况

在当时的条件下，我军解放军在经过顽强的斗争与努力后，击败了黄维的王牌兵团，而击败的过程却是异常艰难的。而在当时战斗的关键阶段，粮食问题成为当时战斗阶段的最主要的问题，那时候经费非常紧张，但是军队人员加起来有140万左右人口需要粮食供应。由于战线的不断转移，大量的移动和体力消耗更加增加了粮食供应方面的压力。

16日，军委电报中再次提到：“中原华东两军，必须准备在现地区作战三个月至五个月，吃饭的人数连同俘虏在内达八十万人左右，必须由你们会同华东局、苏北工委、中原局、豫皖苏分局、冀鲁豫区党委统筹解决。”

19日，军委专电中原局、华北局、华东局：“中原局应速令鄂豫皖分局立即动手筹集和保证中原野战部队所需的粮食。华北局应速令冀鲁豫区调集一亿斤至一亿五千万斤粮食，供给华野部队需要。”

（三）小推车，大作用

陈毅元帅深情地说“淮海战役的胜利，是人民群众用小推车推出来的”。粟裕将军战后说“淮海战役的胜利，要感谢山东老乡的小推车”。那么淮海战役中的小推车到底起着怎样至关重要的作用呢？

1948年10月25日，为了保障淮海战役时的军需补给，华东支前委员会在东起黄海之滨，西至豫南，北至山东渤海，南达江苏长江沿岸的广阔大地上，组织源源不断的民工在苏、鲁、豫、皖四省轰轰烈烈地开展了一场全力支援解放军作战的支前行动。整个战争期间，四省一共出动民工543万人，后勤民工一共出动大小车辆88万辆，担架20.6万副，担子30.5万副，运送到前线的粮食达到了4.3亿斤，运送伤员近十万人。

他们长途跋涉，夜以继日地用扁担挑、小车推、大车拉、毛驴驮等方法把粮弹运到前线。下雪的时候，路滑难行，拉大车的牛腿断了，民工就拉着大车继续走，千里迢迢地把粮食送到前线，可自己却舍不得多吃一粒粮食。他们冒着飞机轰炸、炮火杀伤的危险，坚决完成任务。他们脚上像擦了油一样，越走越快，和解放军并肩前进。

最后，陈毅非常动情地说过：“我陈毅就算进棺材也忘不了沂蒙人民，是他们用小米供养了革命，用小推车把革命推过长江。”

（四）小推车中的军民鱼水情

“夜已深，人不静，家家户户闪着灯；妇女灯下做棉衣，千针万线不放松；男人碾米又磨面，杀猪宰羊不消停；为打胜仗人人忙，前后拧成一股绳……”这首歌谣就是支前百姓生活的生动写照。每个支前的百姓身上有三件装备——狗皮，蓑衣，葫芦瓢。狗皮是用来取暖的，可往往都给伤员当了褥子；葫芦瓢是用来喝水的，但大部分送给了伤员当夜壶；蓑衣是用来遮风挡雨的，然而一到前线老百姓就脱下来盖在了伤员身上。在其中流传着一些令人动容的故事。

一位叫夏仲远的支前司令员曾回忆，有一次一队民工从大后方运来了粮食，到了兵站交接时，刚刚卸下车子好多人就昏了过去，后来夏仲远发现他们居然是饿昏的！夏仲远顿时感慨万千，这些民工虽然运送的是粮食，但在途中自己带的干粮吃完了，宁愿饿着肚子赶路，也坚决不肯动一粒军粮！

淮海战役中，源源不断的伤号送往村庄，军医们日夜忙碌，进行抢救治疗。尽管他们日夜忙碌，但对村民们十分关心。那时，村里卫生条件差，孩子们有拉肚子、长疮疤、疖子等疾病的特别多，又无处医治，是死是活，只能听天由命。但自从有了解放军医院，军医们就成了孩子们的“救星”。村民带着生病的孩子去找军医，一治一个好，而且不收费，态度特别好。村民们对人民解放军的感激之情难以言表。

解放军与人民的关系就像鱼儿和水的关系。水离不开鱼，鱼清洁着水里的污物，又保护着水。鱼离不开水，水养着鱼。解放军是庇护人民的强大保护伞，人民是保障解放军的坚实后盾。小推车的背后是解放军与人民群众同甘苦、共进退的鱼水情谊，也建立起了血肉相连、生死相依的关系。

（五）军民鱼水情的内涵

“军民相处一家亲，犹如鱼水之深情”，正是广大人民群众对中国共产党的无限信任、无私支持，从人力、物力、精神等方面全力支持战争，才有了淮海战役的伟大胜利。正是中国共产党与广大人民群众以上率下一条心，拧成一股绳，互相体恤，互相信任的军民鱼水情，才迎来了最终的胜利。以淮海战役的历史为基石展望未来，启示我党只有执政为民，始终植根于人民，联系群众、宣传群众、武装群众、团结群众、依靠群众，以自己的模范行动，赢得人民群众真心拥护和支持，才能共建祖国美好蓝图！

“小推车”精神是从党的群众路线在淮海战役中的实践所浓缩出来的精神，是党的宗旨主张与人民群众期盼要求高度统一的结晶，是推动革命取得胜利的强大动力。小推车精神的核心即为群众力量。小推车精神是万众一心、勇往直前的革命精神；是顾全大局、服务胜利的奉献精神；是排除万难、舍生忘死的牺牲精神。当今我党也要秉承小推车精神，才能建成富强民主文明和谐美丽的社会主义现代化强国。

（六）“小推车”精神之启示

“小推车”精神在革命战争年代发挥了重要作用，正是广大人民群众以高度的政治热情和行动自觉，从人力、物力、精神等方面全力支持战争，才有了淮海战役的伟大胜利。淮海战役的胜利进一步印证了人民群众是历史的创造者，是推动社会历史前进的决定力量。

在新冠病毒肆虐期间，346 支国家医疗队、4 万多名医务人员毅然奔赴前线，以奉献护佑安康，在“生死较量”中拼尽全力。460 多万个基层党组织、400 多万名社区工作者在全国 65 万个城乡社区日夜值守，以拼搏勇挑重担，在“病毒战役”中奋力攻关。在今天这个时代，“小推车”精神依然是战胜社会挑战的强大动力，是人民不能抛弃的精神食粮！

三、不足之处和下一步研究设想

（一）不足之处

1. 政策理论水平不够高，虽然平时也比较注重学习，但学习的内容不够全面，对政治理论系统钻研不深、不透。

2. 全局意识不够强，有时思想过于片面，并没有辩证分析。

3. 创新意识不足，我们的研究还只停留于在前人的基础上继续摸索，没有比较鲜明的创新点，而这也是我们此次研究的一大缺憾。

（二）下一步研究设想

1. 将此课题进行下去，召开一些有关淮海战役中小推车精神的座谈会。我们小组认为，这样既为人们提供了了解淮海战役历史事实的机会，也有利于小推车精神、军民一家亲思想的进一步传播。

2. 小组同学之间相互讨论所产生的新问题，然后向老师请教。

3. 学习更多的理论方法，寻找更多的理论支撑，对于这个课题的研究应该放宽视野，从多个角度分析，用辩证的思维研究。

4. 日常学习与生活中多了解历史情况，拓宽视野。

四、研究体会与收获

在完成论文的这个过程中，我组成员不仅对整个淮海战争尤其是淮海战役中的小推车拥有初步的了解，而且也充分了解了小推车精神的具体内容和军民鱼水情。在一起学习的过程中，我们还学习到了革命先辈们许许多多的故事。董存瑞、刘胡兰和谢荣策等许许多多的革命烈士都为了革命的最终胜利在最好的年纪献出了自己的生命。这些深深地震撼了作为祖国的新青年的我们。

经历过这次学习之后，我们明白中国共产党之所以能够不断壮大，正是因为中国共产党始终坚持心怀人民、为民族奉献一切。我们党始终同人民想在一起、干在一起，永远与人民同呼吸、共命运、心连心，凝聚奋进新时代的磅礴力量，激励全党全军全国各族人民更加紧密地团结在党中央周围，为全面建设社会主义现代化国家而不懈奋斗。

参考文献

[1] 庄奂．独轮小推车的历史功绩 庆祝淮海战役胜利七十周年 [J]. 铁军 ,2019(01).

[2] 中共淮北市委党史和地方志研究室．淮海战役的胜利是靠老百姓用小车推出来的 [J]. 党史纵览 ,2021(05).

[3] 辛勤．淮海战役精神及其时代价值探析 [J]. 传承 ,2021(01).

[4] 高杰．淮海战役人民支前历史及启示 [J]. 军事史林 ,2020(07).

[5] 王开茹．淮海战役支前运动研究 [D]. 中国矿业大学 ,2020.

魔鬼中的天使

王祎隆 洪禹 郝昱庚 卜玉田 李秀霞
（2018 级物理学韶峰班）

一、选题原因

中国近百年历史，正是苦难深重的中国人民前仆后继、艰苦奋斗的年代，正是积贫积弱的祖国开始走向独立、富强的年代。中国共产党人为了一个共同的目标：推翻国民党的独裁统治，推翻压在中国人民头上的三座大山，建立一个独立、自由、民主、富强的新中国。为了这个目标，他们甘愿抛头颅、洒热血，万死不辞。

在无数仁人志士中，有这样一群人，他们深入敌后，辗转多方，渗透到国民党内部甚至是蒋介石身边，时时刻刻冒着稍有不慎就会暴露自己而牺牲生命的风险和压力，与敌人斡旋，尽力获取国民党的情报。他们，就是中共特工。在两方交战时，可以说，谁掌握了情报，谁就掌握了整场战争的先机。当时国民党也建立了特务网，但是这国民党引以为傲的特务网，竟是由共产党员为其出谋划策建立起来的。这是一段怎样凶险、精彩的历史，十分值得我们进行学习和探索。在许许多多的优秀中共特工中，李克农占有独特地位。我们选择以他为入口，一窥那动荡的年代中，中国共产党人的英姿！

二、研究内容和观点

“疾风劲草，青史英豪”。他们在艰险的战争年代，不计个人得失，在隐蔽战线上，在极其艰难险恶的环境下，为人民的解放事业出生入死，默默无闻，为夺取胜利发挥了特有的作用。他们是永远值得我们尊敬和怀念的共产党人。我们选取了中共特工中比较典型的一位英雄——李克农，讲述在刀尖上行走的不为人知的故事。

李克农是久经考验的无产阶级革命家、杰出的社会活动家、外交家，我党我军隐蔽战线上的卓越领导者和组织者。在他的革命生涯中，他以对党无限忠诚和高度负责的精神，在紧急关头保卫了党中央的安全，在关键时刻向党中央提供了决策性情报，为中国人民的解放事业作出了重大贡献。

（一）李克农背景简介

在电视剧《潜伏》中，余则成讲述了因为一句梦话导致整条线上的同志被残忍杀害的故事，他提到的“克工同志”是谁呢？他就是作为我党情报机关最高首脑，被称为红色特工王的李克农。

李克农，1899 年出生在安徽巢县，1919 年在安徽公学读书时，积极参加“五四运动”，成为当地的学生领袖。1926 年，李克农加入了中国共产党。1928 年，李克农来到了上海，而此时，蒋介石正下令组建国民党中央组织部党务调查科，这个所谓的党务调查科，就是日后的国民党特务组织——中统的前身。在先后担任过国民党中央组织部部长的陈果夫和陈立夫兄弟的大力推荐下，他们的表亲徐恩曾被任命为主任，徐恩曾作为国民党特务组织的第一代当家人，从此登上谍战舞台。

（二）“铁三角”

李克农，在隐蔽战线奋战三十多年，他前后与国民党的三大特务头子徐恩曾、戴笠和毛人凤一一交手，立下了赫赫战功。那么有着红色特工王美誉的李克农究竟有怎样的过人之处？曾经留下了怎样的惊人壮举呢？

1930 年 5 月，蒋介石与国民党中的地方实力派阎锡山、李宗仁、冯玉祥等拉开了中原大战的序幕。一时间中原大地上燃起滚滚狼烟。屯兵关外的张学良成为举足轻重的角色。谁能争取到张学良东北军的支持，谁就能把握住这场军阀大战的主动权。此前徐恩曾也曾几次派遣特务前往东北探听虚实，但都是有去无回。面对这个棘手的任务，别人躲还来不及。但李克农却认为这是个难得的机会。他便和钱壮飞、胡底一起来到徐恩曾的办公室，提出要揽下这个活，徐恩曾大喜过望，一口答应了下来。

几天之后，钱壮飞和胡底，带着党务调查科的特别通行证，直奔东北。他们去了之后，把东北、华北的情况了解清楚，把我们的地方党组织也建立起来。

此去东北，对我党来说可谓是收获颇丰，但是回到上海后，还得向徐恩曾交差啊，怎么办呢？

李克农、钱壮飞和胡底三个人一合计，决定发挥大家编写剧本的能力，把报纸上有关张学良和东北军的新闻报道全部收集起来，以他们丰富的想象力，用剪刀和浆糊拼凑出一份四万多字的报告。这份报告虽没有多少重要的情报，但看上去却是相当的系统和完整，报告得到了陈立夫、陈果夫兄弟的交口称赞，也赢得了徐恩曾的好感和赏识。不久，李克农便升任为特务股股长，派驻上海。钱壮飞则被徐恩曾任命为自己的机要秘书，坐镇南京。胡底成为党务调查科在天津通讯社的负责人。从此，他们之间形成了一个打入国民党要害部门的铁三角。

徐恩曾做梦也想不到，他的得力干将，竟全都是我党的忠诚战士，他引以为豪的特务网，竟是由共产党员替他出谋划策建立起来的。

（三）李克农在中共虎口逃生中的重要作用

中国共产党历史上一次最大的危机悄然来袭。

1931 年 4 月 24 日，中央特科负责人顾顺章在武汉被捕，随即叛变。为了谋求更大的政治资本，顾顺章表示自己掌握中共中央的全部情况，但一定要到南京面见蒋介石才能和盘托出，并特别说明徐恩曾身边潜伏有共产党，切莫走漏风声。于是，2 月 25 日，国民党武汉行营连发六封绝密电报给徐恩曾，并且标明“徐恩曾亲译”。那天恰好是星期六，徐恩曾如同往常一样从南京来到上海与外室幽会。在办公室留守的机要秘书钱壮飞见到这六封绝密电报，想到事态必定严重，便冒险拆封，用早已掌握的徐恩曾密码本破译了这六封绝密电报。得知顾顺章叛变，中央将陷入万劫不复的险境，钱壮飞连夜叫女婿到上海向李克农报信。李克农得知情报，十分着急，因为这一天不是他与中央特科陈赓单线联系的日子，当务之急，就是要找到陈赓。满世界地找陈赓，花去了宝贵的时间，幸运的是，李克农临危不乱，最终还是找到了。得益于李克农及时送达的情报，4 月 28 日，国民党的大搜捕竹篮打水一场空。后来，据陈立夫回忆，“抓捕周恩来只差五分钟，他化装成女人走掉了。”

就在中央紧急撤离的时候，李克农的奔走并没有结束，他想到了战友钱壮飞家人以及胡底的安危，唯独没给自己留下回家带领妻儿撤离的时间。通知赵瑛母子的是一位交通员，当这名交通员找到赵瑛时，敌人已经在弄堂里。赵瑛得知有险情，立即带着两个儿子从后门跑了出去。没有接应的同志，为了躲避敌人的追捕，此后的半个多月，赵瑛带着九岁的李治、四岁的李伦，白天混在人杂的菜市场，夜里就藏在菜市场的摊子底下，因为跑时来不及带钱，到后来，娘仨一天只能买一个烧饼吃。

由于李克农和钱壮飞及时将情报送到中央特科，使上海的中共中央避免了一场灭顶之灾，一大批中共中央领导人幸免于难。因此有学者评价说，如果没有李克农，中国共产党的历史从 30 年代初可能就要重写了。

1957 年，李克农午饭后往办公室走，多年的哮喘让他一直咳嗽，当他走到桌旁想要扶住桌面时却一下摔倒，头部正好砸在石阶上，造成了脑出血，昏迷了八天，才抢救过来。随后的几年，李克农记忆丧失，与多种疾病抗争，稍有可能，就拖着病体投入工作中，但革命征程让他遭了太多的罪，加上爱妻病逝，这对他的打击太大了，1962 年 2 月 9 日，他倒下去，再也没有醒来。小儿子李伦说，父亲去世的原因是脑软化，脑子已成糊状。这是经历了怎样的苦难，又是怎样的鞠躬尽瘁死而后已！

黑暗里，你坚定地守望心中的太阳；
长夜里，你默默地催生黎明的曙光；
虎穴中，你忍辱负重，周旋待机；
搏杀中，你悄然而起，毙敌无形。
你的名字无人知晓，你的功勋永垂不朽，
你们，在烈火中永生。

两军对垒中，情报的灵通、准确与否对于战争胜负的重大意义早已为古今中外的政治家、军事家所瞩目。他们愿意背负骂名，在敌人的心脏中工作，利用自己在敌人内部的特殊岗位，在白色恐怖中为保卫党中央作出了特殊的贡献。中国革命的胜利也是跟情报特工的有效工作密不可分的，这也是中国共产党之所以能够领导中国人民取得革命胜利的重要原因之一。

三、不足之处和下一步研究设想

我们第一次进行主题式研讨，报告活动难免存在缺乏经验的问题，对于老师交办的任务办事心切急于求成，处事不够干净干练，想问题不够深刻全面。一方面面对问题过于急躁，一心想干点事情做点成绩，一方面缺少全盘筹划，工作不够谨慎周密。虽然基本实现了心中的初步设想，但在讨论过程中面对困难和压力也时常感到力不从心。工作的方式方法也有待老师的进一步指导改进。在今后的学习中，我们将继续拓宽自己的知识面，加强自己对理论知识的应用。我们会更加积极主动地向老师请教遇到的问题，并多与同学们进行沟通交流，学习处理问题的方法及经验。通过多学、多问、多想来不断提高自己的能力。

四、研究体会与收获

潜伏者惊心动魄的斗争史折射出国共革命斗争的波澜壮阔，也揭示了中国共产党为什么能够成功。国家、生命、信仰、爱情、牺牲、理想、命运……数不尽的仁人志士深入敌后，成为戴上魔鬼面具的天使，是我们国家的隐形守护者。时代在变，唯信仰不变。潜伏者用他们的自由与生命换来了新中国的成立。时代在变，唯信仰不变。你们深爱着这片土地以及这片土地上的人民，你们的名字可能无人知晓，但你们的功勋永垂不朽，你们是人民的英雄，你们在这片土地上永生。

如今，我们面临着百年未有之大变局，既是挑战，又是机遇。在现今这个和平时代，我们切不可忘记革命先烈们所付出的努力和牺牲；我们要居安思危、防微杜渐；在把握住机遇的同时，不要忘记自己的初心和信仰，为祖国的事业添砖加瓦。

参考文献

[1] 水新营 . 周恩来和他的得力助手李克农 [J]. 党史博采（上）,2020(08).

[2] 熊杏林 . 李克农：从隐蔽战线走出的开国上将 [N]. 学习时报 ,2020-07-27(05).

[3] 郝铁川 . 隐蔽战线五次助党中央脱离险境 [J]. 党员文摘 ,2020(07).

[4] 韩金强 , 刘沛 . 李克农 : 从未领兵打仗的神秘将领 [N]. 学习时报 ,2020-03-09(06).

伟大抗美援朝精神，弥足珍贵的精神财富

曾洵 原炜智 罗洁琛 罗珞尘 胡佳楠
（2018级材料类师昌绪班）

一、选题原因

抗美援朝战争伟大胜利，是中国人民站起来后屹立于世界东方的宣言书，是中华民族走向伟大复兴的重要里程碑，是中华人民共和国的立国之战，对中国和世界都有着重大而深远的意义。

这一战，拼来了山河无恙、家国安宁，充分展示了中国人民不畏强暴的钢铁意志！这一战，打出了中国人民的精气神，充分展示了中国人民万众一心的顽强品格！这一战，让全世界对中国刮目相看，充分展示了中国人民维护世界和平的坚定决心！这一战，人民军队战斗力威震世界，充分展示了敢打必胜的血性铁骨！这一战，再次证明正义必定战胜强权，和平发展是不可阻挡的历史潮流！抗美援朝战争伟大胜利，将永远铭刻在中华民族的史册上！永远铭刻在人类和平、发展、进步的史册上！

所以我们小组选择讲述抗美援朝战争中的感人故事，重温抗美援朝的伟大精神，从中汲取爱国主义精神力量，树立建功新时代奋斗之志。

二、研究内容与观点

（一）入朝参战

1950年6月27日，美国第七舰队进驻台湾，同时美国在联合国发动决议要求出兵朝鲜。仅从地缘政治角度来看，中国如果不阻止美国统一半岛，那么东北作为中国唯一的工业基地将时刻暴露在美国人的威胁之下，苏联和美国的力量将在东北交汇，届时，工业化无从谈起，在美国的军事威压下，未来的中国将不得不寻求苏联的保护，甚至是不得不同意苏联驻军东北。在内政外交受制于人的情况下，谈何发展？谈何独立自主？毛主席力排众议决定派兵入朝。不负众望的中国人民志愿军付出了血的代价将美国人从鸭绿江畔打回了“三八线”，此战堪称新中国的立国之战，使得中国在政治上真正成了一个独立自主的大国。并且因为抗美援朝战争的胜利，中国获得了苏联援助的“156项”建设项目，对当代中国的工业化发展具有历史性意义。此次出兵体现了毛主席远超常人的卓绝见识。

（二）可歌可泣的英雄故事

正如习近平总书记在纪念中国人民志愿军抗美援朝出国作战70周年大会上所指出的："伟大抗美援朝精神跨越时空、历久弥新，必须永续传承、世代发扬。"这场"立国之战"给我们留下的，是在波澜壮阔的战争中，英雄的中国人民志愿军始终发扬祖国和人民利益高于一切、为了祖国和民族的尊严而奋不顾身的爱国主义精神，英勇顽强、舍生忘死的革命英雄主义精神，不畏艰难困苦、始终保持高昂士气的革命乐观主义精神，为完成祖国和人民赋予的使命、慷慨奉献自己一切的革命忠诚精神，为了人类和平与正义事业而奋斗的国际主义精神，锻造了伟大抗美援朝精神。

1. 爱国主义精神

1950年，战火烧到了鸭绿江边，大批青年工人、农民和学生，发扬祖国和人民利益高于一切、为了祖国和民族的尊严而奋不顾身的爱国主义精神，踊跃报名参加志愿军，入朝作战。10月，毛岸英在家中遇到了准备出征的彭德怀，便要求入朝参战并得到毛泽东支持。毛泽东对毛岸英疼爱有加，彭德怀等领导同志都不同意毛岸英赴朝鲜战斗，毛泽东回答"谁叫他是毛泽东的儿子"。在毛岸英苦苦追随以及毛泽东的多次劝说下，彭德怀同意了，随后他到志愿军司令部任俄语翻译兼机要秘书。

11月25日上午，毛岸英因回指挥部取作战图，被凝固汽油弹击中，壮烈牺牲。毛岸英阵亡后，彭德怀将此事电告周恩来，1951年1月2日第三次战役结束后，毛泽东的秘书叶子龙等人向毛泽东报告毛岸英牺牲的消息，毛泽东抽起香烟，沉思许久才说"打仗嘛！总难免要有牺牲。"朝鲜最高领导人金日成评价说：毛泽东同志是伟大的国际主义的典范和楷模，为了中国人民的解放事业，他牺牲了包括妻子在内至亲至爱的五位亲人，为了朝鲜人民的反侵略战争和保卫世界和平，他又把最疼爱的长子毛岸英送来朝鲜。

2. 革命英雄主义精神

1952年10月19日晚，黄继光所在的第2营奉命向上甘岭右翼597.9高地反击，必须在天亮前占领阵地，为整个反击战的胜利奠定基础。联合国军设在山顶上的集团火力点，压制住志愿军反击部队不能前进。营参谋长命令第6连组织爆破组炸掉它。第6连向敌军发起五次冲锋，未能摧毁敌军火力点，而且一个又一个战友倒下去。这时离天亮只有40多分钟了。在这关键时刻，站在营参谋长身旁的黄继光挺身而出。黄继光接受任务后，立即提上手雷，带领两名战士向敌军的火力点爬去。当离敌军火力点只有三四十米时，一名战士牺牲，另一名战士负重伤。黄继光的左臂被打穿，血流如柱，面对敌人的猛烈扫射，他毫无畏惧，忍着伤痛，仍然一步不停地向敌军火力点前进。在距敌军火力点八九米的时候，他举起右手将手雷接连投向敌军，但由于火力点太大，只炸毁了半边，当部队趁势发起冲击时，残存地堡内的机枪又突然疯狂扫射，志愿军反击部队的冲锋受到阻止。这时，黄继光再次负伤倒下。天就要亮了，这时黄继光身边已无弹药，身体又多处受伤，他顽强爬向火力点，冲着敌军狂喷火舌的枪口，挺起胸膛，张开双臂，扑了上去。霎时，敌军正在喷吐的火舌熄灭，正在吼叫的机枪哑然失声。黄继光用年轻的生命为部队开辟了胜利前进的道路。

黄继光后被中国人民志愿军领导机关追记特等功，并授予“特级英雄”，抗美援朝战争中，黄继光舍身堵枪眼的革命英雄壮举，激励和教育了几代人。他那奋不顾身的大无畏英雄气概为人们所景仰所传颂。

3. 革命乐观主义精神

1951 年 2 月，在抗美援朝战场上，志愿军战士涂伯毅遭到敌人凝固汽油弹袭击，全身大面积烧伤，致面部严重损毁和双手残疾。当时，他只有 20 岁。1956 年，经历了 8 次手术的涂伯毅来到四川省革命伤残军人休养院。由于严重毁容，他一度长时间躲在屋里不愿见人。但涂伯毅没有被身体上的伤痛打倒，他发现，休养院里像他一样重度残疾的有 800 多人，不少人的伤残程度比他还严重，但他们中的很多人十分乐观，对生活依旧热爱。受到各位战友革命乐观主义精神的感染，他开始认真思考今后的人生：“我该怎么生活？怎么为社会作贡献……”

“虽然我的双手被烧卷曲了，面容改变了，但是我的革命意志没有卷曲，我的灵魂没有改变！”这位伤残老兵向生活发起了“战斗宣言”，“只要是对党和人民有利的事，只要能少给大家添负担，我就要努力去做，争取做到最好。”后来，涂伯毅学指挥、学演奏乐器、学舞台美工，逐渐成为演出队的主要舞蹈演员和合唱指挥。1958 年，他还在一场表演中给多位元帅将军们的大合唱当过一次指挥。“世界上那么多有名的指挥家，都没有享受过这种荣誉。”已进入耄耋之年的涂伯毅，提起这件事依然喜上眉梢。

60 多年来，涂伯毅和休养院的战友克服伤残病痛，奔赴 25 个省市区的机关、学校和部队，前往老少边穷地区和脱贫攻坚一线，累计开展各类爱国主义宣讲和演出近万场。

4. 革命忠诚精神

1952年10月，邱少云所在的部队接受了一件光荣又艰巨的任务：在平康、金化之间的“391”高地上，消灭李伪匪军，将战线向南推进。

夺取 391 高地，最大的困难是，从我军阵地到该高地有 3000 米的开阔地。570 多名志愿军战士成线网状密布在“391”高地前的草丛中。这时，敌机又扔下了一排燃烧弹，有一颗落在离邱少云 2 米远的地方，四散飞迸着汽油燃烧液，溅在邱少云的腿上。转眼间，他腿上插的伪装烧着了，火苗腾腾地往上冒，很快地变成了一团烈火把他包了起来。邱少云的身后是一条水沟，他只要后退几步，在泥水里打几个滚，身上的火就灭了。可是，只要他一动，敌人就会发觉。烈火从腿上已经烧到了邱少云的头上。他忍受着烈火烧身的难以想象的痛苦，立即把手中的爆破筒递给了身旁的小李。10 分钟过去了，邱少云还是一动不动地伏在那里，严守纪律，咬紧牙关，双手深深插进泥土中，以惊人的毅力忍受着剧痛，一声不吭、一动不动，直至壮烈牺牲。

5. 国际主义精神

在抗美援朝战争前线，罗盛教目睹美帝国主义对朝鲜人民犯下的滔天罪行，激起了他对侵略者的无比仇恨和对朝鲜人民的深切同情，表现出为人类和平与正义事业而奋斗的高度的国际主义精神。

1952年1月2日清晨，罗盛教和战友宋惠云一起去河边练习投掷手榴弹。正值隆冬季节，河面已被厚厚的冰雪盖住，几个儿童正在滑冰，笑声阵阵。忽然，传来了呼救声，有人掉进冰窟窿了！罗盛教抓起自己的帽子，往地上一扔，一弯腰，直冲过去。他一边跑一边飞快地脱掉身上的衣服，接着跳进了冰河里。过了好一会，罗盛教才浮出河面，深深吸了口气，又钻进水里。又过了一会，罗盛教终于将落水的孩子托出水面。当那少年两臂扒住冰面往上爬时，突然，哗啦一声，冰又塌了，少年连人带冰又落入水中。这时罗盛教全身已冻得发紫，体力已快消耗殆尽，但他却又一次潜入水中，好久才用头和肩将少年顶出水面。这时宋惠云已将一根电线杆拖到河边，少年抱住电线杆被拉上了岸。人们急切地等待着罗盛教，然而他却再也没有上来。为了救落水的朝鲜儿童，罗盛教英勇献身，牺牲时年仅21岁。全村老百姓都赶到了河边，沉痛哀悼这位英雄的志愿军战士。村民们将罗盛教安葬在村庄边的佛体洞山。

三、不足之处与下一步研究设想

目前看来，本小组关于抗美援朝战争的研究虽然成果丰富，仍有一些亟需解决的问题。参加战争的老兵大多已经离世，使得我们研究的方式主要是参考回忆录和聆听老兵后代描述。所以下一步我们要增加研究的范围和方式，提高研究的广度和深度。尽量弥补研究的不足。

四、研究体会与收获

亲爱的同学们，当你在南苑球场肆意挥洒汗水的时候；当你在实验室做着实验的时候；当你喝完一杯豆浆，提着书包走向逸夫楼的时候；当你安安静静坐到教室里自习的时候；当你和恋人悠闲散步的时候，你是否意识到你处在幸福之中呢？但我们更要知道，这岁月静好背后，有人替我们负重前行，有人在用生命守护这片土地的安宁，有人在家国情怀里，书写着“忠孝无法两全”的悲痛和深情。

如今我们身在师昌绪班，拥有学校最好的资源和平台，师昌绪班设立的初衷是20年过后能够在材料界培养出一批像师昌绪老先生一样具有爱国主义精神的材料专家学者。大部分同学都会继续攻读研究生，最近也都会面临考研和保研压力，那么选我们方向的时候可不可以少一点功利性，多一点奉献性？不要将眼光仅仅局限于眼前，而应该努力学习专业知识！《科技日报》的25项“卡脖子”清单里就有17项与材料相关。我们要将个人前途和国家命运炽热相融，将我们所学所会用在国家所需要的方向上，弘扬伟大的抗美援朝精神，更加坚定走中国特色社会主义道路的信心，为实现中华民族伟大复兴中国梦而不懈奋斗！

参考文献

[1] 沈志华．保障苏联在远东的战略利益——试论朝鲜战争起因与斯大林的决策动机[J]. 华东师范大学学报(哲学社会科学版),2012(04).

[2] 孟照辉 . 朝鲜战争是怎样打起来的？——对朝鲜战争起因、性质、责任的探讨 [J]. 军事历史，2000(06).

[3] 张民 . 论朝鲜战争的起因和结局 [J]. 党的文献 ,2001(02).

[4] 吴同 . 毛岸英："我做毛泽东的儿子合格吗？" [J]. 湘潮 ,2021(02).

从邓稼先事迹看“两弹一星”精神

陈周宇 邓竣升 张奕羲 曾冰钰 曹湘杰
（2018级材料类师昌绪班）

一、选题原因

新中国成立之初，以美国为首的西方敌对势力对新中国十分仇视。它们依托在二战中快速增长起来的军事、经济实力，伙同周边反华国家和台湾反共势力，在政治上孤立、经济上封锁、军事上包围中国，企图把新中国扼杀在摇篮里。国家安全成为新中国成立后各项工作的重中之重，应对美国的大规模侵略战争是当时无法回避的问题。另外，20世纪50年代末，苏联单方面撕毁双边协定，停止对中国的援助，中国的国际环境突然变得恶劣。在美苏两大霸权国家的核威胁和科技封锁之下，党中央做出要全力发展核武器的决定，以维护新中国的主权和国家安全。

当前，国际形势波谲云诡，中美贸易战愈演愈烈，贸易战内容逐渐转移到科技领域竞争，华为和中兴事件给中国科技企业敲响了警钟，解决“卡脖子”难题成为中国国家战略的重中之重。从邓稼先的事迹中感悟“两弹一星”精神，有助于凝神聚气，集中全国力量解决“卡脖子”问题。

二、主要内容

20世纪50年代，面对帝国主义的核威胁、核讹诈，党的第一代中央领导集体审时度势，高瞻远瞩，果断决定研制原子弹、导弹、人造地球卫星。在为“两弹一星”事业奋斗的过程中，广大科研工作者培育和发扬的奋斗精神，被概括为热爱祖国、无私奉献，自力更生、艰苦奋斗，大力协同、勇于登攀的“两弹一星”精神。它是爱国主义、集体主义、社会主义科学精神的集中体现，是中国人民在20世纪为中华民族创造的宝贵精神财富。

1964年10月16日，随着一声巨响，一朵美丽而震撼的蘑菇云，从新疆罗布泊的漫漫黄沙中缓缓升起，中国的原子弹爆炸了，这一声巨响，让中国摆脱了苏美等国的核威慑，也打破了中国被西方国家孤立疏远的外交态势，中国彻底在世界上挺直了腰杆，可是，当中国人民涌上街头奔跑庆祝时，没有人知道这一声巨响的背后，有多少人为之付出了自己的一生，邓稼先就是其中之一。

（一）邓稼先的赤子之心

1924年，邓稼先出生于安徽怀宁县一个书香门第，父亲邓以蛰是当时清华大学和北京大学的文学院教授，他的言传身教对邓稼先产生了巨大影响。1937 年 7 月，日本侵略者强令北平的学生游行庆祝日本侵略中国，怀着爱国之心的邓稼先将日本旗帜踩在了脚下，结果招来了杀身之祸，邓稼先的父亲果断地让大女儿带着弟弟逃离了北平。在邓稼先离家之际，父亲特意叮嘱他，“为了祖国的强盛，你要立志学科学，将来报效国家。”

1941 年，17 岁的邓稼先考入了西南联大物理系。1948 年，邓稼先又进入美国普渡大学物理系学习深造，愣是用一年时间获得了博士学位。邓稼先在物理学上的天分以及令人咋舌的学习能力，使得美国教授一度想带他去英国继续深造，他对未来能摘取诺贝尔奖都充满了信心。究竟是在国外优越的环境里继续做研究，还是回到百废俱兴的新中国过苦日子，面对如此悬殊的对比，邓稼先没有丝毫的犹豫，在取得博士学位后的第九天，就毅然踏上了回国路。

我们不知道邓稼先是否曾因为美国优越的科学环境而心动，但是在他毅然决然登上飞机的那一刻，我们感受到了他报效祖国的赤子之心。1958 年秋天，国家找到邓稼先，邀请他参与原子弹的研究时，邓稼先义无反顾地放下妻儿，放下温馨的家庭生活，放下自己的身份，将自己精力投到充满孤寂、艰苦的研发工作上。

（二）邓稼先身上体现出的“两弹一星”精神

艰苦奋斗，无私奉献　“两弹一星”精神是特殊时期逐渐形成并具有时代特色的精神。在艰苦岁月中，它鼓舞着人民为党的事业前赴后继。当时的新中国内忧外患，苏联突然单方面撕毁协议，我们失去了研制“两弹一星”的唯一外援，加之国内自然灾害频发，吃不饱穿不暖是西北戈壁中的常态。研究原子弹对于经济和物资匮乏并且缺乏技术支撑的中国来说十分艰难。邓稼先原本只是负责向苏联专家学习制造原子弹的工作，可是后来中苏关系的破裂，邓稼先临危受命担任原子弹研发理论的负责人，他们谁都没见过原子弹，也没有任何的资料，就连计算器都没有，只能通过最原始的计算工具来计算数据，用算盘进行极为复杂的原子理论计算，为了演算一个数据，一日三班倒。算一次，要一个多月，算九次，要花费一年多时间，常常是工作到天亮。邓稼先不仅在秘密科研院所里费尽心血，还经常到飞沙走石的戈壁试验场。他冒着酷暑严寒，在试验场度过整整八年时间。有 15 次在现场领导核试验，从而掌握了大量的一手材料。他们从基础的冶炼、加工到复杂的科学计算，卧薪尝胆，夜以继日，使我国的核事业在极其简陋的条件下，以较短的时间取得了举世瞩目的成就。

“两弹一星”的成功研制，不仅仅反映一个民族的能力，也是一个民族、一个国家兴旺发达的标志，充分展现了中华民族艰苦奋斗、自强不息的民族精神。

鞠躬尽瘁，死而后已　科学研究始终会存在一定的风险，可是面对任何危险，邓稼先都冲锋在前面。1979 年的一天，邓稼先在带领同事们进行航投试验时出现降落伞事故，氢弹坠地被摔裂。为了查找原因，必须有人进入实验区域，找到这枚弹头并查看情况。危急关头，身为院长的邓稼先不顾个人的安危，说：“谁也别去，我进去吧。”于是，他一人走进了预判的掉落地区。邓稼先完全明白，制造氢弹的钚 239 是怎么个毒性，必须有三米厚的水泥墙，才能防护辐射，当他找到这枚弹头仔细检查后，邓稼先悬着的心才放下来。走出来后，他说的第一句话是：“平安无事。”

可是，核辐射造成的伤害很快就出现在他的身上。1985 年，61 岁的邓稼先回到北京，但身患直肠癌晚期的他已经走到了生命的尽头。即使躺在病床上，占据邓稼先脑海里的仍然是中国的核武器事业。体内大面积出血，但邓稼先坐在能缓解压力的橡皮圈上，和老搭档于敏等人写下了关于中国核武器发展的建议书。做完这件事后，他说道：“死而无憾了。”

在他生命的最后一刻，邓稼先叮嘱身边的人最后一句话是：“不要让别人把我们落得太远！”1986 年，国内决定公开报道“两弹元勋”邓稼先的事迹，谜底终于掀开，幕后英雄这才姗姗来到世人面前，人民想向他表示感激之情时，才发现这位功臣早已身患重病，不久于人世了。1986 年 7 月 29 日，邓稼先因全身大面积溶血性出血而医治无效，永远离开了这个世界，享年 62 岁。

大力协同，勇于登攀　“两弹一星”的研制，于当时的新中国而言是一份前所未有的考验。彼时的中国，一无所有。没有他国援助，没有乐观的经济形势，也没有先进的设备，却想要取得国际领先技术的突破，这似乎是“两弹一星”的“至暗”时刻。正所谓“前途是光明的，道路是曲折的”，“两弹一星”的成功研制，证明了中国即使身处“至暗”，但依旧可重获光明。

“两弹一星”的成功研制，离不开全国上下的协同。1962 年，在罗瑞卿的建议下，中央成立了由七位副总理、七位分管部门领导组成的中央 15 人专门委员会（后改为中共中央专门委员会）。在专门委员会的领导下，各方面的力量集中在一起，人力、物力、财力在全国范围内得到了合理调度，人尽其才，物尽其用，整个国家机器高效运转。在全国的大力协作之下，科学家们在研制原子弹中遇到的 100 多个重大问题迎刃而解，大大推动了“两弹一星”的研制进程。与此同时，鉴于当时国外局势的紧张，为了让“两弹一星”研制工作能顺利开展，中央对国民经济进行大幅度调整，加大对工业建设的投资力度，进一步缩短了工业建设的战线。最终，在短短的 10 余年间，“两弹一星”从构想转变成了现实，而其他国家需要花上数倍于我的时间才能实现。中国得以在短时期内攻克难关，突破了核弹、导弹和人造卫星等尖端技术，恰恰在于全国上下大力协同。倘若只由少数几个研究机构或生产部门承担，这项浩大的工程显然难以在较短时间完成。

“两弹一星”的成功研制，离不开科学家们的勇于攀登精神。20 世纪 50 年代，我国的材料工业水准很低，有一种耐高温的钎焊合金材料，即使在中苏关系最密切时，苏联也对我们严格保密其成分和工艺。因此在中苏反目后，这种材料的研制一时成为我国航天发展的“拦路虎”。而在举国求助无门时，姚桐斌仅凭一人之力就确定了这种材料的成分及比例，两月内就生产出了钎焊合金。“两弹一星”元勋孙家栋在多年后回忆“两弹一星”研制工作时表示，正是大家克服困难、勇于攀登的精神，以及老一辈科学家的领导，才让大家能在极其简陋的条件下攻克难关，取得举世瞩目的成就。

（三）当代启示

距离邓稼先逝世已有 30 多年，至今还有许多科学家像他一样，为了中国的崛起付出一生，给后辈以鼓舞，让国人动容。“两弹一星”精神被江泽民概括为“热爱祖国，无私奉献，自力更生，艰苦奋斗，大力协同，勇于攀登”。“两弹一星”精神对我们当今社会起到了重要的鼓舞作用。

1. 用“两弹一星”精神攻克“卡脖子”难题

当今时代，世界政治局势日趋复杂，国际形势日趋严峻，国家之间的竞争日趋激烈，世界正经历百年未有之大变局。在这种国际环境下，在中国共产党的领导下，中国的综合国力稳步提升，在许多领域已跻身世界前列。然而，随着中国的发展，一些西方国家对我们的敌意却越来越深。其中，最具代表性的就是美国。近几年，美国不断对中国实施打压、封锁，例如2018年的中兴事件、2019年的华为事件等，这些事件主要围绕着一个领域，那就是集成电路领域。在集成电路领域中，尤其是芯片的生产制造对于现代工业至关重要，它是信息产业的核心。然而，我们国家在该领域一直处于弱势，这是一个典型的“卡脖子”难题。

“两弹一星”的元勋们在那个“一穷二白”的年代，解决了那一代人的“卡脖子”难题。在祖国的经济、科技日益壮大的今天，我们不要忘记“两弹一星”精神的初心，努力淬炼自身的能力和本领，拿出勇气和行动，踏着前辈先贤的足迹，加快核心技术攻关。突破“卡脖子”难题，这不仅需要敢于定目标，更需要脚踏实地的努力。

2. 用“两弹一星”精神打造国之重器

“两弹一星”是当之无愧的国之重器，极大地缩小了中国和世界尖端军事科技水平的差距，有效地捍卫了国家的安全，同时也向世界展示出了中国人的决心和斗志。研发“两弹一星”是中国跟踪世界尖端科技发展的开端，今日中国航天事业是“两弹一星”事业的延续和发展。随着中国航天科技事业的发展，“两弹一星”精神在中国航天事业发展实践中得到不断发展，在原有航天文化基础上形成了“载人航天”精神。长征五号总设计师李东用“十年磨一箭”形容长征五号研发团队的工作，长征七号总设计师范瑞祥骄傲地谈到自己团队提出的口号“十二点钟之前不叫加班”。正是这种精神，促使我们祖国的航天实力日益强盛，让我们成为世界航天大国。

除了航天领域，核工业领域也是“两弹一星”精神的传承重地。新中国成立以来，在党的坚强领导下，一代又一代核工业人团结奋斗、艰苦创业、开拓创新，大力弘扬“两弹一星”精神，推动我国核工业从无到有、从小到大，取得了令世人瞩目的成就。新一代核工业人，将自己的青春、生命奉献给了祖国的核事业。一名在项目现场坚守了20多年的职工说，看着门前自己当年栽下的柳树已慢慢长成碗口粗，却不知妻子的脸上何时爬满了皱纹。一位耕耘了30多年的老职工动情地讲，孩子眼里的爸爸仿佛是陌生人，每年春节回家就像是一次短期旅行……核工业人用自己的奋斗故事，生动诠释了“两弹一星”精神。

研制“两弹一星”时，聂荣臻元帅曾讲：“‘两弹’的结合要尽早过关，这不但是个军事问题，而且也是政治问题。”“两弹一星”精神具有强烈的政治色彩，它是在中国共产党的领导下培育和发展起来的，只有坚持党的领导才能赋予它新的时代内涵。今天的航天和核工业也是如此，要坚持中国共产党的领导，以坚定的政治态度弘扬“两弹一星”精神，为我们祖国的重器发展奉献青春！

3.“两弹一星”精神融入中华优秀传统文化

“两弹一星”精神无疑是中华民族在研制“两弹一星”时所产生的宝贵精神财富，对中华民族将产生深远的影响。今天，我们可以看到“两弹一星”精神已深入人民的心中，已流淌于中华民族的血液中。2020 年，突如其来的疫情使每个人都猝不及防，但在党中央的领导下，我们最终还是战胜了疫情。从党对疫情的处理中，我们可以很清晰地看到“两弹一星”精神的痕迹。2020 年除夕夜，习近平总书记一声令下，八方奔赴武汉，这无疑体现出爱国奉献、大力协同的精神；无数个夜晚，医护人员始终陪伴着新冠病人，细心地照料他们，这无疑体现出艰苦奋斗的精神；在物资、人员不充足的情况下，许多医院能够合理安排部署，保证最大力度地收治病人，这无疑体现出了自力更生的精神。

“两弹一星”精神是实现中华民族伟大复兴的重要支撑。民族复兴首先是民族精神的复兴，任何民族都离不开精神力量的支撑。“两弹一星”精神发展到今天已具有新时代的特征，并已融入社会主义核心价值观中，成为中华民族伟大复兴的动力源泉。

4.“两弹一星”精神对大学生的启示

对于我们大学生来说，一方面，学习“两弹一星”精神不仅让我们更清楚地认识那些使我们引以为豪的榜样，也让我们能够以此为勉励，更加地奋发图强。今天的大学生正处在时代的节点上，若能够将“两弹一星”精神化作动力，中华民族伟大复兴必将实现。另一方面，“两弹一星”精神也能够在我们未来面临抉择时给出指引，尤其是对于重点班的学生来说，与其说仅仅是为了自己的未来而奋斗，不如说更重要的是为了国家和民族的未来而奋斗，就像“两弹元勋”那样，舍小家为大家。虽然我们不能扛起钢枪保家卫国，但我们却依旧能够在自己擅长的领域捍卫祖国。

同时，“两弹一星”精神也能让我们明白学习“四史”的重要性，它能够让我们在当下更好地进行学习和工作。学习“四史”并不仅仅是我们的任务，更应该是我们的义务。学“四史”，向党行，不忘初心，不负使命。

参考文献

[1] 季国 . 弘扬“两弹一星”精神 彰显航天青年担当 [J]. 军工文化 ,2020, (09).

[2] 李枭雄 . 新时代弘扬“两弹一星”精神略议 [J]. 党建研究 ,2021(02).

[3] 童心 .“两弹一星”精神蕴含的伟大斗争精神及其时代价值探析 [J]. 吉林工程技术师范学院学报 ,2021(01).

核潜艇领域的老前辈

胡焕东 杜培源 肖阳 李可叙 刘雅婷
（2018 级材料类师昌绪班）

一、选题原因

黄旭华、彭士禄两位老先生舍身为国、不贪图名利的品格，让我们心生敬意。他们为国家国防事业做出的巨大贡献，体现了科学家精神，是我们当代青年学习的榜样。我们要向黄旭华和彭士禄这两位老先生学习，沉下心来做学问，提高自己的科学素养，为国家的发展做奉献。

二、研究内容和观点

（一）中国核潜艇发展概述

为了响应毛主席“核潜艇一万年也要搞出来”的伟大号召，1958 年 7 月，代号“09”的核潜艇研制工程在中共中央、国务院直接领导下正式启动，一批批经过挑选的业务骨干陆续参加到工程当中。当时，中苏关系恶化，又面临“三年自然灾害”。我国无力同时承担原子弹和核潜艇的研究经费，在权衡之下，中央最终决定先集中力量研制原子弹。

“1988 年我们进行了首次深潜，但我们不是到了上世纪 80 年代才想起来深潜的，早在我国第一代攻击型核潜艇研制初期就有了深潜的目标。1964 年，原子弹的试验成功向世界展现了中国人民的智慧，也给予了核潜艇研究人员信心。次年 3 月，中央决定核潜艇的研制重新上马。经过多方共同努力，历经将近 600 次的核堆启堆、提升功率、发电、主机试车等系泊试验，累计 6000 余海里的出海航行，完成了水上、水下高速巡航 200 多次，不断优化设计，终于在 1974 年‘八一’建军节这天，将‘401’艇正式交付海军，编入人民海军的战斗序列。”中国完全依靠自己的力量，建设了一支能够有效地巩固海防，捍卫国家主权、领土完整与统一的核潜艇部队。

1987 年 12 月 31 日，中国海军核潜艇首次远航训练获得圆满成功。潜艇部队的全体官兵驾驶着核潜艇，在辽阔的海洋上完成各项训练任务，创造了中国海军潜艇水下航行时间最长、航程最远、平均航速最高的纪录。参加这次远航训练的核动力潜艇，是中国自行设计和建造的，全部机械和设备都是国产，它具有续航能力大、航行速度高、潜航时间长、隐蔽性能好等特点，是中国海军史上的里程碑。

2019 年世界十大核潜艇排行，中国核潜艇实力排名第四，中国 093G 型攻击型核潜艇位列世界第四，中国核潜艇技术已位居世界前列。

（二）核动力道路上的垦荒牛——彭士禄

1. 吃百家饭的孩子

1925年11月18日，彭士禄出生在广东省海丰县，原名彭保禄。3岁的时候，他的母亲蔡素屏被国民党当局逮捕，壮烈牺牲。一年后，父亲彭湃也在上海龙华英勇就义。此时，敌人听说彭湃的儿子还活着，便派出爪牙四处打探，他的奶妈带着彭保禄四处转移。就这样，彭保禄一个月甚至十天不到就要换一户人家藏身，开始了吃百家饭、穿百家衣的“流浪生活”。

5岁时，七婶杨华把彭保禄悄悄接到了香港。半年后，党组织找到了彭保禄，并让他七叔彭述先将彭保禄带到潮安一带，待有机会时再送往中央苏区瑞金。7岁那年夏天，彭保禄跟随组织上派来的两名同志一同踏上了前往中央苏区的征途。当船行至潮安时，他们被国民党士兵拦住，两位同志身份暴露，不幸被捕。彭保禄一口咬定不认识他们，靠着事先布置的口供逃过了一劫。

2. 小政治犯的铁窗生活

去苏区未成，彭保禄又被带回到乡下，并认了潘舜贞为“姑妈”。1933年夏天的一个清晨，潘姑妈家突然被国民党士兵包围。由于叛徒的出卖，他们认出了彭保禄，随即将他与“姑妈”一道押往了潮安监狱，关进了女牢房。8岁的小保禄成了“小政治犯”，也被称作“红小鬼”。1935年夏，他在公堂上认出了自己的祖母。祖母的营救，让彭士禄的未来又有了希望。

3. 学习征途

1939年初，祖母要回海陆丰，彭保禄便被送到了著名爱国人士彭泽民家中寄住。组织为了安全起见，正式为彭保禄更名为彭士禄。1940年秋，组织安排彭士禄去延安。1943年8月，彭士禄重新回到了延安大学中学部的课堂。一年后，他以优异的成绩进入了自然科学院学习，还作为学习模范和劳动模范，光荣地加入了中国共产党。

1948年冬，彭士禄先后去往哈尔滨工业大学、大连工学院学习。1951年7月，彭士禄来到苏联喀山化工学院化机系学习，并以全优的成绩获得了优秀化工机械工程师的称号。

1956年，彭士禄学成准备归国，恰好此时陈赓大将访苏。为了研制出核潜艇，陈赓问彭士禄说：“愿意改行吗？”他毫不犹豫地回答：“当然愿意，只要祖国需要！”于是彭士禄和其他几位同学又去往莫斯科动力学院，专修原子能动力专业。在这里，他们得到了正规、系统、深入的培训。1958年4月，彭士禄学成回国，开启了自己几十年“核动力”的人生序幕。

4. 人送外号“彭拍板”

1958年7月，代号“09”的核潜艇研制工程正式启动。当时，中苏关系恶化，又面临“三年自然灾害”，中央在慎重权衡之下最终决定先集中力量研制原子弹，同时保留一个核动力研究室，由彭士禄任副主任，继续从事核潜艇的相关研究和实验。

彭士禄没有因此而止步不前。由于科研设施落后，彭士禄和战友们就用原始的计算尺和手摇计算机，验证几十万个的数据，有时为了验证一个数据，彭士禄和战友们在实验室一干就是好几天。最终，他们取得了大批极为重要的数据，为反应堆的安全启动和运行作出了开拓性的贡献。

1964年，原子弹试验成功，核潜艇的研制重新上马，由彭士禄出任核动力的总设计师。彭士禄的思维方式有独到之处，人称“彭拍板”。彭士禄的体会是：不怕拍板，不怕拍错板，因为拍错板可以改；最怕不拍板。核潜艇核动力的研制过程中，他对核反应堆的两次关键性的拍板，直接推进了我国核潜艇的研发进程。

1965年6月，核动力装置陆上模拟堆和装配潜艇的蓝图设计完毕。国家在川南规划的陆上核动力装置工程项目于1970年4月完工，而竣工如此迅速的原因就是彭士禄团队对核潜艇的心脏——核动力反应堆的可靠技术设计。在当时，为反应堆到底选择压水堆还是增殖堆，以及其布置的方式，专家们分成了两派。压水堆成熟而安全，增殖堆先进，但遇水或空气就可能爆炸。有的专家主张使用增殖堆，就算用压水堆也要用先进的一体化布置方式。但彭士禄坚持认为应该用分散布置的压水堆，走保守道路。他指出了一体化布置维修的不便，同时认为我国核动力装置刚刚起步，贸然采用增殖堆和一体化布置会有很大风险。

陆上模式堆是彭士禄团队遇到的第二个争议话题。有人认为，建造1:1的核动力模式装置代价高昂，而且会推迟潜艇下水的时间，不如直接将反应堆装艇实验。但彭士禄认为我国无反应堆设计和核动力装置试运行的经验，风险太大，在艇上维修装置也很不方便，而且陆上模式堆并不是只能用于核潜艇动力，它还具有长远的战略考虑。

最终，彭士禄的两次拍板都得到了中央专家小组的认可。解决了这两个大问题后，他们看到了研制成功的曙光。1974年8月1日，中央军委将我国第一艘核潜艇命名为“长征一号”，正式编入人民海军的战斗序列。彭士禄望着自己倾注全部心血的“长征一号”，热泪夺眶而出。

5. 垦荒牛

彭士禄家中的写字台上摆放着“三件宝”：一是中国第一艘核潜艇处女航的纪念磁盘；二是友人赠送的核电站模型；三是任大亚湾核电站总指挥时，炊事员送的“垦荒牛”陶瓷塑像。而他最喜欢的是第三件。他曾在自述中写道：“我坚信共产主义必胜无疑，作为共产党员，我将为之奋斗终身！也许因是属‘牛’的吧，非常敬仰‘孺子牛’的犟劲精神，不做则已，一做到底。活着能热爱祖国，忠于祖国，为祖国的富强而献身，足矣；群体团结，是合力，至关重要，最怕‘窝里斗’，分力抵消，越使劲越糟糕，最后变成负力，悲矣！尽自己的力气去做正功，没有白活。”

2021年3月22日中午，从多位核工业人士处获悉，中国核潜艇第一任总设计师、核动力专家、中国工程院院士彭士禄在京逝世，享年96岁。5月26日，中宣部决定，追授中国核潜艇首任总设计师彭士禄院士“时代楷模”称号。虽然彭老已经离我们而去，但垦荒牛的精神将永远留在我们的心中！

（三）旭日荣华——黄旭华

1. 少年之志

1926年，黄旭华出生在广东，从小的志愿其实是学医，他想继承父母的意愿：治病救人。

然而“七七事变”的爆发，日军的侵略，无休的炮火，让他对未来有了新的方向。“我不学医了，我要科技报国，我要学航空，学造船”，黄旭华说。怀揣科学救国理想的黄旭华考进了上海交通大学造船系，并以优异的成绩毕业。30年后，他不仅成长为一个拥有现代造船理论与技术的专业人才，而且实现了人生思想、理想与抱负的涅槃，成了一个铁骨铮铮的革命者，为其后来铸造国之重器奠定了专业基础和思想基石。1957年，黄旭华出差广东时顺道回家，母亲对他说：“母亲老了，希望你常回来看看。”黄旭华连声答应，但他不知道，这一别又是30年。

2.“深潜”报国三十年

1958年，我国核潜艇工程正式立项，黄旭华被选中，成为29人队伍中的一员。29个平均年龄还不到30岁的人，就这样挑起了国家核潜艇的开拓任务，在一个荒芜凄凉、与世隔绝的小岛上，开始了30年的“隐居研究”之旅。小岛上的环境很恶劣，物质也很紧缺，然而最大的苦难不是生活条件恶劣，而是对核潜艇知识的一无所知，核潜艇什么样子，没人见过；核潜艇里面的构造是怎样的，没人知道；核潜艇所有零件的尺寸是多少，没人清楚……

但这也难不倒黄旭华，他的团队克难攻坚的法宝就是用最“土”的办法来解决最尖端的技术问题。除了用算盘计算数据，他们还采取用秤称重的方法，要求所有上艇设备都要过秤，安装中的边角余料也要一一过秤。几年的建造过程，天天如此，使核潜艇下水后的数值和设计值几乎吻合……

从1958年组建团队，到1970年第一艘核潜艇成功试航，不过13年的时间，黄旭华和他的团队硬是从零开始创造了奇迹。然而核潜艇成功试航，并不意味着结束，因为核潜艇战斗力的关键在于极限深潜。然而，极限深潜试验的风险性非常高。美国曾有一艘核潜艇在深潜试验中沉没，这场灾难悲剧被写进了人类历史。在核潜艇极限深潜试验中，黄旭华亲自上艇参与试验，成为当时世界上核潜艇总设计师亲自下水做深潜试验的第一人。最终新纪录诞生，全艇沸腾了！黄旭华抑制不住内心的欣喜和激动，即兴赋诗一首：“花甲痴翁，志探龙宫。惊涛骇浪，乐在其中！”

3.终生奉献不言悔

即使在科技高速发展的今天，全世界也不过只有6个国家宣称拥有核潜艇。在那个百废待兴的年代，缺乏资金，缺乏技术，缺乏人才，要造核潜艇简直是天方夜谭，白日做梦。然而却偏偏有人从不可能中创造可能，从一片荆棘中开出一条血路，黄旭华就是其中一位。从1957年到1986年，为了制造出中国第一艘核潜艇，黄旭华在荒岛隐居了30年，沉默了30年。每次父母写信询问他工作状况，他总是闭口不答，30年里他没有回过一次家，甚至在父亲去世都没能回家。有人曾问他如何理解“忠孝不能两全”，他坚定地回答：“对国家的忠，就是对父母最大的孝。”“做事要有个方向，要立志做大事。”在与青少年接触中，黄旭华总是现身说法，“只有把个人的抱负和国家的需要紧紧相连，才能实现真正的人生价值”。

2013年，黄旭华被评为“感动中国”十大人物。颁奖词上这样写道：时代到处是惊涛骇浪，他埋下头，甘心做沉默的砥柱。一穷二白的年代，他挺起胸，成为国家最大的财富。他的人生，正如深海中的潜艇，无声，但有无穷的力量。今天，让我们用无声，但无穷的力量，向这位真正的大国脊梁、国民偶像致敬！

三、体会与收获

核潜艇之父黄旭华，少年立志报国，以优异成绩从上海交大毕业，他用实际行动告诉我们，切勿虚度光阴，不要把知识束之高阁。他隐姓埋名三十年，是真正的大国脊梁，他潜心研究，用最“土”的办法积极解决一系列技术难题，告诉我们做学问就是要沉得住气，积极探索解决问题的方法。时代楷模彭士禄，少年坎坷，吃百家饭，过牢狱生活，却依然不忘少年之志，一心报效祖国。他是核领域的垦荒牛，将一生都奉献给了中国的核事业。黄旭华、彭士禄两位老先生舍身为国，不贪图名利，当代青年要向黄旭华和彭士禄这两位老先生学习，沉下心来做学问，提高自身的科学素养，默默为党和国家做奉献。

参考文献

[1] 杨志宏 . 彭士禄 : 英烈之子的核动力人生 [J]. 今日科苑 ,2019(02).

[2] 吕娜 . 中国核动力事业的拓荒牛 [J]. 求知导刊 ,2014(03).

[3] 黄洁莹，胡孙华，黄秀梅 . 大国赤子黄旭华 [N]. 长江日报 ,2017−12−25.(02).

[4] 余玮 . 黄旭华：许身报国的“深潜”传奇 [J]. 国际人才交流 ,2020(05).

[5] 张月，雷宇 . 黄旭华：旭日东升耀中华 [J]. 人才资源开发 ,2020(09).

再忆伟人周恩来

尹芳 蔺书平 侯高欣 李永奇 刘世伟
（2018 级数学类韶峰班）

一、选题原因

周恩来是伟大的马克思主义者，伟大的无产阶级革命家、政治家、军事家、外交家，新中国开国元勋之一，他一生为中国作出了许多杰出的贡献，鞠躬尽瘁、死而后已。他的一生充满传奇和悲壮。少年时立志“为中华之崛起而读书”，青年加入中国共产党，从此开始了漫长曲折的救国救民之路，直至逝世的前一天，在病榻上的他还在为中华人民共和国的发展而呕心沥血。

纵观周总理的一生，我们能看到周总理的许多优秀品质：无私奉献、坚韧不拔、爱国爱民。作为新时代大学生，我们生在了一个和平年代，应该珍惜当下的美好生活，铭记先辈们的艰苦奋斗精神。学习周总理的伟大精神，有助于我们坚定自己的信仰，树立远大理想；能够让我们在面临困难时不屈不挠，顽强拼搏，并在如今这个充满机遇和挑战的新时代里找准自己的定位，认清自己应该担负的责任和使命。

二、研究内容和观点

周恩来是中国共产党人的优秀代表，他不仅为培育和倡导党的光荣传统和优良作风作出了重要贡献，而且身体力行，率先垂范，为全党树立了榜样。毛泽东说过，周恩来有三大长处：一是对敌斗争勇敢；二是对工作拼命；三是有广泛的群众联系。以下我们将选取周总理的一些经典故事来展示他的伟大精神和优秀品德。

（一）少年周恩来

周总理那坎坷、丰富的早年生活使他养成了独立、自强、勤奋的好习惯，他从小就聪明过人，四岁就会背很多唐诗，还写得一手好字。他做事有规划有目标，并且很孝顺父母，一次母亲病了，他天天给母亲熬药，喂药，端茶送水，衣不解带地照顾母亲，没有怨言。当时的中国内外交困，国内的朝廷腐败无能，国外列强对中国领土虎视眈眈，人民处于水深火热之中。生于这样的年代，小小的周恩来对百姓生活的困苦，社会现实的残酷感受很深。因此，他独立自强，勤奋好学，少年时就立下了为中华之崛起的宏大志向，通过他的努力，成绩优异的恩来考进了天津的南开学校，毕业后东渡日本继续深造，同学们都很敬佩他。

在就读于东关模范学校两年间，课程包括国文、算术等数 10 门。周恩来“肆力学科，兼好读散文小说及新闻杂志”，各科成绩都名列前茅。国文教员赵存在批阅周恩来的作文时，对周围的同事感慨地说：“我教了几十年的书，从没见过这样好的学生！”

当时，中国的民族危机日趋严重，东北更是帝国主义在华争夺的重点。中华民族已经到了生死存亡的紧要关头，周恩来养成了每天坚持读报，关心国事的习惯。随着认识的深入，周恩来的思考越来越深入。怎样把人民从水深火热中拯救出来？怎样使中华民族得到振兴？这使周恩来无法平静下来，并开始了艰辛地求索。1911 年，在一次修身课上，老师问学生：读书是为了什么？同学中有的说是为了帮父母记账，有的说是为了谋个人的前途。周恩来坚决地回答：“为了中华之崛起！”

由此可见周总理少年时期便有了难得的鸿鹄之志，纵观其一生，他也确实做到了这一点，他的一生，都在为中华之崛起而努力。

（二）万隆会议

万隆会议是由 29 个亚非代表团召开的会议。此时的美国紧盯着受邀的亚非国家，并且唆使它的盟友，试图扰乱会议进行。周总理作为中国代表，参加了万隆会议。

然而谁能想到，会议前夕，周总理险些遭遇一场蓄意的谋杀。为了加强中印两国的友好关系，1955 年 4 月 11 日，印度航空公司的克什米尔公主号执行包机任务，从印度经香港飞往印度尼西亚雅加达，原定乘载中共代表团前往万隆参加万隆会议。可是在香港启德机场停留期间，被国民党特工买通的一名启德机场清洁工按照其要求将炸弹装上飞机。飞机在接近印尼海岸时爆炸，机上除 3 名机员生还外，11 名乘客及 5 名机组人员罹难。然而，周总理临时改变路线，在会议召开前接到了缅甸总理吴努的邀请，希望周总理能先访问缅甸。所以当飞机爆炸时，周总理正在访问缅甸，这似乎是上天故意的安排，让周总理幸免于难。

会议第一天下午，就有国家大肆污蔑共产主义为“新的殖民主义”。还有国家代表讨论政治思想和歪曲历史事实，还提到了中国西南少数民族地区和双重国籍等问题。会议瞬间变成对华“声讨会”。

面对扑面而来的质疑声，周总理临危不乱，用了两句话阐明了中国政府的立场：“中国代表团是来求团结而不是来吵架的”，“中国代表团是来求同而不是来立异的”。不仅如此，周总理还热情地邀请大家到中国参观访问，话音刚落，全场爆发出热烈的掌声。周总理的机智应对，保证了万隆会议的顺利举行，不仅成就了国际关系史上的一段传奇，更让世界认识了新中国外交的强大魅力和中国主张的世界意义。

“和平共处五项原则”成为新中国在外交领域创设的重要话语，新中国有意识地将亚非会议视为传播和推广和平共处五项原则的国际舞台。在万隆会议上，周恩来率领的中国代表团真诚地倡导和平共处五项原则，以实际行动践行和平外交路线，取信于亚非国家尤其是周边国家。而且，中国代表团在万隆会议上发挥建设性作用，维护亚非国家的团结与合作，为实现万隆会议的目标奠定了坚实基础。

（三）晚年周总理

新中国成立后，周恩来尽管日理万机，但身体素质好，一直很少生病，而“文革”中长期超负荷的工作状态和内心的极度焦虑，使得周恩来的身体每况愈下。

在 1972 年 5 月的时候，周总理被确诊罹患膀胱癌，但他却忙得没有时间看病，依旧在坚持工作，依旧仔细地、周到地安排好一切事务，直到 1974 年 6 月 1 日，他倒下了，离开了中南海西花厅，那个他一直工作的地方，住进了 305 医院，并于当天做了手术。而在周总理住院前夕的五个月里，即从 1974 年 1 月 1 日到 6 月 1 日，周总理除去到医院检查病情和治疗的时间外，总共带病工作了 139 天，而这 139 天当中工作长达 18 小时以上的共有 130 天。从确诊到去世，70 多岁的周总理平均每 40 天做一次手术，先后共计做了 13 次手术，输了 89 次血，在总理生命的最后一刻，身高 173 厘米的他却只有 61 斤重了。虽然周总理情况依然十分严重，但他对此却十分乐观，甚至还安慰毛主席说：“我现在身体还经得起，体重还有 61 斤，一切正常，可保无虞，务请主席放心。”1976 年 1 月 8 日，周总理经抢救无效，与世长辞。

周总理过世的消息，由孟锦云护士告知毛主席。刚得到这个消息，孟锦云既震惊又悲伤，随后开始犯愁，她不知道如何向毛主席转达。当时，身体不好的毛主席正在休息，孟锦云决定待他醒后再说。毛主席醒后，像平时一样，孟锦云给他读公文，读到周总理的消息，“周恩来总理与世长辞”几个字让毛主席顿时呆住，他默不作声，难以反应过来。几分钟之后，泪水从毛主席脸上滴下，他失声痛哭。之后的日子里，毛主席经常想念周总理，每次都忍不住落下泪水。

不仅是毛主席，在周总理的遗体告别仪式上，在东单大华路、台基厂头条、东交民巷及北京医院西门等地，人们将北京医院里三层外三层地围得个水泄不通。

那时“四人帮”还在台上猖獗，限制群众参加悼念周总理活动的人数。但他们低估了群众对周总理的感情，人们白天黑夜连续进行着追悼活动。

1 月 11 日，北京天寒地冻、滴水成冰，人们的心情比天气更加寒冷。下午五点多，周总理的遗体开始从医院起灵移送到八宝山革命公墓火化。灵车从王府井南口往西缓缓而行，东西长安街一直到八宝山沿途挤满了人，男女老少长时间站在凛冽的西北风中流泪迎候着。如果从王府井南口开始，沿途到八宝山，只按照现在的地铁直线距离算，是 16.6 公里，也就是说是 33.2 里。而我们脑子里面一直徘徊的“十里长街”长安街，是从建国门至复兴门的距离，直线 6.5 公里。

所以不应该只是“十里长街送总理”，应该是“三十里长街送总理”才对，而寒风凛冽，三十多里的距离，祖国各地的人群挤满了长安街一直到八宝山沿途的两侧，如果一个人肩宽 50cm，那么街道两旁前后三排的人群就超过 20 万人。寒风凛冽，男女老少长流着泪。车队到了八宝山公墓大门口，那里早已围着许多群众要求再看一眼总理。也有人提出保留周总理遗体不要火化，于是哭声、喊声又起，经一再做工作后，人群才慢慢地平静下来，一直到半夜 12 点多钟。

周总理一生都在为党和国家操劳奔波，从少年立下“为中华之崛起而读书”的壮志到一心为国、一心为民、鞠躬尽瘁，死而后已的国家领袖，周总理的一生都是伟大的，是每一个中华儿女值得去缅怀歌颂的，更是每一个新青年值得去学习的。作为新时代的大学生，我们不仅要在学业上勤奋刻苦，树立终身学习的观念，更要将自己与国家的命运和当代的目标结合起来，在所在领域为国家奉献自己的力量！

三、不足之处和下一步研究设想

周总理的一生波澜壮阔，而我们只研究了他的少年时期、代表性事件——万隆会议和晚年时期，研究内容不够深入，没有全面地展示周总理的一生；没有做广泛的社会调查，而是仅根据历史文献资料做的研究。下一步研究设想：我们将全面地研究周总理的一生事迹，并选取其中一些具有代表性的事件着重介绍，深度挖掘周总理的高尚品质。并且要研究与周总理有关的一些文献作品，做充足的社会调查。

四、研究体会与收获

通过对周总理的研究性学习，我们对他有了更深刻的了解，周总理少年时就有“为中华之崛起的鸿鹄之志”令我们震撼。梁启超的《少年中国说》里写道：今日之责任，不在他人，而全在我少年。少年智则国智，少年富则国富；少年强则国强，少年独立则国独立；少年自由则国自由，少年进步则国进步；少年胜于欧洲则国胜于欧洲，少年雄于地球则国雄于地球。

每一个时代的人都有每一个时代的使命，周总理那一代人完成了中华之崛起的使命，到了今天，作为新时代大学生，我们也应该铭记历史，学习伟人精神，树立高远的理想，为中华之崛起而读书，为中华之富强而读书，实现中华民族伟大复兴的使命！

参考文献

[1] 张屹峰 . 万隆会议的时代意义 [N]. 团结报 ,2019-05-23(05).

[2] 散木 . 周恩来的晚年岁月 [J]. 党史博览 ,2013(08).

[3] 张谨 . 周恩来忠诚品质的形成 [J]. 党史文汇 ,2020(10).

中国“大包干”第一村：小岗村的发展之路简析

茹宇圻 陈洋 伍磊 徐航
（2018 级数学类韶峰班）

一、选题原因

改革开放后，中国家庭联产承包责任制的实行，使小岗村很快解决了温饱问题，当地农业基本维持稳定发展的状态。在粮食生产方面，年年保持丰产丰收；在农业经济发展方面，通过调整种植结构、发展多种经营，收入水平和生活水平较之集体经济时代取得了很大进步。就小岗村的农业发展而言，个体家庭的小规模生产经营体制是有效率的。小岗村作为“大包干”的试点，用一年的时间跨过了生存的底线。然而，在接下来的几十年里，它一直徘徊在财富的大门之外。这是为什么？小岗村在社会主义乡村振兴战略中的出路是什么？这样的问题在人民群众中间引起了极大的反响。对改革开放以来小岗村的发展之路进行研究，有助于解决上述困惑。

二、研究内容和观点

“说凤阳，道凤阳，凤阳本是个好地方。自从出了个朱元璋，十年倒有九年荒。大户人家卖骡马，小户人家卖儿郎。奴家没有儿郎卖，身背花鼓走四方。”这是“大包干”前小岗村所在的凤阳县的真实写照。而离淮河约 20 公里，位于凤阳县城东部的小溪河镇小岗村地处岗地，是全县有名的“吃粮靠返销，用钱靠救济，生产靠贷款”的“三靠村”。1978 年的那场大旱，终于将 18 户农民“逼上梁山”。

凤阳全县尝试“包干到组”时，由姓严的一个家族构成的小岗村，却几次分组也未分出个结果来，甚至分成父子组、兄弟组，但还是干不好。12 月一个寒冷的夜里，在家的 18 户社员开会解决问题，到快天亮时矛盾也没解决。于是有人说：干脆包干到户。大家一致同意这个建议，签下了著名的“生死状”，正式分田到户。就这样，小岗村人拉开了中国农村改革的序幕。

1980 年 1 月 24 日，时任中共安徽省委第一书记的万里到凤阳县小岗村考察。万里不仅批准了小岗的“包干到户”方案可以实行 5 年，而且同意全省可以学习小岗的经验。从此，大包干走向全国。

1980 年 4 月 2 日，邓小平对小岗和安徽率先实行家庭联产承包责任制的农村改革给予了肯定和支持。邓小平说：“政策一定要放宽，使每家每户都要自己想办法，多找门路，增加生产，增加收入。有的可包产到组，有的可包给个人，这个不用怕，这不会影响到我们制度的社会主义性质。”

从1982年起至1986年，中共中央每年都发出1号文件，旨在推广家庭联产承包责任制。从此生产队最先实行的大包干成为我国农业经营的最主要方式，至1986年初，全国超过99.6%的农户实行了大包干。

1993年3月8日，小岗村正式宣告成立。新成立的小岗村由小岗村民组和大严村民组组成，有75户，312人，包产土地面积1070亩，实有耕地1600亩。严俊昌任村支部书记兼村委会主任。但是，由于20世纪80年代中期的粮食价格下跌而出现卖粮难，再加上90年代一段时间里“三提”“五统”负担过重，小岗村并没有走上富裕路。

1997年，在《解放日报》一位负责人的牵线搭桥下，江苏省张家港市长江村和小岗村结成姐妹村。长江村党支部书记郁全和当时说了一句至今仍然被人们反复提及的话：“富起来的中国人不应该忘记小岗村。”1997年11月，长江村资助小岗120万元，铺了一条“友谊大道”。在村口高大的牌楼上，醒目地镌刻着费孝通先生题写的6个金色大字：“凤阳县小岗村。”

改革开放20年之际，同时也正值小岗分田到户20周年，1998年9月22日，江泽民同志视察小岗时说：“家庭承包经营这一政策，要长期坚持下去，是不会改变的！”这再次给小岗村人吃下了一颗定心丸。

2001年起，小岗村从长江村引进200万元资金，建成80亩的高科技葡萄示范园，引导小岗村人种植葡萄。前后几年里，小岗村大约70%的农户种植了450亩葡萄。2004年，小岗葡萄喜获丰收，同时销售渠道通畅，当年全村人均增收1000元。2003年，小岗村引进一个养猪场，试图规模化养猪，进行产业结构调整。2004年起，小岗村开始在村东头开工建设一座“大包干纪念馆”，发展红色旅游。2005年6月，“大包干纪念馆”正式开门迎客。短短一年，游客超过3万人。2005年11月，中国当代名村论坛在滁州召开。被授予“小岗村村委会名誉主任”称号的张家港市长江村党支部书记郁全和表示，至2010年，400多人口的小岗村要完成一千亩农业产业结构调整，每年实现1亿元的工业销售收入，成为名副其实的亿元村。2006年3月，一次崛起的难得机遇摆在小岗村人的面前，滁州市正式启动“建设社会主义新农村”，小岗村成为凤阳县首批试点村之一。

目前，小岗村由两个自然村庄组成，它位于凤阳县东部，隶属小溪河镇，距京沪铁路5公里，距省道307线7公里，距明光、临淮两个淮河航运码头均20公里。现有90户人家、373人、劳动力180人；耕地面积1600亩，人均耕地4.29亩。其中承包耕地面积1070亩。2005年，全村人均收入4000元，温饱有余，但离富裕差得太远（长江村人均收入15000元）。28年过去了，和周边一些乡镇相比，小岗略显“富裕”，但这种“富裕”大多是靠帮扶。而且，和这些年来全国相继涌现的明星村相比，小岗与它们仍存在着巨大的差距。正如村里的一位老人说，“如今国家政策好，取消农业税，农民种粮食有保障，种一年够吃三年的。”“但如果家里有孩子上学，有人生病，那钱就远远不够了。要想致富只有发展别的副业，但风险又太大。”从安徽省财政厅选派来的村党支部书记沈浩的一席话形象地描绘了小岗村如今的现状：“2004年2月，村里为欢迎我写标语的墨水、纸张都是借钱买的。村集体没有一分钱，还欠4万多元债。‘大包干’展览馆陈旧不堪，村小学门窗桌椅破破烂烂。国家投资办起来的自来水、有线电视也停了。唯一的资本——‘名气’，如‘小岗’‘小岗村’‘大包干’等也都被别人注册了。”“可以说，小岗村是个穷摊子、烂摊子，典型的空壳村。”

三、不足之处和下一步研究设想

（一）不足之处

1. 本小组对小岗村的认识仍有不到位的地方。由于我们都还是大学生，还没有完全步入社会，社会阅历还不够丰富，所以对中国国情特别是农村情况的认识还不深刻。

2. 小组成员基本是“00 后”，没有经历饥寒交迫的困难年代，我们在成长过程中没有体会到家庭联产承包责任制带来的巨大积极影响，不能切实感受改革开放的前三十年我们国家走过的历程和劳动者的辛苦。

3. 小组成员都是理科生，对人文社科领域的知识掌握还比较欠缺，对中国农村的历史与现实状况认识还非常有限。

（二）下一步研究设想

1. 我们将在图书馆中继续查询相关资料，和其他小组同学以及老师共同交流学习。我们将通过各种途径来研究小岗村的改革给中国农村带来的巨大影响。

2. 我们将倾听父辈讲述中国农村改革过程中的故事；我们将积极查询图书、报刊、影视作品等资料，通过学习资料来认真学习中国改革开放的历程。

四、研究体会和收获

1978 年 12 月在首都北京召开的党的十一届三中全会，从根本上扭转了长期占主导地位的“左”倾路线，标志着“以阶级斗争为纲”时代的结束，开启了“以经济建设为中心”，全面改革开放的新时代。

小岗村的故事是我国改革开放的一个缩影，看了让人感慨万千。实践证明，唯改革才有出路，改革要常讲常新。重温这一段历史，敢于创造、敢于担当、敢于奋斗的小岗精神，依然震撼着我们每个人的心。这种精神将历久弥新，代代相传。这启示我们：改革需要勇气，需要胆量，唯有破旧立新，才能开创新局面！

参考文献

[1] 郝继明．解剖新农村建设中的安徽凤阳小岗村——兼对几种发展模式的分析 [J]. 华东经济管理 ,2007(03).

[2] 陆益龙．引导性制度变迁与农村市场发展——安徽小岗村的经验分析 [J]. 天津社会科学 ,2013(01).

[3] 陆益龙．嵌入性政治与村落经济的变迁：安徽小岗村调查 [M]. 上海人民出版社 ,2007.

[4] 陈桂棣 , 春桃 . 小岗村的故事 [M]. 华文出版社 ,2009.

[5] 王晓毅 . 小岗村的悖论 [J]. 中国老区建设 ,2005(08).

[6] 李倩 . 小岗村乡村振兴“路线图”[J]. 数码设计（下），2018(07).

[7] 郑新立 . 关于建设社会主义新农村的几个问题 [C] 中国农业经济学会年会 . 中国农业经济学会 ,2005.

[8] 李森林 , 盛先友 . 小岗村改革的经验教训及其对我国新农村建设的启示 [J]. 市场周刊（理论研究）,2008(09).

大山里的老愚公

王子兴 王彪 李文威 吴玉孜 陶思文 李星星
（2018 级物理学韶峰班）

一、选题原因

一个国家的发展不能建立在少数人越来越富裕，而多数人越来越贫困的基础上。消除贫困、改善民生、逐步实现共同富裕，是社会主义的本质要求，也是中国共产党人践行初心和使命的必然要求。坚持以人民为中心的发展思想，不断保障和改善民生、增进人民福祉，走共同富裕道路，是我国国家制度和国家治理体系的显著优势之一。脱贫攻坚战的完美收官，标志着中国创造了人类减贫史上的奇迹。这奇迹背后，是 290 多万名驻村干部长期奋斗在一线，扎根基层，他们用辛勤的汗水打通精准扶贫的“最后一公里”。

黄大发是我国脱贫攻坚的典型人物，他的修渠事迹展现了我国脱贫攻坚路的艰辛，无数基层干部用奉献之火、生命之光，点燃苦寒贫穷的土地，温暖人民群众的心灵。脱贫攻坚终将成为历史，而这些脱贫“战士”注定会在人类历史上镌刻下不朽的印记。

二、研究内容和观点

（一）大山里的“老愚公”

黄大发曾担任贵州省遵义市播州区平正仡佬族乡团结村党支部书记。20 世纪 60 年代起，他带领 200 多名群众，历时 30 余年，靠着双手，用锄头、钢钎、铁锤，硬生生地在绝壁上凿出一条长 9400 米、地跨 3 个村的“生命渠”，结束了当地长期缺水的历史，使草王坝每年粮食产量从原来的 6 万斤增加到近百万斤。黄大发还带领群众，发扬自力更生的精神，修村路、架电线、“坡改梯”、建学校，改变了当地贫穷落后的面貌，用实际行动践行了新时期的“愚公移山”精神。

黄大发是土生土长的草王坝村人。他所在的草王坝村，深处贵州省遵义市大山腹地，最高海拔为 1400 米，最低 600 米，属于喀斯特地貌。过去，草王坝村极度缺水，全年干旱少雨，地势山高岩陡，雨水落地，就顺着空洞和石头缝流走，根本留不下来。再加上被大山隔断，村头的一口望天水井，成了全村唯一的水源。当地的一首歌谣如实唱出了村民们过去的生活状况，“山高石头多，出门就爬坡，一年四季苞谷沙，过年才有米汤喝”。

水，是草王坝人生生世世的梦想，岁岁年年的期盼！村里人去最近的水源地挑水，来回要走上两个小时，争水打架的事情时有发生，就连“牛脚窝水”都要收集起来用。用水方面则更是节俭，第一遍淘米洗菜，第二遍洗脸洗脚，第三遍喂猪喂牛。因为缺水，当地只能种一些耐旱的苞谷，把玉米粒炒熟去皮再磨成粉，蒸熟后就成了当地人餐桌上的主食。这种“苞沙饭”难以下咽，在喉咙上直打转转。由于缺水，年人均粮食才 100 多斤，是远近闻名的“穷窝窝”。

黄大发几岁时，母亲就因病去世；父亲抽大烟，败光了家中房屋和田地后撒手人寰。13 岁时，黄大发便成了孤儿，滚草窝、吃百家饭长大。黄大发 23 岁当上草王坝大队大队长，1958 年，黄大发志愿加入中国共产党。同年，他被群众推举为草王坝生产大队队长。“我是一个孤儿，老百姓对我好，领导对我好，我就要改变家乡的面貌，让老百姓富起来。穷就穷在水上，一定要想办法通上水，让大家吃上米饭。”上任伊始，他向全村村民立誓，一定要让草王坝通水、通电、通路，改变贫穷落后的面貌。这是黄大发加入中国共产党时立下的铮铮誓言。

1959 年，黄大发带领村民上山修渠，由于缺少修渠技术，也没有修渠条件，原遵义县（今播州区）水利局局长黄著文说：“草王坝被大山围在中间，通水比登天还难。”在重重山岭中修渠引水，简直是天方夜谭，他们挖开的沟渠只能用黄泥糊上，结果一下雨就被冲垮了。“但是不通水，草王坝的贫穷面貌便永远无法改变。”凭借着这种信念，作为村支书的黄大发没有放弃，说道“修不好，拿命往上盖，我第一道没有成功，那我修第二道！”

草王坝缺水，但几公里外的野彪村水源富足，黄大发决定，将野彪村螺蛳河的水引入草王坝。可是阻隔在两村之间的是垂直高达三百多米的灵宝山擦耳岩。擦耳岩因壁立千仞，人直立行走时耳朵要擦着石壁才能通过而得名。岩下丛林茂密，深不见底，岩壁风化光秃，飞鸟不立，黄大发带领的修渠队伍就在这里遇到了难关。经过了一次失败，人心一下就散了，一搁置就是十余年，难道就要这样放弃吗？没有技术就去学技术，没有资源就去要资源。第一次修渠的失利让黄大发意识到，“人定胜天”，靠的不仅仅是热情，还需要知识和技术。随后，他开始马不停蹄地自学起水利知识。

1989 年，54 岁的黄大发打听到有可以去枫香水利站学习机会的消息，便毫不犹豫地报了名。之后的 3 年时间里，他从零开始苦心钻研水利知识。为了赶上进度，只有小学文化的黄大发经常废寝忘食。

经过了上一次的失败，村民们都已失去了信心。就连黄大发的舅舅都对他冷眼以对。他指着黄大发说：“你要是能把水引过来，我手掌心里煮饭给你吃。”面对质疑，黄大发自信坚定：“这次不把水引进来，我的名字倒过来写。为了水，我愿意拿命去换。”他召开村民大会，反复又耐心地讲解修渠的可行性。他冒寒风跑乡里、跑县里，要资源、要政策。他凑鸡蛋、凑黄豆、凑蜂蜜，一点一滴累积修渠资金。终于，1992 年的那个春天，在一切准备工作就绪后，黄大发带领村民，捡拾初心，开启了第二次修渠的征途。

每天清晨，天蒙蒙亮，黄大发就带领着两百多人的队伍扎进深山修渠，“干部干，群众看。”黄大发这样说。从材料运输到实地施工，年近六旬的黄大发总是冲在最前面。乡里为修渠批了 50 件炸材，过路的汽车不敢拉，村里的马车一次运量又太少，为了尽快用上炸材，黄大发背着两件就上路，步行来回近 40 公里，饿了买个馒头吃，渴了喝口山泉水，脚板磨破皮，双脚血淋淋。

修建水渠要经过 3 座大山、大小 9 个悬崖、10 多处峻岭，其中大土湾岩、擦耳岩和灰洞岩最为险要，要从悬崖峭壁上打出半幅隧道才能通过。在修擦耳岩段时，一处倒悬的崖壁无法测量，专业施工人员都不敢下去。黄大发二话不说，把麻绳系在自己身上，让人拉着吊下悬崖，像半空中飘飞的鹰。

从 1958 年立誓修建“天渠”，36 年后，水终于流进了草王坝。1994 年，水渠的主渠贯通，清清粼粼的水，第一次满满当当地流进了草王坝村，流进了亘古干旱的坡地。黄大发和草王坝的村民们硬生生地在大山绝壁间开凿出了这样一条总长达 9400 米的“天外来渠”，村民们以黄大发的名字命名这条渠，亲切地称之为“大发渠”。

（二）“大发渠”精神内涵

这条渠是黄大发精神的生动写照，是新时代基层党员干部打赢脱贫攻坚之路的重要标杆。大发渠不仅仅是一条致富之渠，更是一条脱贫攻坚的精神之渠，体现中国共产党人的光荣品质。

1. 致富之渠

从 1959 年启动至 1995 年建成，历时整整 36 年，草王坝人勒紧裤腰带，风餐露宿，用双手硬生生凿出一条绕三重大山、过三道绝壁、穿三道险崖的生命渠。荀子曰：“锲而舍之，朽木不折。锲而不舍，金石可镂。”大发渠的成功建成，改变了草王坝的面貌，当地人均粮食产量增加了 650 斤，人均收入翻了五倍。不再出现孩子因为交不起学费而失学在家的状况，村民生活年年靠国家救济、补助、回销的情况也得以改善。通水后，经过 3 年的坡改梯工程，草王坝年人均粮食产量达 800 斤，当年人均收入 400 元。20 多年来，大发渠奔流不息，灌溉面积 1100 多亩，350 余户家庭、1200 余人受益，每年收稻谷 80 万斤。

2. 脱贫攻坚的精神之渠

在引水、修路、通电的诺言兑现后，黄大发没有停歇。作为一名老党员，他的一颗心始终记挂着村民的生活。为了能让全村人过上好日子，他带头种上柚子树，因为种植蔬果要比纯粹种粮收入高。在黄大发的带领下，草王坝人开始逐步改变传统的种植结构。现在，全村有核桃 5200 多亩、柚子 650 亩、海椒 2000 亩……2016 年底，草王坝农民的年人均收入突破 6500 元，是修渠前的 80 多倍。有了黄大发和乡亲们这种敢啃硬骨头、敢拼命的精神，草王坝的村民实现了脱贫致富，成为全国脱贫攻坚的一个典型样本。

3. 体现中国共产党人光荣品质的“红旗渠”

在艰苦的条件下，黄大发心中装着人民群众，一心想修建水渠。黄大发只是一名光荣的中国共产党党员，怀揣着为中国人民谋幸福、为中华民族谋复兴的初心使命，在平凡的岗位上作出了不凡贡献。习近平总书记指出，共产党员，特别是党员领导干部要做共产主义远大理想和中国特色社会主义共同理想的坚定信仰者和忠实践行者。黄大发同志带领村民发扬主体意识，不等不靠，自力更生，艰苦创业，用自己的辛勤劳动一点一点改变当地贫穷、落后的环境，用实际行动践行了共产党人带头拼搏、无私贡献的精神。

（三）传承“大发渠”精神

党的十八大以来，扶贫开发工作一直让习近平总书记夙夜牵挂。习近平总书记 2016 年在宁夏考察时表示：“全国还有 5000 万贫困人口，到 2020 年一定要实现全部脱贫目标。这是我当前最关心的事情。”在 7 月 20 日召开的东西部扶贫协作座谈会上，习近平总书记发出总攻令：“扶贫开发到了攻克最后堡垒的阶段。”如今，黄大发的先进事迹在社会上引起了热烈的反响，他被赞誉为“当代愚公”，并荣获“时代楷模”称号。我们要学习黄大发艰苦奋斗、永不言败的精神境界，同时要学习黄大发敢于担当、实干巧干的工作作风。

尊重科学，实干加巧干是黄大发的优良品质之一。修渠失败后，黄大发没有选择蛮干，而是潜心学习水利技术，积累修渠知识后，再重启修渠计划，并取得成功。黄大发联系群众、坚守初心，36 年如一日，始终做到心中有党、心中有民、心中有责、心中有戒，以实际行动燃旺理想信念的火炬。正如有新闻报道描述：“一根筋”拉直幸福的弯道，“一股劲”犁出希望的田野。

吃百家饭长大的黄大发有一颗感恩人民的心，他选择兴修水渠，让曾经只能吃苞谷沙饭的草王坝人吃上白米饭。也许我们未曾经历苦难，认为岁月静好是理所当然，但当我们了解到我党百年的艰苦奋斗史后，我们应怀有一颗真挚的爱国之心，为中国的发展增砖添瓦。黄大发 36 年的坚守，他曾说：“共产党员就是要干一辈子”，他的一辈子奉献给了大发渠，奉献给了人民，他的初心从未改变，哪怕修渠受挫，他也没有放弃，而是找到失败原因，不断学习、进步，如愚公移山一般，最终将大发渠修建成功。我们大多数人缺的正是在磨难中坚守的恒心和决心，在遇到困难时会轻言放弃。我们需要的正是黄大发修建大发渠时的“大发渠”精神。正如习近平总书记所说：“青年一代有理想、有本领、有担当，国家就有前途，民族就有希望。”强大的祖国是我们的靠山，我们也要为中国的强大贡献自己的一份力。

中华民族伟大复兴，需要青年一代开拓进取，勇担时代重托，奉献智慧和力量，但勇于担当不是一时兴起，需要坚定的理想信念和久久为功的坚持。通过讲述黄大发的修渠故事，我们了解了“大发渠”精神，并将在日后的生活中学习传承“大发渠”精神，争做时代新人。

三、收获与体会

（一）团队作业重在合作

研究性学习是一项系统性工程，单凭一人之力难以完成。这时，我们需要整个团队共同的努力，相互配合。在这次研究性学习中，我们感受到了团队合作的力量。我们组将任务分割成几份，派给组员，每个人的任务侧重点不同。大家通力合作，以集体利益为主，通过网上建群讨论以及线下多次讨论，查缺补漏，才促成了此次任务圆满完成。

（二）“大发渠”精神具有深刻的时代价值

大发渠是一条脱贫攻坚的精神之渠，体现了无数平凡“战士”为建成富强民主文明和谐美丽的社会主义现代化强国而做出的努力。正是因为中国共产党人有着如黄大发这样为人民服务的初心，中国的脱贫攻坚的事业才能取得成功，中国才能不断强大，才能迎来中华民族从站起来、富起来到强起来的伟大飞跃。

（三）传承“大发渠”精神，争做时代新青年

要成为新时代一名合格的新青年，应该学习黄大发的艰苦奋斗、永不言败的精神境界；学习黄大发敢于担当、实干巧干的工作作风；学习黄大发联系群众、坚守初心的公仆本色；学习黄大发同志不忘初心、忠诚为民的政治品格，不忘初心，为中国特色社会主义事业奉献终身。

参考文献

[1] 黄大发，罗亮亮．黄大发：共产党员就是要干一辈子 [J]. 当代贵州，2019(25).

[2] 张鑫鑫．践行黄大发精神做到忠诚干净担当 [N]. 遵义日报，2021−06−02(04).

[3] 潘健．选择与坚守 [J]. 晚晴，2020(03).

[4] “当代愚公”黄大发：用生命践行为民情怀 [J]. 农村青年，2019(07).

国士无双，稻济天下

李涓 李梓怡 郭红 杜岩 彭杰 陈健
（2018 级化学类韶峰班）

一、选题原因

2021 年 5 月 22 日 13 时 07 分，我们得知了一个令人悲痛的消息，杂交水稻之父，中国工程院院士袁隆平先生与世长辞，共和国的一颗巨星陨落了。怀着沉重的心情，我们回顾了袁隆平先生的一生。袁隆平，这个名字传遍了全世界，他是杂交水稻事业的开创者，他的“东方魔稻”被誉为中国第五大发明。习近平总书记曾寄语袁隆平：“你这是一个伟大的事业。我们国家包括整个世界，现在还是要为粮食安全积极奋斗。全世界还有很多人吃不饱肚子，我和很多国家在谈合作时都谈到粮食安全领域的合作，很多人都提到对我们农业的先进科技特别是杂交水稻这方面的合作。所以我们这项事业是造福祖国人民、造福世界的一项事业。”

追溯袁隆平先生的一生，我们看到的不仅是他为国家作出的伟大贡献，更有他留给后人的伟大的袁隆平精神，这是一笔值得我们发掘总结、发扬光大的宝贵财富。因此，我们小组以“国士无双，稻济天下”为主题，缅怀袁隆平先生，继承和发扬袁隆平精神。

二、研究内容和观点

（一）袁隆平的生平

专心科研，为民拓荒。20 世纪 60 年代，袁隆平先生被分配到湘西安江农校教书。当时发生了各种自然灾害，很多地方都闹起了饥荒，饿死了大批大批的难民，为了改善残酷的现实，袁隆平先生愁得连觉都睡不好。但是在当时，杂交水稻可是世界性难题，就连发达国家的专业人员也没有攻克，因而很多人都觉得袁隆平先生在痴人说梦，可他偏偏不服输——“外国人成功不了，不代表我们中国人不行！”

为了解决饥荒的问题，袁隆平先生日日奔波于试验田，并在农校试验田中意外发现了一株特殊性状的水稻。他利用该株水稻试种，发现其子代有不同性质。因为水稻是自花授粉的，不会出现性状分离，所以他推论它为天然杂交水稻。随后他把雌雄同蕊的水稻雄花人工去除，授以另一个品种的花粉，尝试产生杂交品种。尽管他早已知道，水稻天然杂交仅仅只有千分之一的可能性。

攻坚克难，屡创纪录。1971 年春，湖南省农业科学院成立杂交稻研究协作组，袁隆平先生调到省农业科学院杂交稻研究协作组工作。经过 2 年的刻苦钻研，袁隆平先生在苏州召开的水稻科研会议上发表了《利用“野稗”选育三系的进展》的论文，正式宣告中国籼型杂交水稻“三系”已经配套，产量在原来基础上增产一倍有余。

1986年，袁隆平先生又正式提出杂交水稻育种战略：由三系法向两系法，再到一系法，在程序上朝着由繁到简但效率更高的方向发展。经过9年的努力，两系法获得成功。1996年，农业部正式立项超级稻育种计划。4年后，第一期每亩700公斤目标实现，随后便是2004年800公斤、2011年900公斤、2014年1000公斤的“三连跳”。2020年7月，衡南基地早稻高产攻关田进行了测产验收，测得早稻平均亩产为619.06公斤。2020年11月2日，第三代双季杂交稻亩产3000斤攻关测产在湖南衡南县启动。测产结果显示，晚稻平均亩产为911.7公斤。袁老亩产3000斤的90岁生日愿望，也在这一刻实现！

耄耋之年，逐梦世界。90岁，这个年龄离我们大部分人都很遥远，在很多人的印象中，这个年龄的人，除了最基本的生活外，几乎什么都不能做。人上了年纪，不管是身体还是心智，总会有各种各样的变化，我们以为袁隆平先生也是如此。但是有些伟大，与年龄无关。我们说他老了，该休息休息了，他却说，90岁又怎样？我还要继续追梦。袁隆平先生曾说自己有两个梦想：一个是禾下乘凉梦，第二个梦是杂交稻覆盖全球梦。“全球有一亿六千万公顷稻田，如果一半有八千万公顷（种杂交水稻），那现在的情况，每公顷增产两吨，可以多养活五亿人口。”

（二）隆平精神

从对袁隆平先生生平的详细了解，我们总结了他五个重要的精神：

1. 淡泊名利、甘于牺牲的奉献精神。袁隆平先生把他的一生都奉献给了杂交水稻研究。从20世纪60年代初的暗下决心要培养高产水稻新品种，从1964年确立杂交水稻研究课题，直到他生命的最后尽头，他从没有结束过自己的杂交水稻研究，他奉献给杂交水稻事业的长达半个多世纪的日日夜夜，值得所有人铭记。袁隆平先生的奉献精神还体现在他对杂交水稻研究同行、年轻的杂交水稻研究者及全人类的无私。当他1987年获得国际科学大奖时，他将自己获得的1.5万美元奖金全部献给国家作为杂交水稻奖励基金。杂交水稻获得极大成功时，他无私地把这一伟大发明奉献给了全人类。

2. 追求真理、勇于批判的创新精神。纵观袁隆平先生半个多世纪的科学研究活动，有一条夺目的主线，那就是创新。20世纪60年代，他敢于怀疑前苏联米丘林、李森科的遗传学说，结合自己在进行人工杂交培育水稻新品种科学实验中的新发现，萌发利用水稻杂种优势提高产量的新设想。在找到水稻雄性不育株后，大胆确立杂交水稻新课题，开创了一个划时代的研究领域。当杂交水稻获得诸多殊荣后，可以毫不夸张地说，杂交水稻的成功历程就是袁隆平先生在育种材料与育种方法的有机结合上进行不断创新，不断形成新的思路、新的理论和新的技术的过程。

3. 崇尚实践、潜心研究的务实精神。袁隆平先生几十年如一日地坚持“下田”，即使在九十岁高龄时，他每天早上起床第一件事仍然是“下田”，田里也处处留下了他挽起裤管、行走于阡陌稻田的身影。正如袁隆平先生自己所说，“电脑里长不出水稻，书本里也长不出水稻，要种出好水稻必须得下田”。袁隆平先生是泥土里刨出来的人民科学家，“不在家就在试验田，不在试验田就在去试验田的路上”。袁隆平先生就是这样一步一个脚印地在杂交水稻研究领域中践行着他“实践第一”的观点，通过勤奋务实，一次又一次地将杂交水稻研究推上新的台阶。

4. 精诚合作、甘为人梯的团队精神。上世纪 70 年代，袁隆平先生主动把自己科研团队发现的“野败”细致耐心地指导大家开展“三系”配套研究，仅用了短短 3 年的时间就完成了“三系”的成功配套；80 年代，他又大力倡导团结协作的作风，再次将自己的科研秘密毫无保留、一视同仁地传播开来，因而很快出了成果，大大提高了杂交水稻研制进程。正因为袁隆平先生无私的团队协作精神，杂交水稻研究的进展速度才总是大大超出大家的想象，且以他为中心的中国杂交水稻科研创新四代人才梯队，已成为人才学研究中团队人才培养的典范案例。

5. 挑战自我、无所畏惧的超越精神。袁隆平先生曾经说过：“搞科研如同跳高，跳过了一个高度，又有新的高度在等你。要是不跳，早晚要落在后头，即使跳不过，也可为后人积累经验，个人的荣辱又算得了什么！”当年袁隆平先生选择杂交水稻研究课题时，就已经从相关文献上了解到，当时世界上已有美国、日本等发达国家启动了这项研究，但由于技术难度大而一直未能应用于大面积生产，袁隆平先生却不怕，毅然选择知难而进。1996 年功成名就的袁隆平先生在中国提出“超级杂交稻”育种计划时，日本、国际水稻研究所也早已开始此项研究，但他同样毫无畏惧，且又一次凭借刻苦钻研超越了他们。

三、不足之处和下一步研究设想

本次研讨式学习后，我们小组成员进行了认真的反思总结，我们认为对袁隆平精神的研究还不够透彻，过多地把精力放在了袁隆平先生的生平上，造成了对袁隆平精神研究不足的局面。下一步我们应缩减对袁隆平先生生平的描述，着力于引出他的伟大精神以及这些精神对当代青年人的影响，例如我们应通过对袁隆平先生生平的介绍，从中抽丝剥茧地提炼出其中所体现出来的袁隆平精神，着重于袁隆平精神的研究，可以结合袁隆平先生的学生等周围人对他的评价，从而从侧面引出他的人格魅力所在等。

四、研究体会与收获

“巨星陨落，我们更应该奋勇前行，接过时代的接力棒，不负韶华。”我们很幸运身边还有像袁老这样的伟人，他们志向高远、心系百姓，为科学、为人民奉献毕生。他们才是真正的英雄，是我们真正该崇拜的对象，我们应该潜下心来认真学习袁隆平精神。学习他热爱党、热爱祖国、热爱人民，信念坚定、矢志不渝，勇于创新、朴实无华的高贵品质，学习他以祖国和人民需要为己任，以奉献祖国和人民为目标，一辈子躬耕田野，脚踏实地把科技论文写在祖国大地上的崇高风范！

参考文献

[1] 高福 . 论文写在祖国大地上的真实践行者 [N]. 科技日报 ,2021–06–21(03).

[2] 蒋向利 . 让杂交水稻造福世界人民——追忆“杂交水稻之父”袁隆平院士 [J]. 中国科技产业 ,2021(06).

[3] 孙洁 . 缅怀袁隆平院士 弘扬科学家精神 [J]. 中国农村科技 ,2021(06).

脱贫攻坚战的伟大胜利

李玺龙 肖炜杰 邓惠贤 文日昌 陈杰
（2018级化学类韶峰班）

一、选题原因

党的十八大以来，以习近平同志为核心的党中央拉开了新时代脱贫攻坚的序幕，突出强调，“小康不小康，关键看老乡，关键在贫困的老乡能不能脱贫”，承诺“决不能落下一个贫困地区、一个贫困群众”。推进精准扶贫，消除贫困人口，是社会主义制度的内在要求，是建设中国特色社会主义事业的重要任务，也是实现中华民族伟大复兴中国梦的重要保障。

为了更深入地研究精准扶贫，使研究成果能更好地指导实践，很有必要对现有的研究和实践成果进行梳理，以便于更深入地理解问题，弥补现有研究中存在的不足，对于我们深入学习党史亦有裨益。

二、研究内容和观点

全面建成小康社会作为衡量我国综合国力的重要标志，是在建党一百周年要实现的奋斗目标。从1979年邓小平提出的“小康”概念以来，中国共产党已经为之奋斗了40多年，而精准扶贫便是全面建成小康社会的关键一招。

（一）精准扶贫思想的初步产生

改革开放初期，我国农村贫困发生率高达97.5%，中国农村可以说完全处于贫困状态。到2012年，全国农村贫困人口仍然有9899万人，贫困发生率为10.2%，状况并不容乐观。从宏观视角上分析，农村贫困人口分布呈总体分散性和局部集中性并存。

2013年11月3日，习近平总书记考察湖南省，在花垣县十八洞村作出“扶贫要实事求是，因地制宜。要精准扶贫，切忌喊口号，也不要定好高骛远的目标”的重要指示。后来又在多种场合进一步阐述并丰富这一概念的内涵，成为指导我国扶贫工作的重要方针，为我国扶贫攻坚全面建成小康社会能够取得成功奠定了思想基础，是马克思主义中国化的又一个重要的理论成果，具有深远的实践意义和广泛的理论意义。

（二）精准扶贫的主要内容

“六个精准”覆盖扶贫、脱贫全过程。“六个精准”是对扶贫精准性的界定，涵盖从扶贫到脱贫的全过程，即扶贫对象精准、措施到户精准、项目安排精准、资金使用精准、因村派人（第一书记）精准、脱贫成效精准。“五个一批”囊括扶贫、脱贫各种路径。“五个一批”是对扶贫方式和脱贫路径的归纳，包括发展生产脱贫一批、易地搬迁脱贫一批、生态补偿脱贫一批、发展教育脱贫一批、社会保障兜底一批。

（三）扶贫路上的优秀个人与事迹

黄文秀在北京师范大学硕士研究生毕业后，便收到了很多高薪、优待的工作邀约。然而面对精彩的世界，这个从贫困山区走出来的女孩，却作出了一个与众不同的选择，她决定回到家乡支援建设。为了帮村民甩掉穷帽子，黄文秀找来农业技术员传授技术，培养致富带头人，又想办法为村里修路，安装太阳能路灯，建蓄水池，村里走夜路不再需要打手电筒。经过一年的努力，百坭村的路通了灯亮了，农产品销售渠道打开了，产业旺了。全村 103 户贫困户，有 88 户 418 人成功脱贫。然而在 6 月 17 日凌晨 1 点，她永远倒在了脱贫攻坚的前线。8 年来，还有许许多多像黄文秀一样奋斗在脱贫攻坚一线的人。全国累计派出 300 多万名第一书记和驻村干部。截至 2020 年底，1800 多人牺牲在脱贫攻坚一线。英雄永在，英灵长存。他们的故事不会随着脱贫而消失，他们的名字值得永远缅怀铭记。

三、不足之处和下一步研究设想

1. 对具体的事件分析不到位。例如中国共产党在扶贫攻坚路上的实际情况、取得的阶段性成果总结，中国的脱贫攻坚为国外扶贫工作提供了哪些经验和借鉴等。

2. 研究范围还比较窄，没有用全面的眼光分析脱贫攻坚对于中国未来各个方面发展的意义，没有深刻感受到以发展消除贫困的真正意义，对于扶持谁、谁来扶、怎么扶等问题理解不到位。

四、研究体会与收获

这些扶贫干部的精神密码是“五岭逶迤腾细浪，乌蒙磅礴走泥丸”的大无畏精神。随着脱贫攻坚工作的不断深入，工作任务更加艰巨，工作要求更加严格，他们坚守在脱贫攻坚的一线，集中精锐力量投向脱贫攻坚主战场，他们一路披荆斩棘、逢山开路、遇水架桥，敢于啃硬骨头，攻克了一个又一个贫中之贫、坚中之坚，他们爬过最高的山，走过最险的路，去过最偏远的村寨，住过最穷的人家，哪里有需要，他们就战斗在哪里，真真切切地实现脱贫路上不落一人。

这些扶贫干部的精神密码是“横眉冷对千夫指，俯首甘为孺子牛”的为人民服务精神。为民，就要把老百姓的冷暖时刻挂在心头，以人民为中心。他们从群众最关心、最直接、最现实的利益问题入手，把群众感情培育得更深，把群众力量凝聚得更强，尽心尽力办好群众的每一件事。

这些扶贫干部的精神密码是“随风潜入夜，润物细无声”的无私奉献精神。他们倾力奉献、苦干实干，同贫困群众想在一起、过在一起、干在一起，将最美的年华无私奉献给了脱贫事业。脱贫摘帽不是终点，而是新生活、新奋斗的起点。他们的感人事迹和崇高精神，激励着广大干部群众为全面建设社会主义现代化国家、实现第二个百年奋斗目标而披坚执锐、勇立新功。

100 多年来，中国共产党秉持为中国人民谋幸福、为中华民族谋复兴的初心和使命，不畏艰难险阻，中华民族迎来了从站起来、富起来到强起来的伟大飞跃。中国共产党带领全国人民打赢了脱贫致富的这场攻坚战，创造了又一个历史性的伟大壮举，向全国人民提交了一份令人满意的答卷，向全世界各个国家提供了宝贵的经验。

参考文献

[1] 胡志平 . 精准扶贫：文献综述及研究展望 [J]. 上海行政学院学报 ,2019(03).
[2] 任东景 . 马克思主义反贫困理论中国化的进程及基本经验 [J]. 马克思主义研究 ,2021(02).
[3] 檀学文 , 李静 . 习近平精准扶贫思想的实践深化研究 [J]. 中国农村经济 ,2017(09).

学国防史 筑强国梦

刘泽宇 汤涛 董仕瞻 石与白 吴可怡 黄恺杰
（2018 级物理学韶峰班）

一、选题原因

我国正处于实现中华民族伟大复兴的重要时刻，同时正面临世界百年未有之大变局，科技强国成为当今一个重要命题，决定着中国的未来。中国共产党很早就认识到了科技的重要性，通过制定正确的科技战略，推动中国科技现代化取得了长足进步，并由此奠定了中华民族走向繁荣昌盛的不朽基石。

笔者将探究中国科技发展同中国共产党重要会议、重要决策之间的联系，试图解答中国共产党和我国科技发展的重要联系。其中，笔者重点叙述国防核武的发展历程，讲述为核武发展作出突出贡献的英雄事迹。通过讲述先辈们的感人故事，激励当代青年担负时代使命，为国家的繁荣富强献出自己的一份力。此外，通过对相关经济数据进行分析，给以后有意愿从事科研工作的青年以启示，希望他们在科研生涯中，能够找到思想指导和精神依托，在科研领域发光发热，助力实现中华民族伟大复兴的中国梦。

二、研究内容和观点

（一）中国共产党的科技战略

科技是第一生产力。中国共产党的成立，给身陷苦难的中国人民带来了新希望，中国科技的发展也迎来了新的转机。

在技术上兴起一个革命　1935 年，遵义会议的召开，开始形成以毛泽东同志为核心的党的第一代中央领导集体。以毛泽东同志为主要代表的中国共产党人一直以来都十分重视科技发展，在 1939 年成立了自然科学院。自然科学院在战火纷飞之下，不断搬迁，但从未停下科研的脚步。新中国成立后，中国共产党把科技发展与现代化紧密结合起来，确立了依靠科技发展生产力的思想，把发展科技摆在全党、全国各项工作的突出位置。

1956 年，党中央召开了知识分子工作会议，第一次将科技振兴提到议事日程，并作为全党的重要工作，吹响了“向科技进军”的号角。毛泽东在会议上指出：“现在我们革什么命，革技术的命，革没有文化、愚昧无知的命，所以叫技术革命。”同年，毛泽东提出了“重点发展，迎头赶上”的科技发展方针，并召开首届全国科技大会，制定了《1956—1967 年全国科学技术发展远景规划》，拟定了 57 项重要计划。至 1966 年，全国科研机构已经从新中国成立伊始的30多个增加到1700多个，专门从事科学研究的人员从不足500人增加到12万人，初步形成了由中国科学院、高校、产业部门、地方科研单位和国防部门五方面力量组成的科学技术体系。

科技是第一生产力　1978年召开的中共十一届三中全会，形成了以邓小平同志为核心的中央领导集体，确定把全党工作的重心转移到社会主义现代化建设上来，中国科技事业进入了新的发展时期。

改革开放以来，邓小平多次论述“科学技术是第一生产力”的重要思想。随着科技经济的深入发展和改革开放的持续推进，党的第二代领导集体围绕和平发展的时代主题，创造性提出“科技与经济结合”的科技体制改革思想。1982年，全国科技奖励大会明确将科学技术列为国家经济发展的战略重点，提出“经济建设必须依靠科学技术，科学技术工作必须面向经济建设”的战略方针。1985年，邓小平在《改革科技体制是为了解放生产力》一文中提出了“科技体制和经济体制相结合”的思想。正是在这样的政治背景下，《1986—2000年全国科学技术发展规划纲要》编制完成，促进了技术成果在生产建设中的应用，《国家中长期科学技术发展纲要》《1991—2000年科学技术发展十年规划和“八五”计划纲要》等政策也相继出台，进一步明确了未来我国科技发展的前景和方向。

科教兴国　20世纪90年代，以江泽民同志为核心的党的第三代领导集体把握时代契机，进一步深化科技体制改革，将科学技术融入社会主义现代化建设之中。

1995年5月26日，江泽民在全国科学技术大会上首次正式提出实施“科教兴国”战略。在总结历史教训，汲取马克思主义科技思想营养，总结建设中国特色社会主义道路经验的基础上，江泽民提出：“创新是一个民族进步的灵魂，是国家兴旺发达的不竭动力。”在世界经济科技全盛的背景下，这一思想为中国在世界科技发展中抢占先机，为实现民族复兴打下了理论基础。在中共十五大上，江泽民再次提出把科教兴国战略和可持续发展战略作为跨世纪的国家发展战略。江泽民指出：“要充分估量未来科学技术特别是高技术发展对综合国力、社会经济结构和人民生活的巨大影响，把加速科技进步放在经济社会发展的关键地位，使经济建设真正转到依靠科技进步和提高劳动者素质的轨道上来。”

人才强国　进入新世纪，以胡锦涛同志为总书记的党的第四代领导集体把推进自主创新、建设创新型国家作为落实科学发展观、推进社会主义现代化的一项重大战略决策。

在此背景下，我国科技人才队伍建设有了显著成就。2006年，我国研究开发人员总量为142万人，仅次于美国，居世界第二位。仅在2000年至2005年间，我国的研究开发人才就增长了48%，研究开发科学家工程师总量增长了60.9%。人才强国战略的推进，为科技事业发展带动经济发展谱写了新的华章。2006年，国务院发布《国家中长期科学和技术发展规划纲要（2006－2020年）》，党的十七大报告指出：“提高自主创新能力，建设创新型国家”，将科技创新提升到了国家发展战略的核心高度。2012年，为加快推进创新型国家建设，中共中央、国务院印发《关于深化科技体制改革加快国家创新体系建设的意见》，这是指导我国科技改革发展和创新型国家建设的又一个纲领性文件，体现了我国解决科技和经济“两张皮”问题、推进创新型国家建设的决心与信心。

建设世界科技强国 党的十八大以来，以习近平同志为核心的党中央着眼全局、面向未来，作出“必须把创新作为引领发展的第一动力”的重大战略抉择，实施创新驱动发展战略，加快建设创新型国家，吹响建设世界科技强国的号角。习近平总书记指出：“加快科技体制改革步伐，破除一切束缚创新驱动发展的观念和体制机制障碍。”

2016年5月，在全国科技创新大会、两院院士大会、中国科协第九次全国代表大会上，习近平总书记向科技界宣布要把科技创新摆在更重要的位置，要吹响建设世界科技强国的号角。习近平总书记在党的十九大报告中，17次提到“科技”，特别是在“加快建设创新型国家”部分，短短300多字提到了9次“科技”，还提到了5次“技术”，彰显了科技的重要作用。习近平总书记还提出了“创新是引领发展的第一动力，是建设现代化经济体系的战略支撑”“科技是核心战斗力”等划时代论断。

建党百余年来，科学技术发展从“向科学进军”到“科学技术是第一生产力”；从“科教兴国”“人才强国”到建设“创新型国家”，彰显了中国共产党对科技事业的高度重视。立足新时代，党的十九大对科技发展提出新要求、新任务、新目标，我国科技事业踏上新征程。

（二）科研人才推动国防核武发展

百年前，中国还挣扎在半殖民地半封建社会的泥潭中；百年前，列强环伺，乱世中的人们还不知未来在何方；百年前，星星之火才刚从嘉兴南湖的小小红船上点燃……岁月如梭，沧海桑田。短短百年，在历史长河中或许只是弹指一挥间，却见证了中国从低谷走向复兴，从贫弱走向富强。

党中央指导核武器发展方向 中国核武器的发展史是一部血泪史，既离不开无数英才前仆后继，也离不开党中央政策的正确引导。

1955年1月，毛主席听到中国科学院物理研究所的汇报后，便正式提出中国要研究核武器，要求有关部门将研究核武器提上日程。中国发展战略武器要工业跟进，首先就离不开钢铁工业的支持，因为钢铁是大工业的基础。1957年底，第一个五年计划超额完成，建设了包头、武汉、鞍山三个钢铁基地，钢产量达到412万吨。众所周知，像原子弹这样的核武器需要含铀–235的矿石，当时外国人都说中国没有铀矿，而我们的石油之父——李四光却根据地质力学理论，预测我国铀矿主要的分布情况。找铀队根据他的意见，在岭南果然发现了易开采的大规模铀矿，后来又找到了211特大型铀矿床，铀产量已能保证我国核工业发展需要。

早在50年代中期，党中央和毛泽东主席就做出了要研制原子弹的决策。根据当时的国际形势，毛泽东主席确立了积极防御的战略方针。1956年9月，中共八大确定了把中国“由落后的农业国变为先进的社会主义工业国”的经济建设方针，要求在三个五年计划或者再多一点的时间内，建成一个基本上完整的能够制造包括像原子弹、导弹、远程飞机在内新式的保卫自己的武器的工业体系。由此，发展原子弹、导弹成为国策。为了保证我国的国家安全，我们需要研制原子弹，而研制核武器的总方针是自力更生为主，争取外援为辅。那时，西方国家对我们实行封锁政策，而中苏关系比较好，我国想通过争取苏联的援助，发展核武器。

1949 年 8 月 29 日，苏联已经造出了原子弹，并且已经相当熟练地掌握了制造原子弹的核心技术，苏联承诺帮助中国建立自己的核武器装备。但在 50 年代中期以后，苏联逐渐推行霸权主义政策，企图把中国纳入与美国争霸的轨道，控制中国的内政外交。1960 年，苏联撤走在华的全部专家，给中国经济建设造成巨大损失。好在中苏关系破裂之前，核武器的图纸已经交付我国。虽然图纸讲解不甚清晰，但聊胜于无。就此，我国发展核武器陷入了瓶颈，不得不剔除仿制理论，尝试自主研制。

1964 年 10 月 16 日 15 时，巨大的蘑菇云在新疆罗布泊荒漠腾空而起，中国第一颗原子弹爆炸成功。随着中国核试验的成功和常规军事力量的壮大，美苏等大国再也不能无视中国的存在。亚非国家和英、法等国的舆论普遍认为，中国已经成为亚洲的原子大国，不能再被忽视。

2019 年 7 月发布的《新时代的中国国防》白皮书重申了中国的核政策基石，即“在任何时候和任何情况下都不首先使用核武器、无条件不对无核武器国家和无核武器区使用或威胁使用核武器”，这句话传递出了中国人对核武器的基本态度，中国不改变对核武器作用的认识，不改变核力量在国家安全政策中的定位，延续既往具有特色、行之有效的核政策，显示了负责任大国的担当。

核武科技重要性的体现　国无防不立，民无防不安。正是由于国防力量的显著提升，我国综合国力和国际地位才得以不断提高。七十年前，因美国的核威胁而导致台湾无法收复，到今天我们可以自信地同美国讲：“你们没有资格从实力的地位出发同中国谈话”，在这背后，是多少无名英雄的付出和坚守……

核武器是一种能够实现毁灭性打击的高杀伤力武器，在处理国际关系时具有极强的威慑力。自新中国成立以来，我国曾受到多次核威胁。1950 年抗美援朝战争爆发后，入朝作战的中国志愿军将敌人打得节节败退。美军最高指挥官麦克阿瑟为挽回局面，曾设想向中国投放核弹来要挟中方退出战局。而在 1955 年和 1958 年，为解放台湾，解放军对金门妈祖等地区发起总攻，打得国民党军队难以招架。此时与国民党关系密切的美国跳出来又利用核弹威胁中国。

（三）核发展史上作出突出贡献的前辈

永远盛开在罗布泊的“马兰花”——林俊德　在遭受多次核威胁并认识到核弹的威力之后，1955 年，以毛泽东同志为首的党中央毅然作出创建我国原子能事业和研制核武器的重大战略决策。众多科学家积极响应号召，攻克难关。终于在 1964 年，中国第一颗原子弹成功爆炸。在这欢呼的人群中，正有林俊德的身影。

林俊德，1938 年 3 月出生于闽南山乡。由于家境贫寒，他靠着国家和人民的资助读完了中学和大学。1960 年他以优异成绩从浙江大学机械系毕业，被分配到国防科委下属研究所工作。三年后，他担任组长主持研制测量核爆炸冲击波压力自记仪。在第一颗原子弹爆炸成功时，林老自主研制的仪器第一时间准确测得了核爆炸的冲击波参数，之后他又测定了氢弹爆炸的参数。1996 年 7 月，中国成功进行了最后一次地下核试验，林俊德胜利实现了既定目标。从第一颗原子弹爆炸到中国进行的最后一次地下核试验的三十几年间，林俊德参与了中国的全部核试验。2012 年 5 月 31 日，林俊德在病痛折磨下溘然长逝，享年 74 岁。

马兰精神 1958年9月，中国核试验基地在新疆正式组建，因基地选址的戈壁滩上生长着马兰花，又称马兰基地。基地官兵以苦为荣，艰苦创业，成功地进行了多次不同方式、不同型号、不同威力的核武器试验，建立起了中国精干有效的核自卫力量，孕育了“艰苦奋斗、开拓创新、大力协同、无私奉献”的马兰精神。

1967年6月17日，天刚破晓，一架载着氢弹的飞机向核试验场区方向飞去。因投弹时技术人员漏掉一个操作动作，投弹时间比预计晚了20分钟。氢弹脱钩后，降落伞按程序正常开伞，氢弹在距靶心315米、距地面2960米的高度爆炸。林俊德带领回收小组在爆心附近步行几十公里，完成了核试验爆炸数据的采集任务。

1969年冬，中国进行了首次地下核试验。林俊德的工作场所从大气层转到了地下，为尽快掌握地下核试验爆炸应力波测量和核试验工程设计技术，他和战友从大山深处的平洞试验到戈壁滩上的竖井试验，先后建立了10余种测量系统，为中国地下核试验安全论证和工程设计提供了重要数据。

马兰精神，是基地官兵在长期的核试验事业创新发展中培育形成的，是一代代马兰人用心血和汗水铸就共和国核盾牌的精神动力。林俊德将军冒着生命危险采集核试验数据正是马兰精神的体现。

“C盘”故事 人的一生，短短数十载。而林俊德的人生，已全部奉献给国家的国防事业，他曾说：“我一辈子做了一件事，就是核试验。”他直至生命的最后一天仍在坚持工作。因为他知道电脑里有关系到国家核心利益的技术文件，藏在几万个文件中，只有他自己才能整理；还有自己的科研思考，学生的培养方案，他都要系统整理，怕耽误学生的论文答辩和毕业。他知道自己的病情，时间太有限，一切要尽快。

2012年5月4日，林俊德被诊断为胆管癌晚期。医生建议他立即手术治疗，当他知道手术后无法工作，他毅然决然地放弃了生的希望，拒绝治疗。他对妻子说：“我宁愿活有质量的一天，也不要躺没质量的无数天。”“我是搞核试验的，一不怕苦，二不怕死，现在缺的是时间。”这20多天里，他一次次放弃了延长生命的机会。因为他要用最后的时间，把一生积累的宝贵经验和资料整理出来，留给后人。5月31日上午，生命倒计时的最后一天，林俊德已极度虚弱，却先后9次提出要下床工作。病危的林俊德，在众人的搀扶下，走向数步之外的办公桌，戴着氧气面罩，身上插着导流管、胃管、减压管和输液管，开始了一生最艰难也是最后的工作……安静的病房里，心电监护仪发出的“嘟嘟”声，每一声都在暗示死亡倒计时。半个多小时过去了，老伴儿轻声劝道：“医生想叫你休息一会儿。”他则回答：“坐着休息，我不能躺下，躺下了，就起不来了！”两个小时后，他渐渐地握不住鼠标，仍在坚持着继续操作，直到他说：“C盘做完了！”他才停下来休息。

2012年5月31日20时15分，连接林俊德身体的心电仪上波动的生命曲线，从屏幕上永远地消失了。临终前，他再三叮嘱：“死后将我埋在马兰。”最后他终于回到那个他最惦念的地方——罗布泊边缘的马兰。

“两弹元勋”邓稼先 邓稼先，中国科学院院士，著名核物理学家，中国核武器研制工作的开拓者和奠基者，为中国核武器、原子武器的研发作出了重要贡献，被称为“两弹元勋”。1924 年，邓稼先出生于安徽省怀宁县一个书香门第的家庭。1935 年，邓稼先考入志成中学，在读书求学期间，深受爱国救亡运动的影响。1937 年北平沦陷后，邓稼先曾秘密参加抗日聚会，后在父亲邓以蛰的安排下，他随大姐去往昆明，并于 1941 年考入西南联合大学物理系。1948 年至 1950 年，邓稼先在美国普渡大学留学，获得物理学博士学位。毕业当年，他就毅然回国。

1979 年，在一次航投试验时出现降落伞事故，原子弹坠地被摔裂。邓稼先深知危险，却一个人抢上前去把摔破的原子弹碎片拿到手里仔细检验。身为医学教授的妻子知道他“抱”了摔裂的原子弹，在邓稼先回北京时强拉他去检查。结果发现在他的小便中带有放射性物质，肝脏破损，骨髓里也侵入了放射物。随后，邓稼先仍坚持回核试验基地。在步履艰难之时，他坚持要自己去装雷管，并首次以院长的权威向周围的人下命令：“你们还年轻，你们不能去！”

1985 年，邓稼先离开罗布泊回到北京，明知自己身体不适，仍想参加会议，医生强迫他住院并通知他已患有癌症。邓稼先无力地倒在病床上，面对自己妻子以及国防部长张爱萍的安慰，他平静地说：“我知道这一天会来的，但没想到它来得这样快。”邓稼先一生功勋卓著，获奖无数，他生前的最后一枚奖章是在医院的病房里获得的。

1986 年 7 月 17 日下午，时任国务院副总理李鹏、全国总工会书记罗干、国防科工委科技委主任朱光亚、核工业部部长蒋心雄等领导，前往解放军总医院，向邓稼先颁发全国劳动模范证书和奖章，以表彰他为中国核武器研究工作和核事业所作出的特殊贡献。这是“七五”期间党中央、国务院授予的第一个全国劳动模范称号、授出的第一枚全国劳动模范奖章。

邓稼先庄重地把奖章戴在胸前，高兴地说：“今天李鹏副总理亲临医院授予我全国劳动模范称号，我感到万分激动。核武器事业是成千上万人的努力才取得成功的，我只不过做了一小部分应该做的工作，但党和国家就给我这样的荣誉，这足以说明党和国家对尖端事业的重视。我现在虽然患病，但我要顽强地同疾病作斗争，争取早日恢复健康，为国防科研事业再尽一些力量，以不辜负党和国家对我的希望。”

“激光陀螺之父”——高伯龙　早在二十世纪六十年代，美国就已研发出了世界第一台红宝石激光器与第一台氦氖红光激光器，它们的问世震惊了世界。那时，国内外的科学家们便开始设想用激光来精确导航，我国也捕捉到了这前沿科技消息，开始进行激光技术研究。

1971 年，在钱学森的建议下，国防科技大学成立激光研究室，并调入高伯龙从事相关研究。一边是成为物理学家的梦想，一边是前途未卜的世界难题。为了祖国需要，高伯龙毅然决然地选择了后者，他认为“真正的爱国应该是把自己的前途与国家的利益密切结合”。

茨威格说：“在一个人的命运之中，最大的幸运莫过于在年富力强时发现了自己人生的使命。”正是高伯龙的选择，他遇见了激光陀螺事业，而中国的激光陀螺事业也幸运地遇见了高伯龙。

通往成功的道路从来都是不平坦的。在研制激光陀螺的道路上，高伯龙遇见的困难超乎想象。实验环境上的不足并不能打倒他。没有实验场所，他把废弃食堂改成实验室；没有实验设备，就利用废弃的材料自己造设备、搭平台；没有镀膜光学方面的资料借鉴，就从最基础的理论出发；没有现成的软件可用，就自学程序设计语言，自己动手编程，完成膜系设计；为了节省开支，他带着大家，推着板车到建筑工地上捡大理石废料做试验。困难再大，路途再坎坷，高伯龙从未想过退缩，更未有丝毫动摇。他总是认为：他想干成一件事，就一定能干成，只不过是时间问题。

正是他的自信使他全力以赴、心无旁骛地投身激光陀螺研究，很快即成为我国该领域的理论权威和领军人物，为我国的激光陀螺领域取得重大突破作出了不可磨灭的贡献。

1975 年 11 月，高伯龙在全国激光陀螺学术会议上推荐四频差动激光陀螺方案，并作了详尽的理论论证。1978 年，掌握了镀膜的核心技术，用于检测膜片最基础而又最重要的仪器——DF 透反仪，研制成功。在当时，国外尚无同原理的产品。同时，因镀膜工艺的突破，高伯龙团队还研制成功了有“检测之王”之称的全内腔绿（黄、橙）光 He-Ne 激光器，使我国成为世界上继美、德之后第三个掌握该型激光器制造技术的国家。

除了研制四频差动激光陀螺，同时也积极推进其他类型陀螺的研究探索工作，并取得相当进展，如光纤陀螺、机械抖动单陀螺、磁镜交变陀螺等，甚至还曾开展过激光生物医学研究。2007 年，高伯龙带领指导他的博士研制成功的空间环路四频差动激光陀螺，则是继全内腔四频差动激光陀螺和全内腔绿（黄、橙）光 He-Ne 激光器之后，取得的又一重大创新成果。激光陀螺对于一个国家的国防事业是必不可少的。激光陀螺集光、机、电、算等尖端科技于一身。广泛覆盖陆海空天多个领域。激光陀螺是衡量一个国家光学技术发展水平和国防发展水平的重要标志之一。

正是在高伯龙的带领下，中国成功研制出新的激光器，成为继美、德之后第三个掌握这种关键技术水平的国家，并达到国际先进水平。他和团队潜心研制、不断改进的激光陀螺，在加速度计的配合下，可以感知物体在任何时刻的空间位置，实现精准打击、快速反应，被誉为武器平台定位导航系统的“心脏”。可以说，激光陀螺的出现，让我国的导弹、舰船、飞机等武器装备实现“千里点穴”“发发命中”的远程精确打击！

高伯龙院士就像一支蜡烛，燃烧了自己、照亮了别人，给世间留下了永恒的光和热；更像一方小小的激光陀螺，用最稳定的姿态，永不停转的韧劲，树立起一面奋斗者的精神旗帜。他留下的众多研究成果，仍在熠熠生辉；他开辟的激光陀螺事业，会有更加广阔的视野。

三顾诺奖不彷徨，隐姓埋名筑核防——王淦昌 某一年的除夕夜里，邓稼先拿着一壶酒走了帐中。王淦昌看到来人是邓稼先，于是面露微笑。两人相谈甚欢，邓稼先握住他的手说：“老师，叫了您十几年的王京同志。今夜就让我再叫您一声王淦昌同志吧。”言罢，两人抱头痛哭。

他叫王京，但他是王淦昌。1907 年，王淦昌出生在一个普通家庭，但父母的相继离世让他十三岁便成了一个孤儿。王淦昌的祖上都是农民，但外婆却觉得不能让外孙当个放羊娃，于是王淦昌才能够走进学堂，甚至到后来考入清华，从此拉开他辉煌学术生涯的序幕。

1930 年，青年王淦昌离开家乡，前往德国柏林大学师从著名女物理学家迈特内。有人通过实验证明，用钋释放出的 α 粒子轰击铍核会产生很强的贯穿辐射，并将其解释为 γ 辐射。

王淦昌听说后，就觉得不对。于是他对迈特内说："这个结论有问题，我认为这次的实验能发现一个全新的粒子。"然而顽固的迈特内夫人不置可否。但在两年后，英国人查德威克用王淦昌的方法找到了中子，并获得了当年的诺贝尔奖。了解情况后的迈特内后悔不已，主动向王淦昌道歉。虽然与诺贝尔奖错失，但是王淦昌却并没有责怪老师。

1934 年，王淦昌通过博士答辩成为柏林大学的哲学博士后，便毅然选择了回国。当时许多国外朋友婉言相劝，王淦昌则回答道："正如巴斯德所说，科学虽然没有国界，但科学家却是有祖国的，我的祖国正在遭受苦难，她正需要我回去。"回国后，王淦昌没有了欧洲那样先进的科研条件，但是他仍利用有限的设备，作出了杰出的成绩。

1943 年，王淦昌在美国《物理评论》杂志发表《关于探测中微子的一个建议》。可惜的是，王淦昌虽然知道寻找中微子的方法，却缺乏设备验证，导致研究不能更进一步。运用王淦昌提供的方法，美国科学家弗雷德里克·莱因斯发现了中微子，并获得了当年的诺贝尔奖。可以说，这是王淦昌第二次错失诺贝尔奖。

明明有两次扬名立万的机会，为何要白白浪费？答案都在王淦昌的经历当中。1960 年，苏联撤走了一切专家，中断了中苏两国在核弹研究方面的合作。但是苏联专家离开前，却密电中国核武器研究小组："你们有王淦昌，即使没有我们也行！"到了 1964 年，王淦昌果然实现了他苏联同行的预言，第一颗原子弹爆炸了，中国从此步入核大国的行列。仅仅两年多后，也就是 1967 年，氢弹在罗布泊爆炸。

王淦昌虽然牺牲了个人前程，但是在他看来，一切都是值得的。当蘑菇云的照片传遍千家万户时，可能钱学森、钱三强等少数担任国家职务的科学家才能够显示自己的名字，而邓稼先等科学家，必须隐姓埋名，其中就包括王淦昌。原本，以王淦昌的研究进度，他完全可以获得诺贝尔奖。而美国同行也多次称，中国有个足以获得诺贝尔奖的王淦昌！

在十秒钟永生——郭永怀　一个人的生命由太多太多的 10 秒组成，有人也许打一个懒洋洋的哈欠，10 秒钟就倏忽而过。有的人却在 10 秒钟内完成一个惊天动地的动作，呈现出一种顶天立地的姿势，在十秒钟得到永生。

在中国科学院力学所大楼三层，有两所办公室始终被保留着。一所是力学所首任所长钱学森的办公室，另一所是首任副所长郭永怀的办公室。

郭永怀（1909 年 4 月 4 日—1968 年 12 月 5 日），山东荣成人，中共党员，著名力学家、应用数学家，中国科学院学部委员（院士），我国核武器事业的先驱，"两弹一星功勋奖章"获得者，中国近代力学事业的奠基人之一。1956 年回国后，郭永怀参加规划我国力学发展蓝图，在空气动力学等力学学科建设及培育力学人才方面作出了杰出贡献。先后领导、参与"两弹一星"研制和试验工作，解决了核弹研制和试验中力学方面的许多重大难题，且在推进核弹武器化方面有着突出贡献，是"两弹一星"元勋中唯一在核弹、导弹、地球卫星三个领域都作出重大贡献的科学家。

1968 年 12 月 4 日，郭永怀又有了一个重大发现，时间比什么都重要，他决定立即将这一大好消息汇报给领导，于当晚从青海基地飞到北京。有同事劝他："晚上不安全，您就明天去吧。”他笑笑说：“晚上好，睡一觉就到了。”尽管累，可他不愿耽误哪怕一分一秒，他要把征途当旅途。坐车到了兰州，在兰州换乘飞机的间隙里，他还不忘抓紧时间听取了课题组人员的情况汇报。晚上 10 点多钟，他登上了飞机。“有什么事叫醒我”，登机后，郭永怀对警卫员牟方东吩咐一句，就沉沉睡去。他睡得很香，因为在他看来，争取了这么一个晚上，换来一个白天，又可以做好多事情。那晚，天气很好，飞行一路顺利。已有晨曦从舷窗中透了进来，飞机快到北京了，警卫员轻轻摇醒了他。好久没有睡上这样一个安稳觉了，郭永怀觉得神清气爽。

1968 年 12 月 5 日的早上 6 点左右，首都机场响起一阵惊天动地的轰响，随后一个巨大的火球和浓浓黑烟直冲云霄！一架小型飞机一头扎在了首都机场附近的玉米地里！飞机残骸散落得到处都是，一共有 13 人不幸遇难，烧焦的尸体散落一地。救援的士兵们发现，在烧焦的尸体中，竟然有两人紧紧地抱在一起，是的，这紧紧抱在一起的，就是郭永怀和他的警卫员牟方东。随着士兵们艰难地将两具尸体分开，人们惊奇地发现，在他们的胸部之间有一个皮质的公文包，虽然有点烧损，但是在两个人相拥的身体的保护下依然完整，将公文包打开后：一份热核导弹试验数据文件完好无损地呈现在了人们面前！

原来，在首都机场上空，当飞机降落到 400 米左右的高度时，飞机突然失去了平衡，开始垂直坠落。飞机从 400 米高空坠落到地面的时间大约不到 10 秒，而就在这一瞬间，郭永怀猛地站起身来，紧紧抱住了站在身边的警卫员……

“要知松高洁，待到雪化时”。直到生命的最后一刻，郭永怀首先想到的不是个人安危，而是誓死保护好事关国家安全的绝密资料。在郭永怀牺牲后的第 20 天，1968 年 12 月 25 日，我国第一颗热核导弹试验成功。

郭永怀海外研学十六载，异域扬名时他却毅然放弃优越条件，冲破美国政府的重重阻挠，如愿返回祖国的怀抱。他扎根大漠五春秋，隐姓埋名却又无怨无悔、风餐露宿而不轻言放弃，为我国“两弹一星”事业立下了汗马功劳。他科技报国守一生，在遭罹空难的生死关头，仍不忘将国家核机密文件死死抱在怀中。文件完好无损，他却永远地离开了我们……

1968 年 12 月 25 日，郭永怀被追认为烈士。1999 年，郭永怀被追授“两弹一星功勋奖章”。2018 年 7 月，经中国科学技术大学和中国科学院紫金山天文台联合申请，国际小行星中心发布公告将编号为 212796 号的小行星永久命名为“郭永怀星”。

习近平总书记说：“时间之河川流不息，每一代青年都有自己的际遇和机缘，都要在自己所处的时代条件下谋划人生、创造历史。”我们没有亲眼见证更没有亲身参与过历史的转折，在我们出生的时刻，五星红旗的颜色就已经凝固成了永不褪色的鲜红。

我们生在红旗下，长在春风里。人民有信仰，国家有力量，民族有希望。目光所及皆是华夏，五星闪耀皆是信仰！

（四）悠悠百年，累累硕果

建党百年来，我国科技事业走过了不平凡的发展历程。从旧中国的满目疮痍，到新中国成立后的蒸蒸日上，到改革开放后的欣欣向荣，再到新世纪吹响自主创新的号角。在党和政府的高度重视与广大科技工作者的艰苦奋斗和不懈努力下，我国的科技事业蓬勃发展，科技实力持续增强，取得了一系列举世瞩目的科研成果，为我国的社会主义现代化和创新型国家建设注入了强大动力。

1. 超算领域

- 1983 年，我国首台每秒运算 1 亿次的巨型计算机“银河 -1 号”通过了国家技术鉴定
- 1993 年，我国第一台 SMP（对称式多处理机）结构计算机“曙光一号”，是 863 计划的重大科研成果
- 2008 年，“曙光 5000”研制成功使中国成为继美国之后第二个能制造和应用超百万亿次商用高性能计算机的国家
- 2009 年，第一台国产千万亿次超级计算机“天河一号”，中国成为第二个能够自主研制千万亿次超级计算机的国家
- 2010 年，“天河一号 A”，荣登第 36 届世界超级计算机 500 强排行榜榜首
- 2013 年，“天河二号”，荣登全球超算 500 强榜首，并六度蝉联世界超算榜首
- 2016 年，神威 · 太湖之光接棒再次登顶，并豪夺四连冠
- 2021 年，我国成功研制 62 比特量子计算原型机“祖冲之号”

2. 航天领域

- 1956 年，钱学森向中共中央提出《建立我国国防航空工业的意见书》
- 1970 年，第一颗人造地球卫星“东方红一号”
- 1975 年，世界上第四个成功回收卫星
- 1975 年，世界上第四个成功回收卫星的国家
- 1981 年，世界上第三个掌握“一箭多星”的国家
- 1999 年，神舟一号无人试验飞船成功发射
- 1999 年，神舟一号无人试验飞船成功发射
- 2003 年，神舟五号载人航天飞船成功发射
- 2007 年，嫦娥一号用相机掀开了月球表面神秘的面纱
- 2012 年，“神舟九号”与“天宫一号”实现载人“太空之吻”
- 2016 年，将每年 4 月 24 日设立为“中国航天日”，提出“航天强国”发展愿景
- 2019 年，“嫦娥四号”带者“玉兔二号”开启月球探测新旅程
- 2019 年，新一代固体运载火箭“长征十一号”首次完成海上发射
- 2020 年 7 月，中国首次火箭探测任务“天问一号”发射升空
- 2020 年，“长征五号”成功将“嫦娥五号”送入地月转移轨道，成功采样

3. 国防核武

- 1964 年，中国第一颗原子弹爆炸成功
- 1967 年，中国第一颗氢弹弹爆炸成功
- 1970 年，中国自行研制的核动力潜艇下水
- 1980 年，东风 -5 洲际导弹自酒泉基地向南太平洋全程试射成功
- 1984 年，中子弹的首次原理实验成功
- 1996 年，东风 -31 洲际导弹研制成功
- 2009 年，东方 -31A 亮相世界
- 2019 年，东方 -41 震撼登场

4. 生命科学

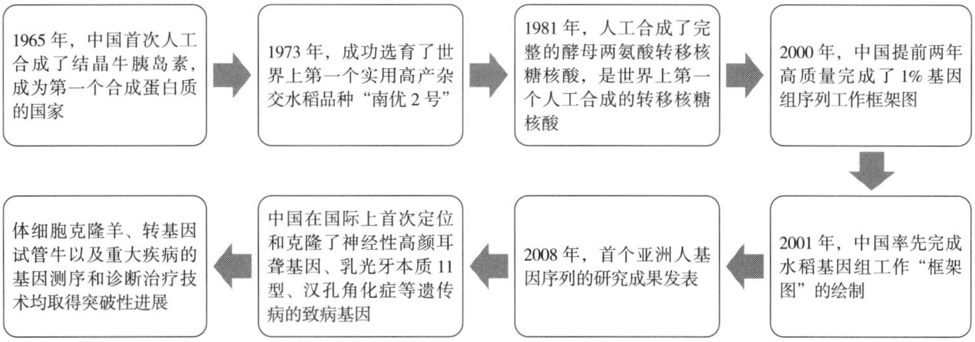

1988 年我国的第一座高能加速器；1991 年我国自主设计建造的第一座核电站；1998 年国产歼 -10 型飞机的首次试飞成功；2002 年我国成功研制首枚高性能通用微处理芯片—“龙芯 1 号”CPU；2012 年我国第一艘航空母舰“辽宁舰”按计划完成建造和试验试航工作；2016 年，我国成功发射全球首颗量子科学实验卫星“墨子”，我国也拥有了量子保密通讯；2016 年我国自主知识产权、世界最大单口径、最灵敏的射电望远镜“中国天眼”落成启用，次年 10 月，“天眼”发现了 6 颗新的脉冲星，这也是中国制造的望远镜首次发现脉冲星……

中国科技事业在党的领导下，走出了一条中国特色科技创新之路。中国共产党自诞生起就高度重视科技创新发展，毛泽东同志对科技发展作了精辟论述，正如徐特立同志在延安自然科学院建立时提出“科学！是国力的灵魂”。

三、研究体会与收获

通过本次研究性学习，我们对建党百余年来的国防科技发展有了更加深刻的理解，知晓了科研前辈为了国家的国防科技发展作出了巨大奉献和牺牲，明白了国防核武对于党和国家发展的重要性。中国共产党之所以能够成为领导中国科技事业的核心力量，归根结底是因为中国共产党始终代表着全体中国人民的根本利益，党的根本宗旨从未动摇，始终全心全意为人民服务。作为当代大学生，我们要坚决拥护党的领导，响应党的号召，为实现中华民族伟大复兴添砖加瓦。

此次研究，我们小组积极参加，分工明确，不仅培养了自己的调查分析能力，还加强了团队合作精神，这也启示我们在日后学习中要加强合作，才能共同进步。

参考文献

[1] 许可，郑宜帆 . 中国共产党领导科技创新的百年历程、经验与展望 [J]. 经济与管理评论 ,2021(02).

[2] 江泽民 . 论科学技术 [M] 北京：中央文献出版社，2001.

[3] 欧阳雪梅 . 第一代中央领导集体的科技战略思想与新中国的科技进步 [J]. 毛泽东邓小平理论研究，2012(1).

[4] 张立慧 . 中国共产党与中国科技大国的崛起 [J]. 理论月刊，2012(01).

前天·昨天·今天·明天：传承先辈精神 争做时代新人

刘羽昌 骆奕霖 欧子麒 苏江浩 石东林
（2018 级数学类韶峰班）

一、选题原因

中国共产党已经走过一百余年的光辉历程，也取得了巨大的丰功伟绩。回顾过往，中国的蓬勃发展，深刻表明了中国共产党的领导，是中国向前发展的不竭动力，是发展中国特色社会主义事业的核心力量。回顾中国共产党在百年奋斗路上的感人故事及其精神内涵，无疑具有重大意义，其中一些高尚的精神风貌值得我们当代大学生认真学习。

二、主要内容

回顾过去，中国的面貌已经焕然一新——经济飞速发展，人民安居乐业。能获得如此丰功伟绩不是一帆风顺、一蹴而就的，而是全体中国人民不懈奋斗的结果。在党的百余年奋斗史中，涌现出了许许多多的伟大事迹，这些事迹背后的精神内涵值得我们当代大学生认真学习。基于此，本文以点带面，从中国共产党的历史长河中选择若干个故事，并以这些党史故事背后的精神内涵为指导，展望未来。

（一）前天——为人民服务精神

1930 年春，朱德军长率红四军第一、二纵队来到于都县“打土豪”、“分田地”。红军胜利攻克仙下方屋土围后，朱军长也和红军战士一样，领到了 100 个银毫子的伙食补助。有了这些银毫子，朱军长准备到附近的银坑圩买一顶新斗笠，把从井冈山带下来的那顶破斗笠换掉。

这天，下着毛毛细雨，虽然已是早春，但银坑圩却人影稀疏，来赶圩的人无不感到寒意袭人，个个缩着脖子、双手拢袖。朱军长和通信员来到一个斗笠摊前挑选着，忽然传来一阵“卖米果喽”的叫卖声。朱军长闻声回头，只见一个中年妇女背着个婴儿，左手牵着一个皮包骨头、一丝不挂的小男孩，右手挎着一个里面装着米果的竹篮子，迎面走来。在寒风中，小男孩嘴唇青紫，浑身冷得直打哆嗦。将一个手指头塞在嘴里吮着，眼巴巴地望着母亲篮子里的米果。见此情景，朱军长抚摸着小男孩的头对中年妇女说：“同志嫂，现在天气这么冷，细伢子不穿衣服，会冻坏的啊！”中年妇女嘴角蠕动了几下，低声说：“唉！家里穷，孩子多，嘴巴都顾不上，哪还有钱做衣服呢？”朱军长听了，内心仿佛被针扎了几下。他就想着帮一下这一家子。他转过身，歉意地对卖斗笠的老俵说：“我的斗笠还能戴些日子，对不起，我下次再来买吧。”他回头又对通信员说：“你把钱给这位同志嫂吧，好让她给孩子添几件衣服。”通信员急忙说：“可是您的斗笠，都快戴不了了！”朱军长拍了拍他的肩膀说：“我的斗笠好歹还能将就着用，这个细伢子没衣服穿，肯定会冻坏的。听我的！”说完，朱军长戴着那顶破斗笠，返身走进了蒙蒙细雨中。通信员看着军长的背影，左右为难。但他理解首长此时的心情，很快从挎包里掏出个小纸包，塞到中年妇女景南嫂手中。景南嫂打开纸包一看，原来是100个银毫子！她赶紧拉住通信员，急切地问：“这个大好人是谁？”“他就是我们的朱军长啊！”通信员说完，转身追向朱军长。“啊——”景南嫂由感激而震惊，愣愣地看着戴着破斗笠的朱军长在寒雨中渐行渐远……

（二）昨天——艰苦奋斗精神

兰考县原设有一个颇具当地特色的“劝阻办公室”，专门劝阻外出逃荒的灾民。焦裕禄把消极的“劝阻办公室”改建为积极的“除三害办公室”，先后抽调了120多名干部、老农和技术人员，组成一支“三害”调查队，在全县范围内开展了大规模的追洪水、查风口、控流沙调查研究工作，焦裕禄也参加了这次调查。当时，许多同志考虑到焦裕禄患有慢性肝病，担心在大风大雨中奔波会使病情加重，都劝他不要亲自参加一线调研，到时听取专门汇报就行了。但他拒绝了劝告，说：“吃别人嚼过的馍没味道。”为此，他多次去老饲养员肖位芬的牛屋住，向他讨教治沙经验；也同新分到林业局的两位大学生交朋友，解决他们的实际困难，鼓励并支持他们的泡桐研究……风沙最大的时候，就是焦裕禄带头下去查风口、探流沙的时候；雨最大的时候，就是他带头下去冒雨涉水、观看洪水流势和变化的时候。他认为越是大风大雨的恶劣天气，越是掌握风沙、水害规律最有利的时机。为了弄清一个大风口、一条主干河道的来龙去脉，他经常不辞劳苦地跟着调查队，追寻风沙和洪水的去向。调查队日复一日实地考察研究，跋涉了5000余里，掌握了大量兰考“三害”的第一手资料。全县84个大小风口，经调查队一个个查清，编了号、绘了图；全县大小河流，淤塞的河渠，阻水的路基、闸口等也调查得清清楚楚，绘成了详细的排涝泄洪图。

（三）今天——奉献与担当精神

2003年“非典”暴发时，钟南山院士大义凛然：“把重病人都送到我这里来，医院是战场，我们是战士，我们不冲上去谁冲上去！”2019年，新型冠状病毒来了，钟南山仍怀着战士的坚毅与国士的担当，一路奔波不知疲倦，满腔责任为国为民，令人肃然起敬！

他，有着战士的坚毅。钟南山院士在84岁的耄耋之年临危受命，作为国家卫健委高级别专家组组长，他义无反顾地赶往武汉疫情防控最前线，不禁让老百姓感叹：“大国重器，国士无双。”照片中，钟院士坐在嘈杂的餐车一角，他正在赶往武汉的高铁上，面前摆着文件和电脑。又是行程满满的几天，他连轴转地参加会议，奔赴疾控中心，上媒体直播。在如此高强度的工作中，钟南山仍铭记自己的使命，在小憩的同时仍在思考问题，如此坚毅的精神让人无不肃然起敬。

他，有着国士的担当。钟南山建议公众“没什么特殊情况，不要去武汉”，自己却做了“逆行者”，义无反顾地赶往武汉防疫第一线，满满的行程安排，风尘仆仆，但依然不忘被病痛折磨的人们。他像是一柱火炬，哪怕年事已高，也不忘散发余热。他挺身而出，勇敢地逆行，奔赴疫情灾区，带领医护人员，与病毒做抗争，与死神争分夺秒，毫不客气地在它的刀下抢回一个个生命，甚至冒着生命危险亲自拯救危重病人。他的话犹如定海神针，让中国成千上万的人民看到了战胜病毒的希望。

（四）明天——拿好接力棒，奋力跑好新时代

从过去到现在，挑战接踵而至，但一直有不忘初心、砥砺前行的人，他们无悔付出，不惧艰险，不忘来路。一个社会正是因为有这样的人，才能始终充满着活力与生机，我们也因为这些人的存在而过上了更好的生活，但当这些人一个个离我们而去时，我们除了怀念，还有更重要的事情要做！

一个国家和民族之所以可以长盛而不衰，就在于精神的传承。我们能在一个安逸舒适的环境中成长，是因为有军人在保护着我们的国土；是因为有科学家开发新技术来造福社会。当他们离我们而去时，时代的接力棒就落到了我们手中。

这一棒应该如何跑？新时代，新跑道，需要时代新人走好自己的长征路。作为担当民族复兴大任的时代新人，我们就应该传承先辈的优良精神。我们要发扬为人民服务的精神，苦干实干、艰苦奋斗，做新时代的新青年！

三、不足与收获体会

（一）不足之处

第一，课本理论知识学习不到位。我们小组成员都是理工科学生，对马克思主义理论知识的掌握还很不够，在课堂学习理论知识时，我们学习得并不透彻，往往忽略了很多重要细节，这导致我们在做研究时对于理论层面的相关思考比较薄弱。

第二，小组成员的信息素养有待提高。我们小组成员由于缺少专业的学术训练，在对相关信息进行检索以及筛选时，没有足够的能力去辨别以及评估这些信息的质量，故对网络来源的信息和资料的辨别力有待提高。

（二）体会与收获

通过这次的研究性学习，我们小组收获颇丰，这主要体现在以下三个方面：

首先，我们深刻地感受到了中国共产党执政为民的决心。中国能有今天之繁荣，正是因为我们有一个充满活力生机，为人民谋幸福的执政党。

其次，我们受到了党史故事中伟人们奉献精神的熏陶。在当今社会存在着一些利己主义风气，但过重的利己主义是不利于社会发展的。如果人人只考虑自己的利益，那么社会就会失去发展的活力。我们作为当代大学生，是未来社会发展的中坚力量，要培养奉献精神，为全面建设社会主义现代化强国贡献自己的力量。

最后，我们克服重重困难，增强了自身的综合素质。经过这几个星期的合作学习，我们不仅学到了关于扶贫的知识，学到了研究资料的收集、整理与分析能力，还认识到了团队合作的重要性。

参考文献

[1] 吴林红 . 大多数“巨婴”都是撒泼的利己主义者 [N]. 安徽日报 ,2020-03-19(11).

[2] 靳义亭 . 焦裕禄精神的当代价值及对青年学生的启示 [J]. 河南工业大学学报 (社会科学版),2018(06).

[3] 张续 . 焦裕禄精神与新时代的关系研究 [J]. 南阳理工学院学报 ,2019 (01).

下篇

总结评价：在教学改革创新中立德树人

在《概论》课研讨式教学中学史力行

曾洵（2018级材料类师昌绪班）

大三的下学期，我迎来了对我影响非凡的一门课程——《概论》课。由李雅兴老师主讲的这门课程教学内容、形式都很丰富，无论是课堂上老师的讲述，还是课外同学们一起进行小组合作，都让我有很深的感受。

通过《概论》课程的学习，我受益匪浅。《概论》课与其他课程相比，虽然都有老师的课程教授，但是最大的不同就是有非常多小组学习的机会。李老师采用新的教学方式来让我们学习知识，在这样翻转课堂的形式下，让我大开眼界。这种教学方式的优点是使我们参与到课堂中去，在准备的过程中使得我们对知识的吸收更加充分。查找资料的过程就是我们学习知识的过程，这是一种主动的学习方式，相比于传统教学方式，我们的收获更多，吸收到的知识可以为我们所用，从知识中的收获也更加多。这样的方式不仅仅对自我学习能力有很高的要求，同时对团队协作能力也有很高的要求，考察了我们同学之间的配合度。这样的教学方式对同学们的综合素养有很大的提高，让同学们了解到的不仅仅是书本上的知识，还有更多扩展的知识。

通过各组的讲解，我学习了党的历史，清楚意识到党的先进性和纯洁性建设始终是贯穿党的建设的一条红线。当前，中国共产党正走着一条独特的具有中国特色的社会主义道路，我们应当坚定道路自信、理论自信、制度自信和文化自信，作为新时代的大学生，我们要不忘初心，既仰望星空又脚踏实地，为中国梦的实现增光添彩。

同时在个人学习方面，我们要完成抗美援朝精神的课程汇报和一篇小组论文。我选的人物是在中印边境中牺牲的四位战士。通过翻阅资料和观看中印边境冲突视频，那四位英雄成了我由衷敬佩的偶像。他们原本可以像我们一样在象牙塔里体验大学生活，但他们将生命化为了界碑，永远镌刻在了中印边境上。所以我感到很幸运，能够在《概论》课上自行选择四位英雄人物进行介绍与学习，这个学习过程我相信对我一生都会有不可磨灭的影响，因为我自己也是一名退伍军人。

《概论》课让我收获的东西实在是太多，现在仔细回顾第一节课到最后一节课，我也有了许多心得体会。首先，我认为我需要多阅读党史著作，去深入了解每个时代的党史人物，不断地复盘总结，也要激励自己不断进步。其次，即使《概论》课已经结课，但我还是想多阅读马列主义、毛泽东思想等相关经典著作，结合我们国家的国情，做一个关心国家发展，关注社会发展状况的中国青年。最后，通过PPT汇报，我认识了许多了不起且可敬可爱的党史人物。事实上，我去了解他们并不是只能通过阅读党史书籍等方式，如果我关心时事，常看新闻，我就会有更多了解，也会更早受益。所以我需要培养关心时事的习惯。

建议在研讨式学习中多增加点学生互评的环节，这样也会更有利于同学们增强课堂参与感，可以调动学生上课的积极性。

总之，我对于本学期的《概论》课程非常满意，感谢李老师对于我们的付出，李老师精心设计了研讨式、开放式的教学内容，使得教与学在互动中实现了有机结合，从而发挥了我们在教学过程中的主体作用。很幸运可以在李老师的课堂上收获那么多，让我在科研能力、自学能力、表达能力、思维能力、创新能力、协作能力、评价能力等方面得到了大幅提升。作为师昌绪班的学生，我会将这些能力带入日后的科研学习中。作为一名退伍军人，我有着十分浓厚的家国情怀，我将进入北京大学继续深造，希望可以在各项卡脖子技术中攻关一项，为国家作贡献，争取更大进步，不辱使命！

调动学生学习积极性的课堂教学

熊伟（2018级材料类师昌绪班）

进入大三下学期，我们学习了《概论》这一门公共理论必修课，在开课之前，我本以为这门课程会有通篇繁杂的理论，或者和上党课一样严肃而令人略感压抑。然而，和我所想的相反，老师的课堂气氛相当活跃，让原本晦涩难懂的理论变得通俗易懂起来。

这学期的课程，李雅兴老师以中国共产党“奋斗百年路，启航新征程”为主题，将党史教育融入《概论》课，进行研讨式教学，和以往老师在讲台上讲，同学们在台下听的模式不同，老师通过布置小组课题，让我们进行小组学习成果汇报，大大加强了同学们的互动感，让我们同学变成了课堂的主角，极大地调动了同学们的主观能动性，提高了大家的学习效率和学习热情。

在这一百年间，中国经历了艰苦卓绝的国民革命战争、土地革命战争、抗日战争和解放战争等一系列战争，无数革命先辈们抛头颅洒热血，用自己的血肉之躯筑起了中华民族的脊梁！而今天的我们，在享受着先辈们为我们创造的安定生活的同时，更应该深入了解中国共产党奋斗的艰苦历程，只有这样，我们才能有着坚定的信念，将中华民族伟大复兴的重任扛在肩上勇往直前！

在准备小组学习成果汇报时，我们首先想到的是那些在革命斗争中总是冲在最前面的青年们，百年前的今天，正是这样一群和我们年纪相仿的有志青年——陈独秀、李大钊、毛泽东等创立了中国共产党，从而开启了中国革命的新篇章。因此我们小组决定以“永远跟党走，争做新青年”作为汇报主题，从选题讨论到制作PPT、设计问卷，进行问卷调查再到上台展示，我们相互合作，分工明确，实地走访调研，查阅了大量的党史资料，了解了许多党史重要事件和伟大人物的故事，对中国共产党的百年历史征程有了更深刻的理解。这次的研讨式教学活动，不仅丰富了我们的党史知识，让我们对中国共产党百年奋斗历程有了更深刻的认识，更重要的是，我们的团队精神和团队协作能力得到了培养和锻炼。这对我们今后步入社会也有莫大的帮助。

这次的研讨式教学让我获益匪浅。同时，也提一点小建议，我觉得可以不定期进行党史知识抢答比赛的小活动，这样更能调动同学们的积极性。

这次研讨式教学让我真正认识到：身为当代青年大学生，我们肩负着实现中华民族伟大复兴的重要使命，我们应该向革命先辈们看齐，学习他们百折不挠的坚定信念，在实现中国梦的道路上，攻坚克难，勇往直前！

不一样的课堂教学

雷鸣（2018 级材料类师昌绪班）

《概论》课开展的研讨式教学活动中，一方面，我深切地感受到了开展党史教育的必要性，只有充分了解中国共产党历史，才能更好地了解中国共产党；另一方面，本次的教学活动带给了我巨大的收获，令我受益匪浅，包括从开始的选题，查找资料，到后来的初稿然后修改，再到最后的上台展示，小组成员相互合作、分工明确，这不仅让我了解了许多真实的历史事件和伟大的历史人物，而且丰富了自身的党史知识。也许，许多知识可以在课本上学习，但是又有太多的知识是在课本之外获取到的，这也正是此次研讨式教学活动所带给我的启示，这次不一样的学习，让我了解到更多中国共产党的重大历史事件，通过这种方式可以更好地引导当代大学生学党史，培养爱党爱国情怀，能让我们更深入了解中国共产党百年奋斗历程中的苦难辉煌，更好地掌握马克思主义中国化的进程和成果。

研讨式教学活动，虽然从总体上来讲可以说已经尽善尽美，但我还是有一些个人的见解与看法。一方面，在每一次小组成果展示环节结束后，可以不仅仅局限于老师一个人进行点评，也许可以选择几个学生代表和老师一起，对每一个组的作品进行公平公正的评价，这样不仅可以帮助每个小组从多方面改进成果报告质量，还能有效调动教学氛围，会让研讨式教学活动锦上添花。另一方面，我觉得可以适当地增加一些党史知识问答环节，对同学们进行随机提问，这样既可以丰富大家的党史知识，有助于积累更多的党史方面的知识，又可以坚定大家爱党爱国爱社会主义的决心与信念，可以在以后的研讨式教育活动中加以选择。这一次的研讨式教学活动可以说是非常成功，可能会有一丝丝的不足，但是瑕不掩瑜，对我的内心产生了深远的影响，令我印象深刻。

一个学期的《概论》课，生动体现了李雅兴老师的“传道授业解惑”风范，研讨式教学为我的人生留下了浓墨重彩的一笔。

充满学理性思考的《概论》课堂

彭雪（2018 级材料类师昌绪班）

《概论》课与我往常学习过的课程不太一样，老师没有填鸭式教学，而是能够将党史知识融入我们的课程当中，通过翻转课堂的形式，让同学们能够自由发挥自己的想象力与创造力，运用不同的方式来讲述一些党史教育的故事，像拍视频、表演、朗诵等形式不仅剔除了运用传统课程讲授方法时接受知识的枯燥与无聊，还能让我们更深层次地了解到知识的丰富内涵，面对自己所调研的内容我们深入了解，积极探究，面对其他小组所调研的内容，我们也能够认真积极友好交流，所以我认为这次党史教育融入《概论》课研讨式教学让我们学到了很多，也避免了课程的乏味。总而言之，课程很有意义，让我感到十分新奇。

在研讨式学习活动中，我们小组主要研究的主题是通过红色家书来传递红船精神，为了真切感受那一段历史并获取更多相关知识，我们特意选择前往位于长沙的湖南省党史陈列馆以及雷锋纪念馆进行现场调研，我们在展馆中了解到了许多之前不甚了解的党史故事，认识了许多未熟知的革命烈士，这次调研对我们小组的研究带来了很大的帮助。

对于课程研讨，我感觉不足的地方是各小组之间缺乏提前交流，容易出现研究主题雷同的情况。所以我建议在今后的研讨性学习活动中大家能够加强交流，尽可能多地学习新知识。参加了这次课程研讨活动后，让我深刻意识到，将党史教育融入我们的《概论》课堂中是一场学理性的思考，我们作为新时代的大学生，要饮水思源。党史知识是我们必不可少的知识储备，作为理工科的学生，在学好专业技能的同时，最好能将党史知识时刻牢记，要真正做到吃水不忘挖井人，感受中国共产党人及革命先烈们的无私奉献，不负先烈们为追求民主、自由、平等而做出的努力。

本次课程研讨活动，我收获很大。我敢于站上讲台进行演讲，这锻炼了自己的口才以及胆量，在反复修改文稿的过程中也锻炼了自己的写作能力，在与队友的一次次交流中也提升了自己的协作能力与团队精神，相信这种实践活动将成为我今后学习生活的助力！

非常成功的《概论》课堂教学

罗洁琛（2018级材料类师昌绪班）

通过党史教育融入《概论》课研讨式教学，我受益匪浅，并明白了只要你用心去做一件事，那它就一定能做好，至少是能让自己满意。首先是在准备我们小组的成果报告时，我们小组深入地学习了解了抗美援朝精神，搜集了许多感人的抗美援朝战争故事，向同学们展现了伟大的抗美援朝英雄。在这个过程中，虽然也有艰辛，遇到了些许问题，但在老师的精心指导下，我们小组成功克服了这些问题，最后完美地向同学们展现了我们小组的成果报告。

在遇到的各种问题中，最难以克服的是将抗美援朝精神与我们当代青年的责任与担当很好地联系在一起。而曾经作为军人的曾淘同学将这种精神与时政热点——中印边界冲突问题联系在一起。在这静好岁月背后，是因为有人替我们负重前行，有人在用生命守护这片土地的安宁，有人在书写着“忠孝无法两全”的家国情怀，我们才能畅谈家长里短，关注娱乐八卦。通过这种方式，我们小组终于将抗美援朝精神与当代青年的责任与担当紧密地联系在了一起。

当然在上台展示的过程中也存在些许不足，因为准备的案例过多，我们展示超时了。所以我觉得在以后的报告展示，我们需要控制好时间，对搜集的案例更精心地挑选，选择更具有代表性的案例来展示。除了本小组的展示，其他小组的展示也让我学习到了很多。其他小组的展示形式多样、丰富多彩。朗诵、话剧、微电影等丰富多彩的表现形式极大地增强了课堂的趣味性，使同学们以一种全新的方式去感悟党史故事，领会其中的精神内涵，这对年轻人来说是一种非常好的方式。

个人认为本学期的党史教育融入《概论》课研讨式教学非常成功，非常感谢老师给予的帮助和支持！

重温党史的《概论》课程教学

曾冰钰（2018级材料类师昌绪班）

《概论》课程给我们提供了一个重温党史的机会，让我们能明得失，深刻剖析自我、认清自我。

不同于其他的专业课程的考核形式，《概论》课程考核形式多样，让我们主动学习，让我们自己去挖掘自己感兴趣的知识。通过党史教育融入《概论》课的研讨式教学形式对学生进行授课，我们在学习过程中的收获和感悟是巨大的。除了课程考核形式的多样，李老师极富感染力的课堂教学以及针对成果展示的点评也让我收获颇丰，我相信老师不仅是想传授我们理论知识，更重要的是树立大家正确的世界观、人生观和价值观，培养每位同学的家国情怀，做一名为社会和谐发展、祖国繁荣昌盛有奉献的人。

通过这一学期的学习，我结合自身实际，有了几点体会。首先，研讨式教学能拓宽我们的思路，形成思维火花的碰撞。以PPT课堂展示为例，我们小组结合自身工科生的身份，最终决定以“两弹一星”精神作为课堂展示的主题。而“两弹一星”精神可以从许多不同的方面进行展示，在我们组关于选取哪个角度切入而拿不定主意时，通过小组内的相互讨论以及与老师、助教的沟通交流，我们确定了更清晰的框架结构去讲述党史故事，最终敲定以邓稼先的感人经历为切入点为大家讲述“两弹一星”精神。其次，研讨式教学让我对于知识的学习更加深入，而不是停留在表面。在论文的撰写以及PPT准备的过程中，我搜集了许多有关“两弹一星”精神的资料，搜集资料的过程让我对于“两弹一星”精神有了更为全面的认识，“两弹一星”成功研制铸就了共和国的核盾牌，奠定了我国国防安全体系的基石，为我国的国防事业添上了浓墨重彩的一笔。此外，将党史教育融入《概论》课，不仅提高了我的理论水平，而且让我增强了对党的路线、方针、政策的理解。

我们作为新时代的青年，在享受着老一辈科学家们用汗水奋斗出来的美好生活的同时，也要学习领悟老一辈科学家的艰苦奋斗精神，懂得在艰苦岁月中奋斗出来的美好生活来之不易。

具有明显创新的《概论》课教学

曹湘杰（2018级材料类师昌绪班）

本学期的《概论》课程由李雅兴教授讲授，李老师以我们学校的特色班级为试点，开创了“党史教育融入《概论》课研讨式教学”教学方式，使《概论》课程的教学、考核方式别具一格。经过了一个学期的学习，李老师富有新意的教学方式使我受益匪浅，在此将自身的些许心得记录如下。

在我看来，“党史教育融入《概论》课研讨式教学”最突出的两点创新，一是将党史教育与《概论》课融为一体，二是将课程考核方式由传统的试卷考试形式转变为综合式考核方式。

“学四史”是习近平总书记所倡导的全民学习活动。在李老师的课上，李老师总会将党史和课程知识联系起来，或给我们讲述一些有趣的党史故事，或给我们分析某个知识点和某个党史事件的背后联系，让我们学得更有趣、更深刻。除此之外，李老师也是聚焦党史上的某件事或某个人物来进行阐述，为我们提供了一个非常好的学习四史的机会。我们组的课题是“两弹一星”，通过这次学习，我更深入地了解到了党在社会主义建设时期所做的决定是多么的英明。同时，那个时期的科学家们是多么的不容易，他们的精神又是多么的可贵，使我深受感触。

李老师将传统的考试形式改为综合式考核，以团队为单位进行课题研究，同时制作PPT进行现场讲解，还包括撰写调查报告、写小论文。这种考核方式既培养了我们的团队合作精神，提升了团队的学习能力，又充分提升了个人的学习分析能力。就我而言，我认为自身最大的收获就是演讲能力得到了极大的提高。我负责讲解“两弹一星”精神的启示，在讲解过程中，我做到基本脱稿，眼神与观众交流，同时使自己充满感情，我在准备演讲的过程中明白了一个道理：只有先将自己感动，才有可能感动别人。因此，我自己认真学习“两弹一星”精神，将自己代入情景，切身感受，再将自己的所感如实地传达给老师、同学们。的确，在演讲完后李老师表扬了我，我很感谢李老师，但我并没有骄傲，我认为将我内心的感受如实传达给别人是没有什么了不起的。

对于这种研讨式教学方式，建议进行小组之间的互评，小组之间的互相评价对于每个同学的成长是十分有帮助的。

沉浸式“悟”党史的课堂教学

朱越（2018级材料类师昌绪班）

回首本学期李雅兴老师新颖独到、旁征博引的课堂教学，我收获颇多，具体有以下几点体会。

本学期的《概论》课堂让党史知识自然融入其中，结合老师的讲述，我感到全程很舒心。可以说理性层面，我学习了中国化的马克思主义；感性层面，我了解了可歌可泣的奋斗故事。

第一，李老师的《概论》课让我增强了对湖南、对湘大的自豪感。李老师常常在讲述大事件的过程中穿插湖南地方历史，这些地方历史同样展示了中国人民反帝反封建、争取民族独立的历史进程。而且，这些“活着”的历史，这些关系与我们如此亲近的历史，更激发了我们对历史的兴趣！老师经常教育我们的就是一定要树立家国情怀，不能被历史虚无主义思潮所欺骗。在最后一堂课上，我们一起从《沁园春·长沙》这首诗词中体悟毛泽东的家国情怀，我明白了人若没有家国情怀，视自己所处的现实为无物，就会陷入历史虚无主义的深渊。

第二，本学期我们也四次参与了全国大学生同上一堂思政大课活动。于我而言，这堂思政大课，意义非凡。直播课中，冯秀军老师围绕中国青年的责任与担当展开一系列讲解，她谈到，青年人要有“胸有大志、心有大我、肩有大任、行有大德”，谱写大写的青春。作为大学生，用读书积蓄力量，培养硬核专业知识，用努力奋斗的青春回应时代的挑战是我们的责任与担当。在改革开放史的讲解中，王向明老师以“世界历史的中国答卷，改革开放的伟大意义和历史启示”为主题，讲述了中国改革开放的伟大成就，证明了中国必须坚定不移地走自己的路，中国改革开放的伟大成就为科学社会主义的实践注入了勃勃生机。通过重温党的历史，我在学习通里进行了“我将无我，不负人民”的讨论，也分享了今年在武汉抗击新冠疫情的亲身经历，这使我更深刻地认识到，没有共产党就没有新中国，中国共产党的领导是实现中华民族伟大复兴的根本保证，中国共产党一定能够肩负历史重任，不负人民重托，带领中华民族走向辉煌的明天！

第三，当李老师要求我们述说中国故事为党献礼时，我便想到了我们大一时参加的红色家书朗诵活动，想到了我的母校警予中学，向警予曾说过，人生价值的大小是以人们对社会贡献的大小而定的，从小我便立志成为向警予一样的人，敢为人先、勇于担当，时刻准备着，承担起时代赋予的历史责任。通过在湘大特别优秀的同学面前分享，我感到非常激动与自豪，真心希望能让大家都有所启发与自省。

我们小组也经过三个小时的车程，去到了湖南省党史陈列馆与邻近的雷锋纪念馆。进入党史馆内，从一楼至四楼，随着步伐的渐缓，我们感受到了党走过的伟大历程，每个共产党员都有一个不平凡的信仰。在就要离馆的时候，我们听到了嘹亮的宣誓声，走近一看，原来是新入党的党员在进行入党宣誓，听着那铿锵有力的声音，我深深地感受到了我们党为人民服务的坚定信念，这让我不由得从心底产生一种对共产党人的敬仰和爱戴之情。未来是美好的，党的方针政策是英明的，我们要永远拥护中国共产党，永远跟党走。

最后我的建议是：我认为课堂可以再多些讨论、发言，结合大学生日常生活、社会现象一定会更有意思，也能锻炼我们的辩证思维。其次，本次研讨性学习报告多组选题重合，对同学们观看兴趣略有影响，可以在开始汇报之前汇集一下选题并提前协商。

课堂精彩纷呈 教学回味无穷

邓竣升（2018级材料类师昌绪班）

通过这一个学期对《概论》课的学习，让我对毛主席又有了更深层次的认识，之前对毛主席的认识一直停留在他是充满智慧、充满胆识、在中国历史上开天辟地的伟人。但是通过李老师的讲解，毛主席的形象在我心中更加生动形象。为了正义，他会和父亲斗争到底；当下雨时，他会先帮邻居收完麦子才会顾及自己家的。让我不禁感慨，我们国家能有这么可爱又可敬的领导人是一件多么幸运的事啊。同时，也让我意识到我们的责任与义务，作为当代大学生，我们更应该从毛主席身上汲取智慧，学习毛泽东思想，树立正确的世界观、人生观、价值观。

从研讨式学习中我也受益匪浅。通过小组的合作，经过一番讨论之后，我们决定研究“两弹一星”。我想，如果是一个人构思的话，肯定达不到很好的效果，效率也不会这么高。此外，研讨式学习也给了我们更多的自我发挥空间，增强了我们学习的自主性，让我们对所研究的内容有更深层次的感受与体会。在老师的指导下，我们最终确定研究邓稼先，从他身上来挖掘“两弹一星”精神，通过查阅资料，我才发现伟人之所以能成为伟人是有原因的，是因为他能抵住帝国主义的威逼利诱；他能在艰苦的环境中勒紧裤腰带做研究；他能在身患绝症之时还一心想着中国的核事业……哪一点不让人为之动容呢？正是有了研讨式学习的契机，我们才会去主动了解党史，主动去了解这些名字耳熟能详，但事迹却知之甚少的伟人。

不知道为什么，一直感觉李老师的课有一股魔力，课堂精彩纷呈，总是会吸引着我一直听下去。每次我一不小心走神了，李老师激情澎湃的发言马上就会把我从游离的思想中拉回来。每当她讲起毛主席青年时期发生的故事的时候，我总会情不自禁地投入进去，她讲完之后还是给我一种回味无穷的感觉，有种想要继续听下去的欲望。总之，真的很幸运能在《概论》课中遇到李老师。不管是在李老师的课上，还是在李老师身上，我都受益良多！

教学效果有了质的飞跃的课程改革

原炜智（2018级材料类师昌绪班）

在大三的下学期，我学习了大学期间最重要的思政课必修课程之一——《概论》课程。在此，我将在本报告中详细阐述我的学习历程和收获体会。

第一，关于课程学习的体会。我开始乐于学习伟人的思想，而不是错误地认为这仅仅是一门文科课程而已。显然，这对我的帮助远不止扩充我的知识库，这门课扩充的是我的思想深度、思维活跃度；还提升了我的思维敏锐性和阅读理解能力。故而我坚定地认为这是对我而言最重要的课程之一。在本课程中，李雅兴教授带领我们全面学习了毛泽东思想的主要内容、活的灵魂与历史地位；学习了邓小平理论、“三个代表”重要思想、科学发展观的思想精髓以及习近平新时代中国特色社会主义思想的核心要义。这些知识，让我对中国特色社会主义理论体系有了更加全面的认识，扩大了我的知识面。

在课程的学习期间，李雅兴教授用晓之以理、动之以情的讲述方式，辅以多方式多角度的教学形式，而非照搬文字内容，让每堂课的内容都能映在我脑海。每当回想课堂上老师讲述的内容，都对我的灵魂产生触动，让我的思想有了质的变化。我不再是只知道口号而不知道内容的随大流者，而是开始思考、领悟伟人的思想核心，领悟政策的意义及其使命。

第二，关于“研讨式”教学。在该课程的学习中，李老师的教学方式让我眼界大开，“研讨式”教学方式贯穿整个学期的授课之中。其中包括了：实地调研考察、亲身体会社会与伟人思想的成果，完成问卷；团队协作、分工协作完成学习；在课程中亦有专门的时间进行学生讨论交流，师生共同演讲活动，以及覆盖到所有人的课件展示环节等。

例如，我小组在进行有关《湘潭市生态文明建设调查问卷》的征集分析活动中，来到多个社区、村镇进行调研，包括走街串巷搜集湘潭市居民们真实的意见，与多地居委会合作，将调查问卷发给居民，实地调研成果显著，我们收集了逾1600份调查问卷，是要求的两倍以上，实地调研与群众的接触交流，无疑对我影响深远。另外，我们在PPT展示、自由交流环节都探讨了关于伟人事迹、伟人的思想要义等内容，收获远大于书本文字，最后的小组PPT演讲更是带给我们重要进步。

综上，我坚定地认为李雅兴教授所倡导的“研讨式”教学使得教学效果有了质的飞跃，使得原本有些同学认为的枯燥的内容变得活灵活现。

第三，课程的启示。本课程的全面的教学内容、高质量的“研讨式”教学于我有着重大的意义。我是一名新入党的中共党员，是党的新鲜血液，该课程使我对党史、伟人、党的政策有了全面的、深化的认识，且经过课程的学习，我明显有了深刻思考的渴望、更强的表达能力。

另外，在我的未来规划中，我亦希望成为一名老师和科研工作者。李雅兴教授的教学使我对于我的未来有了新的思路，在将来我教书育人的那一天，我也会提倡：师生研讨、积极交流、课本内容结合实践、让学生切身体会书本内容，给学生展现自己的机会。故而，我很荣幸能在本科期间受到李雅兴教授的教育与启示，对此万分感激！

第四，改进建议。在研讨式教学中，我认为还要多加强与学生的互动。教学最理想的模式便是让每位学生参与其中，且乐于学习，汲取知识。若能够在讲述期间增加给学生们思考交流并发表见解的机会，教学质量定会更上一层楼，获得展现机会的学生亦会有深刻的体会与充实的收获！

厚植家国情怀的课堂教学

许诗瑶（2018级材料类师昌绪班）

为深入贯彻落实习近平总书记关于思政课落实立德树人的根本任务和在党史学习教育动员大会上的讲话精神，在本学期的《概论》课上，我们开展了别具一格的教学形式，即党史教育融入《概论》课主题研讨式教学的形式。我们深入了解了中国共产党百年奋斗的苦难辉煌历程，更好地了解了马克思主义中国化的进程和成果。

在此次研讨式教学中，李雅兴老师和助教们尽心竭力帮助我们精心挑选题目，探索交流，提出修改意见，使我们的成果更加完善。各小组成员探讨选题，查找资料，分工合作，互相修改，为呈现出更好的成果不断努力。最终呈现在我们眼前的是百年党史中一个个令人敬仰的伟大人物、一段段令人铭记在心的历史。在探索和实践中，我们更好地了解了中国共产党的百年峥嵘岁月，了解了中国共产党人迎难而上的光辉历史。

在学习成果汇报中，各小组的选题有：两弹元勋邓稼先，立国之战——抗美援朝，脱贫攻坚楷模——黄文秀，学习王尽美精神，发扬红船精神等。在我看来，大家的汇报的主题都深刻体现了中国共产党人的家国情怀。在这次研讨式教学中，给我最大的收获是在查找资料、撰写报告、听取成果汇报中我更加深入地体会到了家国情怀的真正含义。什么是家国情怀？家国情怀是一个人对自己国家和人民所表现出来的深情大爱，是一种深层次的心灵感触和人生追求。家国情怀是实现民族复兴的内生动力。从洋务运动到百日维新，从辛亥革命到五四运动，一代又一代中国人为了民族振兴、国家富强，舍小家顾大家，舍小爱成大爱，颠沛流离，上下求索，流血牺牲，前仆后继。以国为家是那个时代无数进步青年的主流色彩。我们青年人应以敢为人先、舍我其谁的气魄，勇立时代潮头，与以改革创新为核心的时代精神相对接，在新的历史条件下，不断迸发锐意进取、敢为人先的创新精神，不断增强与市场经济相适应的自主、平等、竞争、效率观念，以国家利益为使命，在为实现中国梦而奋斗中砥砺前行。

在这次研讨式教学中，我收获颇多。

首先，这种全新的授课形式，让我们深刻地记住了一部分党史知识。比如说我们组原来的选题是“润之诗词窥乾坤——从毛泽东诗词看中国共产党百年峥嵘岁月”，虽然这个选题范围太大，并没有最终采用。但在查找资料、探讨交流和撰写报告中，我和我们组的成员都详细了解了建党一百年来党史上的各个阶段的特点以及重要历史事件，深刻体会了以毛泽东同志为代表的中国共产党人的奋斗历程。在精确选题后，我们的选题更改为“润之诗词窥乾坤——从《沁园春·长沙》感受家国情怀”。在重新寻找资料、撰写报告的过程中，结合前一阶段了解的百年党史，我们更加理解了家国情怀及其重要意义。今天，我们作为新时代青年应当接续这种家国情怀，传承这种支撑中华民族生生不息、薪火相传、兴旺发达的精神力量。

其次，这种全新的教学形式增加了学生的参与感。我们更有兴趣也更愿意真正参与到学习的过程中。研讨式教学，让我们真正参与到了课堂中，在参与调研的过程中学习到了真正属于我们自己的知识。

最后，这种党史教育融入《概论》课研讨式教学方式很好地强化了我们的团队合作意识以及演讲能力。在确定选题时，我们各自提出想法，并找出论据支持自己的想法，最终通过小组讨论得到一个一致的想法。接着大家各自进行文献调研并分享优秀的文献，有效提高了文献的阅读量。接着在撰写学习成果汇报和制作 PPT 过程中，我们分工合作，互相修改，让成果以一种更完美的形式体现。最后，我们在课余时间按照上台的形式练习演讲，从而使汇报结果更加完美，在这过程中我们的演讲能力得到了很大的提高。

在这次研讨式教学中，我们也得到了一些启示。德国教育家第斯多惠曾指出：“教学的艺术不在于传授本领，而在于激励、唤醒和鼓舞。”我国著名教育家陶行知先生也强调“好的先生不是教书，不是教学生，乃是教学生学。”诸如此类的教育名言虽表达方式不一样，但本质都是在强调教学方式的重要性。研讨式教学法恰好能达到这样的教学目的，该教学法能在实践中培养学生的思维、自学、写作、教学、口头表达、研究、创新等多方面能力，提高学生的综合素质。在以中国共产党“奋斗百年路 启航新征程”为主题开展的研讨式教学中，不说别人，就说我们小组，我们在研究中国共产党百年党史和毛泽东的家国情怀的过程中，自主选题、查找文献、撰写成果报告并以 PPT 的形式汇报，就很好地锻炼了我们的思维、写作、口头表达、研究等能力。因此，我认为李雅兴老师的研讨式教学有着很重要的意义，值得推广。

最后我提个小小的建议，就是我觉得或许可以尝试跳出 PPT 这种较传统的展示形式，改用话剧等形式来体现党史故事及其中的英雄事迹，是不是更好?

感谢李老师及其教学团队这一学期的陪伴，很珍惜也很难忘这一段我们共同学习进步的过程。

弥补自身不足的课堂教学

梁世昂（2018级材料类师昌绪班）

本学期《概论》课采用新的教学和考核模式，即由之前的百分之百老师讲、学生听，期末用考试的形式检验学习成果转变为老师和学生各讲一半；老师讲课本、学生讲自学成果，最终通过成果展示来检验学习效果。总的来说，这种新的教学模式更加注重了学生的参与度，考核的标准也更灵活。

须知《概论》课并不是要教给学生死的公式和定理，也不是为了让学生死背理论和概念，它更多的是为了使大学生对马克思主义中国化时代化进程中形成的理论成果有更加准确的把握，对中国共产党领导人民进行的革命、建设、改革的历史进程、历史变革、历史成就有更加深刻的认识，对中国共产党在新时代坚持的基本理论、基本路线、基本方略有更加透彻的理解，对运用马克思主义立场、观点和方法认识问题、分析问题和解决问题能力的提升有更加切实的帮助。因此，呆板的“你讲我听”模式不能够很好地契合这门课的基本要求，而更灵活的“自学展示”模式则可以让学生在小组合作共同解决问题的过程中锻炼运用马克思主义立场、观点和方法来认识、分析、解决问题。

接下来谈一谈在学习过程中我学到了什么。

在小组合作来完成题目的过程中，我们查阅了许多资料，也观看了一些相关人物的纪录片，观看阅读的过程也是学习探索的过程。我们的题目是《永远跟党走，争做新青年》，我们分别在四个历史阶段找到了一些使我们印象深刻的青年模范，他们有李大钊、陈独秀、刘胡兰等人，通过对他们的故事的了解，我深刻认识到了青年是一个时代的化身和缩影，是一个时代精神和时代特征的鲜活体现。

本次研讨式学习的过程中，我们暴露出了一些问题。在研讨过程中我发现我们的党史知识都比较匮乏，这是我们的不足，同时也正是研讨式教学的意义所在。我们发现不足，尽快弥补。经过开展本次研讨式活动，我们加强了整合资料的能力，了解了很多关于前辈英烈们的革命事迹。从刚开始的完成任务到后面经过老师指导后的认真制作，我们改进了整个PPT的排版、内容、标题等。我在本次研讨式活动中收获满满。

自我展示与团结合作的教学改革

石李祯（2018级材料类师昌绪班）

通过《概论》课程的学习，提高了我的马克思主义理论水平，我最大的收获便来自研讨式教学活动。

我们小组的研讨主题是“润之诗词窥乾坤”。通过查阅大量的资料，我深切地感受到了毛泽东诗词中所显示的鲜明的政治色彩，清晰地听见中国革命和建设的历史脚步声。毛泽东诗词中那一首首壮美的史诗，仿佛是一卷瑰丽多彩的画卷，在这画卷中我不仅体会到热烈深沉的爱国主义情怀，还体会到了那扑面而来的硝烟、战火、电闪、雷鸣，仿佛演绎着中国革命的历史进程。这些诗词陪伴他在少年时立下革命壮志、陪伴他走过峥嵘岁月，戎马倥偬、陪伴他走上井冈山，登上天安门，陪伴他装点着社会主义新江山。通过深读《沁园春·长沙》，我明白了“怅寥廓，问苍茫大地，谁主沉浮？”的答案：只有以毛泽东同志为主要代表的中国共产党人领导的无产阶级和广大人民群众才能担当起这样的历史重任！毛泽东诗词所塑造的不是毛泽东本人的自画像，所表现的不是个人的奋斗史或征战史，而是中国共产党人的群体形象。毛泽东诗词中始终有一个“大我”，那就是中国共产党及其领导下英勇革命军队和全国各族人民；始终有一个主题，那就是为中国人民谋幸福、为中华民族谋复兴。

研讨式教学活动给四个班级里的每一个同学都提供了一个展示自我、锻炼自我的机会。以小组形式进行调研，使我学会了怎么和小组成员合作，虚心接受他人的意见，多角度地看待问题和分析问题；小组成员之间还要以诚相待，互相尊重，互相理解，互相支持，经常沟通，对存在的问题认真去探讨、分析，提出合理的建议，杜绝以自我为中心，不能自我感觉良好，而忽视了队友的想法。我觉得这次研讨式教育活动的顺利完成离不开我们的团结协作，我们每个人都要有合作精神，只有相互合作、相互帮助，调查才能顺利完成。

同时，我们也认识到小组存在的不足，积累了经验，为以后打下基础。本次研讨式教学活动让我们明白：身在师昌绪班的我们要努力学习钻研，充分发挥自己的专业知识，报效国家。我们更应该肩负起新时代使命，努力成长为新时代的优秀青年，为实现中华民族伟大复兴的中国梦而不懈奋斗！

“以学为主，当堂达标”的课堂教学

刘磊（2018级材料类师昌绪班）

在授课老师李雅兴教授的倡导和带领下，我们在《概论》课中以中国共产党“奋斗百年路启航新征程”为主题，开展研讨式教学，首先明确小组研讨式学习的主题，然后共同查找资料，研究、讨论、实践、探索，提出解决问题的方法，掌握相关的知识与技能，更深入了解了中国共产党百年奋斗的苦难辉煌历程和马克思主义中国化的进程和成果。以下是我就《概论》课程研讨式学习后的心得体会。

听李老师讲，我们2018级师昌绪班要开展研讨式教学，讲真的，这是我上学这么多年来第一次接触到这样的课堂教学方式。我很顺利地成了我们学习小组的一员，但是存在许多的问题需要解决：主题的确立、文献资料的查找、PPT的制作、报告的撰写乃至成员任务的分配等。没错，整个过程是痛苦的。但是也正是这样一个痛苦的过程让我学到了许许多多在平时课堂上学不到的知识和技能。以往的课堂上也许我们多数人都是漫无目的地听着老师所灌输的知识，漫无目的、不做思考地做着一些笔记，当到了考试月就疯狂背书背笔记，考完后书本就根本不会再看一眼，短短几天学到的所谓的知识过段时间自然也就忘得干干净净了。但李老师所倡导的《概论》课程研讨式教学方法不一样，真正意义上做到了“以学为主，当堂达标”的教学要求。

首先，本次学习印象最深的是真正学到了属于自己的《概论》知识。我们小组的研究课题是“润之诗词窥乾坤——从《沁园春·长沙》感受家国情怀”，在确定这个主题之前，我们查阅了许许多多毛泽东的诗词，进而了解了相关的写作背景和毛泽东的家国情怀，很多时候这种知识是在课堂上学不到，接触不到的，再加上这又是自己主动地去学习，会格外地记忆犹新。

其次，提高了学生的学习兴趣。以前都是老师一个人在讲台上讲，学生只是在讲台下被动地接受与参与。大家都知道，兴趣是最好的老师。这一次的研讨式方法可以充分调动我们对课题的了解与探讨，在实践中不断激发学生的兴趣。作业变成自己喜欢的事情。当我们一群人在对某个专题进行深入探讨时就会不自觉地投入进去。研讨式教学有利于丰富我们的课余生活。我们现在大三下学期课程比较少，学生剩余的时间比较多。而研讨式教学方式要求我们自己收集和整理资料，准备好课堂要用的东西，充分利用了我们的课余时间，同时也加深了我们对课堂知识的了解。

最后，加强了我们团结合作的精神，在这次活动中我们每个人都有自己的角色与任务。同学之间需要共同的努力来完成共同的作业。在活动的开始，我们先迅速分好组，有收集资料的，整理资料的，制作PPT的，还有讲解人员。大家都按流程做事，并且相互帮助，相互协调，最终做出了比较好的作品。

我得到的启示是：法国一位教育家曾经说过：21 世纪最困难也是最有价值的，是让教师闭上他的嘴。教师要能想方设法设计好学生合作探究的课堂教学模式，开启学生的“口”，动起学生的“手”，解放学生的“脑”，恰如其分地引导启发学生。我认为李老师倡导的党史教育融入《概论》课研讨式教学方法十分贴近这样的要求。教师的教学方式，由“灌输式教学为主”向“以探究式教学为主”转变；学生的学习方式，由“接受式学习为主”向“以研究性学习为主”转变。我觉得这种教学方法可以逐渐向全校的思政课推广。

最后，我也想提出几点建议：

第一，班级与班级之间缺乏明显的互动与交流。我们的分组都是在班级内部进行的，这也导致了班级间的交流是比较少的。不同专业方向的班级之间是可以优势互补的，大家的互相交流也可以增长见识，相互提高。

第二，课外任务的整体安排规划存在不足。教学后期，比较多的同学反映课程的任务相对过重，真的是这样的吗？个人认为是老师给我们布置的任务的审核时间都是在期末阶段，许多比较拖沓的小组任务安排不合理，所有的任务都放在最后的时间来完成，这就导致了同学们认为的任务过重的现象。我认为可以将问卷调查报告的上交时间安排在 5 月中旬，这样我们就有 5 月下旬以及整个 6 月的时间来完成其他的任务。上述所出现的情况应该会有所改善。

感谢李老师及其教学团队这一学期的陪伴，很珍惜也很难忘这一段我们共同学习进步的过程，我相信这次教学改革会让我永远不会忘记。真的很感谢李老师！

党史教育落到实处的《概论》课堂教学

戚源（2018 级材料类师昌绪班）

在大三下学期，我们学习了《概论》这门思想政治理论课，有幸能在这十七周时间里与许多伟人在思想上发生共鸣。也特别感谢这门课程，让我认识了专业素养极高的李雅兴教授以及另外三个韶峰班十分优秀的兄弟姐妹们。

党史教育融入《概论》课研讨式教学使我受益匪浅。难忘李雅兴老师的循循善诱、谆谆教导，难忘同学们的友好合作、真诚团结。下面我谈谈研讨式教学的收获。

通过这种创新的形式，老师把传统的《概论》课填鸭式教学方式转变成了小组讨论汇报的形式，老师给我们传授了基本的知识，而在后面几周的时间里，老师把舞台交给了我们，通过让我们做 PPT 上台汇报的形式，使我们去主动学习知识。主动学习知识让我对知识的掌握更加全面并且深刻，让我将学史明理、学史增信、学史崇德、学史力行、学史强能这五个方面落到了实处。

一是学史明理。我们在《概论》课研讨性学习中了解了大量党史故事，感悟到红色政权来之不易、新中国来之不易、中国特色社会主义来之不易，深刻领悟到马克思主义的真理力量。面对着如今蒸蒸日上的中国，我们更加要缅怀当初那群为了民族之解放、祖国之兴盛而奋不顾身的人们。更加珍惜来之不易的幸福生活，喝水不忘挖井人，时刻感恩共产党。

二是学史增信。我们在主动学习的过程中对自己国家的建设有了更进一步的了解，对中国这风雨飘摇的一百年里取得的辉煌成就有了更深层次的认识。我们对四个自信更加坚定，对中国共产党的领导更加信赖，我们再也不是从前那个任人鱼肉的国家了，我们中国真正站在了世界舞台中央。

三是学史崇德。在本次课中，我们认识了很多位中国的杰出人物。有“最美村官”黄文秀，有“隐形守护者”袁殊，有“两弹一星元勋”钱学森，有“杂交水稻之父”袁隆平，有“中共建党第一女创始人”向警予等。通过聆听同学们精彩的讲述，我们了解的不仅仅是这些伟人的一生，更是他们背后蕴含的伟大的精神。让我最为感动的则是李老师在课上提及的施一公先生，在这个浮躁的社会，人们为了利益而奔波，但这位先生却在中国需要他的时候，毅然决然地放弃了美国给他提供的优厚条件，义无反顾地选择回归祖国、报效祖国。我想，我们作为湘潭大学的学生，位于伟人故里的我们，有着红色的血脉，沐浴着红色的荣光。我们更应该向他们的道德致以崇高的敬礼。而与此同时，作为一个工科生，作为师昌绪班的学生，我们更应该要为国争光、为党效力。应该要学习师昌绪老先生、林俊德老先生那种报效祖国的决心，那种立党为公、忠诚为民的奉献精神，成为一名为国家作出杰出贡献的科学家。李雅兴老师在结课的时候和我们说过一句话："希望在座的各位，都是湘潭大学以后的杰出校友，今天你以湘潭大学为荣，明天湘潭大学以你为荣。"我们一定会扬帆启航，将这句美好的祝愿变为现实。

四是学史力行。通过党史的学习，我也明白了学习党史不能只是浮于表面，要用自己的内心去感受它，并且需要将党史和我们的实际工作生活联系起来，绝对不能只是纸上谈兵。作为一名中共预备党员，我要以党员的标准严格要求自己，从我做起、从现在做起、从一点一滴做起，将各项工作落小、落细、落实。

五是学史强能。通过这种创新的形式，我很多方面的能力得到了提升，也初步感受了跨学科学习的魅力。在本次的研讨性学习中，我们小组五个成员都为工科生，我们为了写好自己选择的这个主题，在图书馆借阅大量书籍，在知网上查找大量文献。我们采风的地点选在了长沙郊区的湖南党史陈列馆。一开始，我们几个工科生还觉得调研是一件比较轻松的事情，没想到真是看起来容易做起来难，我们经过城轨、地铁、公交三个小时的颠簸，才到达党史陈列馆，还要继续怀着饱满的精神去观察每一件可能会带给我们灵感的、带着历史厚重感的陈年古物。虽然参观完党史陈列馆和它旁边的雷锋纪念馆后，我们真的十分疲累，但我们的收获和付出确实是成正比的。陈列馆里的嘉兴南湖游船油画让我精神振奋，博物馆里戴着红袖章的小小志愿者铿锵有力，饱含深情的家书解读更是使我百感交集。此行中，我们走进了陈觉、赵云霄夫妇的人生，听到了"杀了夏明翰，还有后来人"冲破云霄的呐喊，在走出陈列馆时，我看见红旗飘扬在天空上方，那一瞬间，我感觉到了热泪盈满了我的眼眶。我很自豪，也十分荣幸能出生在中国。这段研究性学习提高了我探索研究、整合信息和辩证思维能力，还让我明白了学习是一个发展、开放的过程，任何一门课程的学习都离不开自我探究，小组作业也极大程度锻炼了我的合作能力，增强了小组内同学之间的友谊。总而言之，此次学习我收获良多。

下面我再谈谈研讨式学习给我的启示。

第一，教学结合，师生互动，才能教学相长。"教学过程是一个师生间情景活动与认知活动相互作用的过程。"只有教师在课堂上搭建起师生互动、互为主体的教学平台，实现师生间的情感交流，坚持民主平等、相互尊重、相互欣赏的原则，才有利于我们学生主动地探求知识和培养创造性思维。教师和学生分享彼此的思想、成就与快乐，交流彼此的理念、体验和挫折，丰富教学内容、拓展教学资源，真正实现教学相长。在这个教与学的过程中，我们得到的收获远远比老师单纯地教要多得多。李雅兴老师的《概论》课既发挥了老师的主导作用，也发挥了我们学生的主体作用，既授人以鱼更授人以渔，既引人入胜更引人深思。

第二，形式多样，生动活泼，才能深入人心。思想政治理论课的学习也可以不拘于单一的形式。我也明白了，《概论》课虽然是一门庄严肃穆的课，但它同样也可以很有趣。在仔细聆听各位同学上台发言的演讲之后，我发现了成果展示并不是一味地陈述自己的观点，它可以用多种方式来结合。就拿我们自己小组来说，我们运用了视频、演讲、朗诵等多种形式来完善我们的报告。而其他小组也不乏有很多可圈可点的地方，令我印象比较深刻的有几个小组，运用了话剧的模式、还原了历史事件的现场，让整个报告变得充满活力。感谢一起上课的同学给我们带来的知识盛宴、学术沙龙，我真的收获良多。

借此机会，我还要谈谈研讨性学习中的不足以及改进的建议。

首先，我们小组研讨性学习中的不足点有：

我们没能做到完全脱稿，如果能做到完全脱稿，我相信我们组的感染力一定可以达到另外一个高度。我们小组也要加强组员的表情管理，不仅要用文字的作用去打动大家，更要用自己的表情来感染大家。而由于我们小组成员都是工科生，我们的知识背景、知识储备较为缺乏，我们小组研究方向并不聚焦，对于部分内容并没有深入探究，历史逻辑、理论逻辑与实践逻辑相结合的力度有待加强，理论分析与实证分析、纵向比较与横向比较、案例分析与系统论证、文献研究与实践调研等研究方法还结合得不够紧密。研究的思想深度、理论高度、历史厚度、视域宽度有待提升与拓展，需要进一步加强对毛泽东思想概论的学习研究。

其次，我的改进建议是：

建议研讨性学习可以让同学们对所探究的事物进行采风或调研，我觉得仅仅凭着书本上与期刊上的知识，是不太足够的，正如毛泽东主席所言："没有调查，就没有发言权。"同时要知行统一、学用结合，把学习党史同推动实际工作结合起来，同解决实际问题结合起来。

创新党史学习方式的《概论》教学

陈周宇（2018 级材料类师昌绪班）

在李雅兴老师的组织下，我们通过问卷调研、文献查询、报告总结、PPT 课堂展示等形式，进行了生动而有意义的党史学习，而不是简单的课本知识学习和照本宣科的课堂知识讲解，班上每个同学都积极参与到研讨性学习当中来，团队中每个同学都积极地为实现研究性学习目标而努力。在组内各个同学的努力下，我们出色地完成了研究性学习任务，并完成了调研报告和 PPT 课堂展示，收获颇深。

我们组的题目是《从邓稼先看“两弹一星”精神》，我们组的调研是从邓稼先的生平和整个人生经历作为切入点，对当时的国际和国内情况进行了深刻的研究，了解到当时我国研制原子弹的必要性和紧迫性，在当年这样穷苦和艰难的条件下研究出原子弹是多么困难的一件事，从而引出我们学习党史，继承和发扬“两弹一星”精神，从两弹一星中解决当今中美科技战中卡脖子问题的研究性学习目标。在整个研究性学习过程中，我们组员分工协作，完成了背景调研、PPT 制作等工作，在调研过程中，我认真了解了研制两弹一星所处年代的国情、研制原子弹的巨大困难、科学家们为研制原子弹所作出的巨大牺牲。由此，我对“两弹一星”精神内涵中“热爱祖国、无私奉献，自力更生、艰苦奋斗，大力协同、勇于登攀”的 24 个字有了更加深刻的理解，对我们新一代科技工作者突破美国科技封锁，发展自己的技术打破美国的卡脖子技术充满了信心。这次独特的党史学习，使得我和同学们受益匪浅，我们更加深刻地认识了“两弹一星”精神，对党和国家的动员组织能力更加有信心，相信在党和国家的领导下，我们一定能打赢这场科技战，实现中华民族伟大复兴，使中华民族重新屹立于世界民族之林。

当然，我们的调研也不是完全没有问题的，我们在制作 PPT 的时候，由于考虑到对时间的控制，对内容进行了删减，导致部分重要内容未能呈现出来，使得整个展示看起来不太完整。另外，我们在执行任务时，由于工作量比较大，往往会出现各个同学所做的工作不能完好地对接上，出现部分工作协调不好，也浪费了很多的时间。尽管如此，我们组成员在这个学习的过程中还是收获颇丰，不仅培养了我们团队协作的能力，同时也锻炼了我们的调研学习等方面的能力。因此，我认为这种形式的党史学习是一种很有价值的创新学习方式，大大提高了课堂趣味性和同学们的参与度和收获。

感谢老师给予我们这样一个学习机会，同时感谢老师对我们在调研时的大力支持。

“当家作主”的非凡课堂体验

胡佳楠（2018级材料类师昌绪班）

本学期所学习的这门《概论》课程是我上大学以来学得最认真的一门思政课。这不仅仅是因为我对亲自倡办这所湘潭大学的伟人——毛主席早有敬仰之心，对一代代先辈们的智慧结晶——毛泽东思想和中国特色社会主义理论体系颇感骄傲自豪，更是因为这门课采用了生动有趣的研讨式教学模式。李老师巧妙地将党史教育融入课程的学习考核过程中，这让我收获了与其他思政课截然不同的体验与感悟。

第一次上课，李老师便给我们分享了整个学期的教学计划，让我们初步意识到研讨式教学的魅力，并且在之后的一次次上课过程中，我充分认识到李老师对这种教学模式的熟练运用。上课时，老师一直强调“要以学生为主体”，并不拘泥于课本或PPT上的内容，常常是精讲一遍课程内容，然后将大部分时间花在拓展延伸以及由学生们自主思考，充分展示了研讨式教学中教师以“导”为主的作用。这种师生间思维的碰撞与交融，产生了许多智慧的火花，让我们真正融入课堂，体验到“当家作主”的课堂氛围。

李老师别出心裁地将党史教育与《概论》课有机结合起来，让我们围绕党史事件、人物上台做PPT汇报。这种源于书本知识又超越了书本知识的汇报活动让我受益匪浅，让我体悟到了李老师常说的“学好《概论》不仅能提高理论水平，增强对党的路线、方针、政策的了解，而且能提高辨别是非的能力，能学会许多做人的道理。”最让我印象深刻的是第一组的汇报，在第一组同学与李老师的沟通合作下，给我们带来了一次追忆袁爷爷的心灵之旅。诚然因为时间的仓促，这次汇报还有些许的瑕疵，但它确确实实给我带来了一些深入的启发，教会了我一些为人的道理。

最后，感谢李老师和班上的各位同学让我体验到了非凡的课堂，我在这门课中学到的绝不只是理论知识，还收获了许多感悟和启发。我们的未来就是祖国的未来，我相信这次《概论》课将会影响我终身，我会越变越好，祖国同样也会越来越富强！

团结互助 分工合作的课堂教学

郭子阳（2018级材料类师昌绪班）

通过这次《概论》课的研讨式教学活动，我在这次的活动中收获颇丰。这次全新的教学实践让我感受到了之前从未有过的新鲜感。在开放式的教学过程中，通过与小组同学的分工合作，不仅仅完成了老师布置的一个个任务，更实现了对自己能力的提高。通过制作PPT，排练到最后的演讲，我学会了如何合作，学会了怎么整合资料，怎么去最好地完成自己的任务，让小组展示得最好。在演讲的过程中，我的上台演讲能力得到了大大的加强。最重要的也是这个课程想要锻炼我们的，就是我真正地了解到了很多党史故事，无论是自己查材料还是观看其他小组的演讲，我都学到了很多我们工科生学不到的东西。

但是在这个过程中，我想我也有很多需要改进的地方。首先，在制作PPT以及调查报告的过程中。我确实发现了自己还有很多技能不够，很多知识不足。首先是我除了在网上寻找资料，对于党史确实只知晓一点点，远远不够。但庆幸的是结束课程后我学习到了特别多。其次，在后期撰写调查报告的时候，我负责正文和结尾部分，也的确发现了自己语言功底的不够。在撰写时候的逻辑性、文字性都还有待提高。最后，虽然我们小组完成了老师布置的任务，但是在这个过程中，我们默契确实不够好，效率一般。光是找资料就找了很久，但最后很多资料都没有用上。在确立整体结构的时候模糊不清，最后做了很久才最终确立下来，受到了助教老师的很多指点才完善。在逻辑性这方面，我确实还有待加强。不过这次研讨式教学的过程，也正是我对暴露的问题加以改善的过程。在这个过程里面，我虽然暴露出很多问题，但也正是这种教学方式，让我的问题得到了改善，让我不足的能力得到了加强，所以十分感谢老师能用这种教学方式来教育我。

我想，这次研讨式教学给我的启示在于教会了我团结互助，让我更加明白了分工合作的意义。也让我知道没有什么事情是做不好的，在知道老师布置的任务的时候。我明显被从来没在一个课程里面体会到的任务量惊到了。但慢慢来，用心做的过程中，其实很多问题也可以解决。

传递正能量的研讨式教学

肖阳（2018级材料类师昌绪班）

这学期的《概论》课程采用研讨式教学方式，我觉得我在课堂上收获巨大。

首先，我学到了如何全面了解党史资料的方法，锻炼了上台展示的能力。相比于大一时第一次研讨式教学，我这次的选题更侧重于党史的故事性，而不是对理科生而言相对晦涩难懂的理论知识，这一点我认为在教育效果上更好。在此过程中，我会主动去查找某些具体的感人事迹，主动阅读有关新闻，翻阅通俗易懂的知网文献，可能最后展示的时候只能用上一小部分，但是我却主动接受爱党爱国的教育，在此基础上还弄明白了一些感兴趣的党史故事及其丰富内容和历史意义。这样给我留下的学习印象无疑更为深刻。

在上台前，我和组员们都反复熟练地练习发言稿，我一遍遍告诉自己和组员我一定不会紧张，一定不会忘词，一定不会出错。但是没想到真正上台后，我却紧张到双腿发软，我只能抑制说话声中不由自主的颤音，双手撑住讲台，让自己看起来轻松从容。虽然我语速一开始相对较快，中途也有一次忘词的失误，但是这并不影响我完整地展示我的学习成果。像这种有超过一百人都能在台下认真听我的汇报的机会，是整个大学中不可多得的。

其次，我认为研讨式教学的优点之一在于每个同学都能参与其中，大家都得到了有效的思想政治教育。因为整个过程中，个人论文、小组论文和调查报告等所有的资料都需要同学多方面查找，我们主动学习了大量通俗易懂的党史内容，陶冶了思想情操。优点之二在于老师给予了部分同学自由发挥展示的空间，提高了同学们的学习热情。因为上台展示不拘泥于形式，所以班上有的同学组织了集体朗诵、话剧表演和台本对白等充满活力的表达形式，这给以往的相对乏味的成果报告增添了趣味。优点之三在于培养了学生的团队合作精神。因为课程要求团队分工合作完成各项任务，所以参与的学生必须为团队负责，同时也要学会沟通，这些都是现代的教育中相对缺失的但又对工作方面是十分重要的。

主题展示强信心 党史故事暖人心

杜裴源（2018级材料类师昌绪班）

在本学期的《概论》课程中，李老师带领我们用研讨式的教学方法进行学习。在这段时间的学习中，我主要有以下几个方面的收获：

第一，我锻炼了与他人合作完成任务的能力。在完成小组成果论文和PPT之前，我们遇到了许多的困难。首先是我们对彭士禄院士的了解较为有限，几乎只知道他为核潜艇的反应堆的研制作出了巨大贡献。怀着对彭士禄先生的敬仰之情，我接下了查找相应资料的任务。在确定选题后的一周内，我在图书馆借阅了一本《彭士禄传》，还找到了一些关于他的访谈报道。我花了几天的时间阅读和学习这些资料，完成了我们小组汇报的相应部分。在这之后还有PPT的制作。虽然我们小组的同学对此不是很有经验，但我们先让一位同学将成果论文的主体放在PPT上，个人修改自己负责的部分，最后汇总得到了大家较为满意的PPT成果；

第二，我得到了向全班同学进行主题展示的机会，增强了信心。我们对本次汇报总体较为满意，同时我们也发现了我们小组的一些不足，比如对部分内容不够熟悉，不能完全脱稿；对时长的把握不够好，出现了超时较多的情况。我们认为，出现问题的原因是排练的时间和强度不够，今后还有合作活动时我们会多加注意；

第三，我从其他小组的汇报中，学习到了许多党史故事，对我们党的历史有了更为深刻的了解，这些故事十分暖人心。在其他小组的汇报中，我们不仅学习到了许多著名人物故事或历史事件背后的故事，还加深了对一些党史重要事件的理解。除了课本上的知识，我还学习到了袁隆平、邓稼先、林俊德等老一辈科学家的故事，领略了我们党的成立和遵义会议的重要意义，也对新中国成立后如小岗村家庭联产承包责任制等内容进行了学习。

此外，我想向老师提出两点小建议。第一，我认为我们可以更多地利用网络资源。除了在学习通完成讨论和作业外，还可以给同学们推荐一些党史故事或网络课程，或者推荐大家在学习强国这款软件中学习，以激发大家的学习热情。第二，老师还可以在课堂上设置一些问题，以调动课堂氛围，让大家更好地融入课堂之中。

弘扬先辈奉献精神 学好专业献身科研

花佳怡（2018级材料类师昌绪班）

李老师采用新的教学方式来让我们学习知识，让我印象深刻。这种教学方式的优点是使我们参与到课堂中去，在准备的过程中使得我们对知识的吸收更加充分。在准备查找资料的过程就是我们学习知识的过程，这是一种主动的吸取方式。这样的方式不仅仅对自我学习能力有很高的要求，同时对团队协作能力也有很高的要求，考察了我们同学之间的配合度。这样的教学方式对同学们的综合素养有很大的提高，让同学们了解到的不仅仅是书本上的知识，还有更多扩展的知识。

同学们分享的许多党史故事都振奋人心，让人无比感动。袁隆平老先生立志要让每一个人吃饱饭，他是最平凡的院士，却做着不平凡的事业。袁老离开了，这让我心里感触很深，从小生活在北方的我，原本对水稻没有很多概念，直到来到南方上大学之后，我才渐渐地明白了。我觉得我可以缅怀袁老的方式就是不浪费一粒米，这是我能做得最好的对他的怀念。

在新中国成立初期，一群人为原子弹事业奉献了终身。我们谈“两弹一星”精神和“马兰精神”，就是这样一群科学家打开了我国科研的大门，作为一名理工科的学生，我深知科研的重要性，一个国家前沿的发展靠的就是科研的推动。他们隐姓埋名十几年，不见家人，只为我国科学作出贡献，他们默默无闻做着惊天动地的大事。

在我国历史发展进程中，许许多多的人付出自己宝贵的生命，他们可能是人们所熟知的大英雄，还有一些我们不知道名字的人，他们都为我们今天美好的生活作出了贡献。我们要有足够的实力以及国际地位，外交才能够发展起来，所谓弱国无外交，弱国被人欺。我觉得，我们要提升自我价值、自我能力，我们做事情要有自己的底线和原则，就像我们永远坚信只有“一个中国”原则。

从这些党史故事中我收获到，青年需要立志，所谓“青年强则国强”，我们应当在青年时期就确立自己的志向，努力学好专业，献身于祖国的科研事业。

精彩无比的《概论》研讨式教学

李可舣（2018 级材料类师昌绪班）

时间飞逝，这一学期《概论》课已经结束了，在李老师的教导下我受益良多。

李老师的这门《概论》课与之前我上过所有的思政课都不同，这次的《概论》课给予我们学生充分的时间来进行思考和学习，先是由李老师带着我们讲解了毛泽东思想，在讲解毛泽东思想的同时回顾了中国共产党的发展历程和毛主席的事迹，让我们对中国共产党史有了更加深刻的印象；让毛主席的身影在我们心中更加伟岸；让我们更加珍惜这来之不易的美好生活。课程内容完成之后，李老师就给我们充足的时间，让我们进行成果研究，我们小组在课后多次进行商讨，进行分组，查找资料，制作 PPT 并最后上台展示。

毫无疑问，李老师的这种教学模式是非常成功的，并不拘泥于传统的教学模式，这能够极大地调动我们学生的学习积极性，而不是像之前那样被动去接收知识，这无疑会让我们对这门课的印象更为深刻。李老师上课声情并茂，为大家讲述着党百年来的发展历程。同学们在听到我们国家陷入低谷时无不唉声叹气，在听到我们国家欣欣向荣时无不慷慨激昂。这个教学模式中的特色部分就是大家都要上台展示自己小组的学习成果，这就好比百家争鸣，大家在观看别人小组的成果展示和李老师的点评后，无不在之后对自己小组的学习成果进行调整，这让我们能够在《概论》课上欣赏到一次又一次的精彩绝伦的展示，也能够让我了解到别人在对同一事情时不同的视角和对待方式，这无疑会让我能够更客观看待一些事情。这也为我提供了一次上台的机会，锻炼自己的胆量和口才，加强自己的合作意识，搜集资料的能力。

李老师除了教授我们这些知识以外，更重要的是教会我们如何做人，如何做一个中国人。李老师总是在课上强调我们是师昌绪班的学生，我们更应当为国家贡献自己的一份力量。我们应当拥有更大的格局、开阔的胸怀，勇敢积极地去面对各种挑战，书写自己无悔的人生。

收获满满的研讨式教学改革

高嘉慧（2018 级数学类韶峰班）

本学期，李雅兴老师在《概论》课中以中国共产党“奋斗百年路 启航新征程”为主题，开展研讨式教学。

李老师首先给我们讲解了书本上的理论知识，然后指导选题，接着我们分组进行探索、讨论、修改、再讨论、再指导、汇报与展示、老师点评，最后我们回顾整个学期所学的内容，进行总结提高。我和同学们都受益匪浅。

研讨式教学让我们的观念得到更新，使我们的眼界更宽，更加能适应新时期素质教育的需要。现代教育观认为，作为结果的知识是不断发展更新的，发现真理，探究结果的方法才是更重要的。知识本身并不是教育的目的，而是建立科学研究方法的工具和手段。通过这样一系列的研讨式学习，开发了我们学生的潜力，培养了学生的创新精神和实践能力，这远远比考试本身更有意义。

研讨式教学提高了我们学习的能力，对改善我国教育中部分存在的高分低能现象发挥重要作用，使教育更能适应人的发展需要。通过“探索、讨论、修改、再讨论、再指导、汇报与展示”的过程，我们提高了思考问题以及解决问题的能力，提高了团队协作以及交流沟通的能力，提高了思考问题以及解决问题的能力，提高了表演以及语言表达能力。同时，也学习总结了其他小组正反两方面的经验教训，当再次进行如此活动的时候，我们会更加如鱼得水。

研讨式教学让我们学生更加深入地了解中国共产党百年的苦难辉煌历程，更好地了解马克思主义中国化的进程和成果。相较于老师仅仅教授课本知识，先教授知识然后组织学生分工小组交流上台展示的教学效果会更好。通过同学们精彩纷呈的讲解、演讲、小话剧以及老师的点评分析，我对中共党史上的重要事件和人物留下了深刻的印象。

令我耳目一新的《概论》教改模式

孟超（2018 级数学类韶峰班）

这学期的《概论》课令我耳目一新。

首先，李雅兴老师先用几周的时间，为我们细致讲解了课本内容。我认为，老师讲解到这种程度刚刚好，因为这种课程应当充分发挥自己的主观能动性，自觉阅读课本，仔细琢磨，达到一个良好的学习效果。

随后，李老师指导我们自发组队，利用相关知识，采用小组展示的形式，讲解中国共产党的某个历史事件。这种形式非常新颖，不但让大家充分了解了党史，而且使得我们对所学的知识进行了一次全面的复习，我认为应当大力推广这种模式。为了更加生动地表现我们小组所选择的“遵义会议”这一历史事件对党的历史意义，我们小组组织了数次讨论会，最终用上台模拟召开遵义会议的方式，为大家完成了讲解。这使得我们小组对遵义会议的历史背景、具体内容和历史意义都有了很大程度的了解，学到了很多。同时，我们在台下也会仔细听其他小组的演讲，在演讲结束后，我们听了 20 个以上的和党史有关的故事，收获颇丰。

值得一提的是，按照课程的要求，我完成了一篇和党史有关的小论文，这使得我利用毛泽东思想分析历史事件和解决问题的能力又进一步得到了提高。

课程的考察形式是小组论文，我们组的选题和居民幸福指数有关。为了获取足够的调查数据，小组成员通力合作，深入基层，调查了不同人群的幸福指数，这提高了我们的社会交际能力。为了使得核心观点站得住脚，我们的每个成员认真阅读了课本，仔细分析了数据，利用合适的思想方法进行逻辑推导，最终得到了具有一定说服力的结论。在此过程中，小组成员的辩证思维能力得到了极大程度的提高，能更加客观地看待调查对象和调查结果等。最后，我们小组顺利完成了论文，每位同学的能力都得到了极大程度地提高。

总而言之，教改有诸多优点，能加强同学们的各种素养，尤其是提升了同学们分析问题的能力。经过这次令人印象深刻拍手叫好的教改学习，我认为同学们达到了普遍较好的学习效果，这种模式值得进一步推广。

从党史故事中汲取前行力量

胡娟（2018 级数学类韶峰班）

研讨式学习不同于部分考试的临时抱佛脚、死记硬背，需要小组成员讨论学习，要花费一段时间对于课题有一定的了解。在小组讨论中，大家畅所欲言，不同的思想就同一个主题进行碰撞，使得我们对于课题的了解越来越深刻，了解越多对于课程学习的信心越多，兴趣越大。从选题开始，我们小组对于书上的 14 个主题在讲课理论的基础上进行了再一次的了解学习，我们最后选择了新中国外交为我们小组的课题。我们并没有直接就近几年的外交事件进行研究，我们认为我们可以从外交发展的过程中看，新中国成立以来，我国在外交方面有很多的成就，我们主要选取了三个比较感兴趣的大事件，并且翻阅了很多的资料，进行了多次的讨论，对于国家外交活动的理解更加深刻。

研讨式教学是非常有必要的，是非常成功的，是有助于我们对于课程学习的。通过研讨式教学，我们对于中国特色社会主义思想有了更多的理解，特别是对于新中国外交有了更深的了解。我从外交的发展和重大外交事件的过程中，看到了中国为了国家的崛起，为世界和平作出的贡献，我从这些贡献中看到了我国对于国民的爱护，对于世界人民的关怀，从这些人文主义关怀中体现了我国的大国风范和大国担当。

通过研讨式学习，我还了解到了一位“灰色”英雄袁殊，他为共产主义牺牲了全部，即使曾被不知真相的人骂为“汉奸”，被那些人侮辱，但是他心中始终有中国共产党。不仅是袁殊，还有刘胡兰、周恩来、袁隆平等，中国的强大离不开这些人的奉献。还有疫情下为我们奔波的医护人员，在边疆为守护国界线牺牲生命的战士，在我们看不到的地方总有人在负重前行，所以我们要努力学习，为国家作贡献。通过别的组的展示，我同时了解到了更多的党史故事，从党的诞生到遵义会议再到如今的新时代，从这些故事的讲述中，我们可以看到一个有着强大生命力的伟大的中国共产党，看到党是能够带领我们走向中华民族伟大复兴的核心力量。当代青年人应该用知识武装自己，用习近平新时代中国特色社会主义思想武装自己，在党的带领下使得我们伟大的祖国越来越好。

推动学生全面发展的多元化课堂教学

胡家豪（2018级数学类韶峰班）

研讨式课堂跟普通的党史教育课很大的一个区别就在于多元化，每个小组都要上台展示，展示的主题和形式也很宽泛。在表演时，各个小组八仙过海、各显神通，带来了很多精彩的表演，让人沉浸在其中的同时也学到了很多关于历史和一些重要思想方面的知识，比起单纯的上机考试会更有意思。

我是我们小组的组长，就需要我注意老师对应的汇报的要求以及其他组的同学在表演过程的优缺点，相应地会花费更多的精力。我们组选了遵义会议这个主题，但是在搜集资料时大多是一些史实，相关的故事很少或是基本上没有，比起其他小组讲人物，我们的内容会显得相对枯燥，缺少吸引力，如何更好地展示也成了一个难题。由于这学期课很多，时间也比较紧，但是我们还是挤出时间不断地进行讨论，想到了一个比较好的方法，反复排练之后，最终较好地完成了上台展示。

对于我个人来说，这次上台展示锻炼了我的团队协作能力，时间规划能力以及口语表达能力，我觉得这是一个很好的锻炼自己的机会。因为我之前没有过类似上台展示的经历，所以心里还是挺紧张的，甚至有时候会紧张到晚上睡不着觉。在这个过程中，我发现大家真的都很优秀，下了很多功夫，有些同学在表达能力、合作能力上表现得很好，这也是我发自内心的感受。作为韶峰班的同学，只会学习是远远不够的，在做人这方面也要做得很好才行。

我觉得研讨式课堂就像是《概论》这门课的一个教育形式的改革，部分传统的考核形式只会一味地灌输给学生知识，只会带来机械的教育，学生只需要会做题、多刷题就行，久而久之老师也会不想讲，这门课也就变成了形式主义的课程，为了学分而拿学分。俗话说穷则变，变则通，通则久，研讨式课堂很好地调动了学生的积极性和主观能动性，中国教育的形式也应该像这样，不断地探索，不断地变化，找到一种更好的教育形式，使得学生能够较为全面地发展。

研讨式课堂可以不仅仅局限于考核方式，在平时的授课过程中也可以让学生分小组讨论学习或者是尽可能地参与到课堂来，才能真正地做到与众不同、独具特色。

改变认知的《概论》课教学

许岳（2018级数学类韶峰班）

这个学期的《概论》改变了我对思想政治理论课的认知。李雅兴老师为我们讲授这门《概论》课，并且在最后几周开展了党史教育融入《概论》课的研讨学习。

这次研讨式学习是一种全新的教学方式，与我所认识的思政课上课方式不同，李老师把全体学生分成了许多小组，让各个小组成员共同完成与党史有关的主题汇报。在上课的时候，老师经常会提醒我们某一个部分可以用来选题，或是作为材料等，课余我们组的成员会经常聚在一起探讨自己将要汇报的内容。虽然在正式开始前一周我们组的选题还不是特别清晰，但是李老师点拨了我们，让我们从原来不易讲解的大方面改为从具体的人物切入，思路瞬间变得明朗起来。

在研讨学习过程中，出现了不同的展现方式，有的小组用音乐渲染气氛讲述人物故事，让人感同身受；有的小组在汇报之后集体诗朗诵，极具感染力；有的小组采取表演的方式展示人物状态，幽默风趣；不仅有成员共同佩戴党徽上台演讲，也有来自国防科大的国防生慷慨激昂地讲述着前辈们的光荣历史。我们不仅从中学习到袁隆平、李克农、李大钊等人物和他们拥有的精神，而且每一次汇报结束后都会有雷鸣般的掌声，这意味着我们全体之间情感引起了共鸣，被故事所打动，被演讲震撼到，都为前辈们为党和国家作出的贡献感到认同和自豪。

我从这次研讨学习中收获了很多，李老师带领全体韶峰班学生开展的研讨学习的作用已经发挥了出来，党史精神打动了我们。作为新时代的青年，我们要不忘初心、牢记使命，继承和发扬革命先驱给我们留下的宝贵的财富，以青春之我，创建青春之家庭，青春之国家，青春之民族，青春之人类，青春之地球，青春之宇宙，把我们最美好灿烂的青春奉献给我们最可爱的国家和人民！

拓展学生思维的《概论》课教学

尹芳（2018 级数学类韶峰班）

本学期《概论》课程采用了一种全新的模式：研讨式学习，作为这种模式下学习的一员，我收获颇多。它不同于单一教学方式，采用老师讲课，学生成立小组研讨学习专题并作报告的方式进行。一方面，它以学生学习为主，老师讲解为辅，激发了学生的学习兴趣，让学生在相互交流中共同进步，拓展了学生思维的广度和深度；另一方面，它锻炼了学生的口语表达能力及随机应变的能力，让学生更加自信从容地站在讲台上展现自己的学习成果。

在研讨课式教学活动中，我们相互讨论、相互学习，活跃思维、共同进步，以“他山之石”推进思维的深度和广度。这不仅锻炼了我的团队协作能力，同时也让我的学习视野更加开阔。为了确保本次小组课题展示的顺利进行，大家都全身心地投入小组课题的筹划和排练中。

通过这次的小组展示我深刻地认识到周总理一生都在为中华民族的复兴鞠躬尽瘁，践行着他小时候曾立下的志向“为中华之崛起而读书”，他的卓著功勋、光辉品德、高尚人格深深铭记在全国各族人民的心中，他无私奉献的精神依旧时刻激励着一代又一代满怀报国之志的热血青年不断前进。他的精神记载历史岁月，无论何时都在历史的丰碑上熠熠生辉。

除此之外，我还认识到每一个时代的人都有每一个时代的使命，周总理少年时就有为“中华之崛起而读书”的鸿鹄之志，到了今天，作为新时代青年，我们也应该铭记历史，学习伟人精神，树立高远的理想，为中华之复兴而读书，为中华之富强而读书！

在课堂展示中，我们组满怀激情地为大家介绍周总理的一生，从他小时候立大志为中华之崛起而读书，到中年时期出席万隆会议在国际上为中国争夺了外交的一席之地，再到晚年时期仍旧带病工作，为党和国家奔波办事。这场展示让同学们都深刻了解了这个具有传奇色彩的伟人，而这背后又是老师一遍又一遍地帮助我们选题、查资料和制作 PPT 以及色彩的搭配等。

历史是最好的教科书，也是最好的清醒剂。当代大学生学习中共党史，正当其时、意义重大，必将进一步激励广大学生不忘初心、牢记使命，在新时代建功立业。

用原理指导我专业学习的《概论》课堂教学

苏江浩（2018级数学类韶峰班）

回首这一个学期的《概论》课学习，收获颇多，也获得了很多启示。

我的收获主要体现在以下两个方面上。

收获了关于毛泽东思想和中国特色社会主义理论体系的知识。在《概论》课的学习过程中，我发觉毛泽东思想与马克思主义哲学非常实用，逐渐体会到了李老师所言“学好马克思主义就不怕得抑郁症”之内涵。举例来说，毛泽东思想中对事物两面性的辩证分析对我的学习很有启示，我开始运用两面性的观点去分析生活中的问题和解决问题。比如说，评价一个数学问题的证明过程，并不能说这个证明越简单就越好。因为有可能更长一些的证明可以得出其他有用的结果。也就是说，对待证明过程，我不再像以前那样只关注它是否简单，还关注它的“成本”——这个证明是否用了更强的定理？和“产出”——这个证明是否得出了其他有用的结果？从我个人的这个例子可以看出，学习毛泽东思想中国特色社会主义理论体系，扩展了我的思维，使我的目光更全面。

增强了团队合作能力。在《概论》课上我们小组主要进行了两个项目的合作——成果报告和调查报告。在这个过程中，我们小组克服重重困难，相互之间渐渐默契起来。作为组长，更是在这个过程中磨练了协调团队成员以及统筹进度安排的能力。我不仅和同班同学友谊加深，自身素质也得到了很大的提升。

我获得的启示主要是在精神方面，分别在以下两个阶段。

在《概论》课理论学习阶段，通过在课堂上学习毛泽东思想以及了解伟人故事，我启发颇多。毛主席小时候离家求学时写下的“学不成名誓不还”诗句，对我今后的学习生涯会有很深影响！在小组展示阶段，我不仅收获了许许多多感人的党史故事和伟人故事，更重要的是收获了一种精神力量，作为韶峰班的我们，要传承先辈们吃苦耐劳的品质以及奋斗精神！

同时，我也认识到自身的不足，课本理论知识学习不到位和个人信息素养有待提高，以后好好改进，才能无愧于老师的教诲和学校的培养。

能调动学习积极性的课程改革

李扬（2018级物理学韶峰班）

《概论》这门课程是以马克思主义中国化为主线，集中阐述马克思主义中国化理论成果的主要内容、历史地位以及指导意义，以及详细介绍中国共产党领导人民进行的革命、建设和改革的历史进程和伟大成就。负责我们这门课程教学的是李雅兴老师，她把党史教育融入课堂，使我们更加生动地学习这门课程。

在我们小组完成了研究性学习报告之后，我发现相比于墨守成规的纸面考试，研究性学习的考察机制明显更加适合这门学科，因为它更能调动学习的积极性，让学生们可以充分利用课外时间进行研究性学习。我们小组的研究性学习报告的主题是中国原子弹开发的始末。我们小组分工查找了大量的文献综述、新闻报告以及影视资料，对初步整理的内容进行筛选和压缩，按照整个原子弹开发的时间顺序进行编排，最终形成研究性学习报告的定稿，并且准备了一份对应的演讲稿形式的学习报告。

但是由于准备时间并不是很充裕，导致制作的PPT并不理想。我本想着有演讲稿，所以没有考虑到PPT也需要文字板书，所以PPT上仅保留了图片，但是在经由李老师的点评之后我们很快改正了这个问题，重新制作了一份拥有文字板书注释的PPT。除此之外，还有一点不足就是由于时间紧，所以我们小组并没有时间进行脱稿演讲的排练，导致演讲汇报的效果略有不足，但是我相信如果时间能够多宽裕几天，我们小组完全可以做到有情感、有气势的脱稿演讲。

这次的《概论》课教学改革，让我收获颇丰。我是一名物理系的大学生，在对我国原子弹的开发始末学习研究之前，我所知道的两弹元勋屈指可数，更不用说发生在整个研究过程中的苦难事迹了。在这次研究性学习报告的过程中，我知道了当时国内形势的窘迫、国际形势的恶劣、科研人才的匮乏以及研究资料的短缺，我也知道了当时领导人的雄心、科研团队的坚忍和人民百姓的付出。这些既悲凉又壮阔的历史，让我不禁作为一名受前人所栽之树庇佑的当代中国大学生，深感自豪和敬佩。

“哪有什么岁月静好，只是有人为你负重前行。”作为大学生的我们，应该为实现中华民族伟大复兴的中国梦贡献力量！

大学生涯中收获最多的一次课程改革

李文威（2018级物理学韶峰班）

这个学期我们在李雅兴老师的带领下学习了《概论》课，我感触颇深。

回想刚开始上这门课时，李老师采用研讨式学习教改，其实我并没有其他同学一样的高兴，因为我觉得自己更擅长考试，而研讨式学习所需要的语言表述能力恰恰是我的弱项。但如果问我在哪种教学方式下收获更多，那我会毫不犹豫地选择研讨式教学，毫不夸张地说这次课改是我大学生涯中收获最多的一次。

首先在课堂上我感触最深的是小组汇报的几次课，同学的汇报确实比老师讲课更有新鲜感。当同龄人站在台上分享自己小组汇报的党史故事、讲述其中的思想的时候，自己往往更容易沉浸在他们的故事中，学习他们讲述的方式，体会他们讲述的思想，对比自己的不足，反思自己并向他们学习。

在我们小组学习中，我不仅学会了如何进行团队合作，如何简单明了的表述观点，更在翻阅资料寻找故事的过程中深切感受到中国共产党的艰辛。在这个过程中我深切地体会到了之前很流行的一句话“哪有什么岁月静好，不过是有人替你负重前行”的含义。的确，作为新时代的年轻人，我们赶上了中国国家实力崛起的时代，也成长于历史上物质最丰富的时代。但同时我们也肩负着实现中华民族伟大复兴这一历史使命，祖国还未实现完全统一，我们周围的环境也并没有想象的那么和平稳定，这些都需要我们这一代人努力。无数革命先辈为此奉献了自己的青春与生命，我辈生活在他们创造的一切之上更当义不容辞。

历史是最好的教科书也是最好的清醒剂。只有正确地认清历史才能更好的开创未来。我觉得近代史是一部中华民族的血泪史、辛酸史，而《概论》这门课讲得更像是一部奋斗史、前进史，正如李老师说的那样“《概论》课学得好的人是不会得抑郁症的”。

难以忘怀的《概论》课教学

何碧雯（2018级物理学韶峰班）

本人有幸在这学期聆听了由李雅兴老师讲授的《概论》课程。李老师的授课方式让我们不拘泥于死记硬背书本知识，而是学会创造和运用知识。在这堂课当中，李老师激情澎湃地为我们讲解毛泽东的一生、毛泽东思想等马克思主义中国化的理论成果。学习这些知识的时候，我们无一不为祖国的日益强大而感到自豪。除此之外，李老师带领我们完成另一项教学工作——研讨式教学，分组学习党史并进行汇报。

随着小组工作一步一步地进行，我似乎逐渐明白了老师的深意。我们小组汇报的是王尽美同志的传奇一生。随着对王尽美同志的人生了解越深入，我们也越发钦佩王尽美同志身上所体现的不畏牺牲、心忧天下等优秀品质。这一切的感受都是在我们自己动手查找相关文献，小组成员们的每一次讨论交流中体会到的，而这些感受都是传统教学难以达到的效果。在小组合作中也难免会遇到争执，谁也说服不了谁。我们也遇到过好几次这样的情况，或者是任务分配方面，或者是最后总结方面等。不过幸好大家都不在乎这些细节，最终都会顺利解决问题。

唐太宗李世民曾说过："夫以铜为镜，可以正衣冠；以史为镜，可以知兴替；以人为镜，可以明得失。"通过学习王尽美同志，深感自己所做得远远不够。这让身为大学生的我更加坚定自己的信念，努力学习知识，提升自身的专业素养，为祖国的建设贡献自己的力量。

我们在开始选题时因为经验不足，主题难以以小见大，因此在表达上可能无法引起观众共鸣。不过幸好老师及时发现了这个问题，让我们立刻做调整，才能在最后展示出最好的效果。正如老师所说，或许我们以后会忘记某些概念知识，但是在这次研讨式教学上学到伟大精神是难以忘怀的。

弘扬“初心和使命”精神的研讨课

李星星（2018级物理学韶峰班）

本学期我学习了《概论》这门课程。正如老师所说，我们学习这门课，不仅仅是学习他们的思想，更是塑造我们的“三观”。

在学习过程中，我更加清晰地认识到共产党人的人格魅力和使命担当。从新中国的成立到现在，每一位共产党人都抱着对共产主义的信仰，将自身投入中国革命、改革和建设的实践中，而现在他们的初心依旧没有改变。正如习近平总书记指出的，中国共产党人的初心和使命，就是为中国人民谋幸福、为中华民族谋复兴。

在6月22日，我在毛主席铜像广场前正式宣誓，成为一名中共党员。誓词的每一个字都深深印在我的心里，此时此刻，我更加清晰地意识到，入党不仅仅是读一读入党誓词，而是要真正做到入党誓词里的每一件事。我应做好随时准备为党和人民牺牲一切的准备，我更应该时时刻刻牢记为人民服务。同样，我们作为新时代的新青年，应该学习先辈们的思想，将爱国刻在心中。不仅如此，作为大三学生，我们即将面临人生的下一个阶段，不管是选择继续深造还是工作，我们都是在为国家的发展而努力，做好自己的本职工作，完成我们的中国梦。

同时在研讨式学习中，我们合作分工，共同完成，在调研中知道了如何写调研报告。将理论与实践相结合，真的受益颇多。而我的不足首先是对理论知识没有更加深入的了解，其次是没有将理论与实践相结合。在PPT汇报时太紧张，应该更加从容，今后要多锻炼自己。我对课程负责老师的建议并没有很多，因为老师的教改很适合我们，不过老师可以在每节课多和同学互动，可以适当增加一些问题让学生回答，这样能让学生更好地理解理论知识。

研讨式教学让我无比充实

周子凯（2018 级物理学韶峰班）

我本次有幸参加了李老师的研讨式教学改革活动。在课程上，老师通过提问、设问的方式，引导我们体会当时的历史背景，我当时问自己："如果是我，我会做出什么样的行动？"我带着这样的问题听老师讲解，更加深刻地体会到了革命前辈们在建设社会主义过程中所做的艰苦卓绝工作。

在课程讲解部分结束后，我们进行了研讨式学习。我们的研究主题是中国原子弹研制的艰苦历程，在研究这个主题之前，我们对原子弹的原理、原子弹研制的全体工作人员的艰辛、中国原子弹研制成功在国际的重要作用有一定的粗略印象。在查阅大量资料之后，我们对原子弹研制这个巨大的科学和国防战略工程，以及国家国际地位的提升有了更深刻的理解。同时，我们的小组合作能力、查阅资料能力、写作能力也得到了锻炼，对于党和社会主义的理想信念得到了进一步加深。

在课堂展示阶段，有很多小组为我们展示了他们的优秀成果。除了了解到更多的党史故事和党史人物，我在 PPT 的制作、图片文字的排布方式、课堂展示的设计、气氛烘托、脱稿演讲等方面学到了很多知识，同时感谢李老师对我们每个组的赞赏和批评，让我们获得了被肯定的同时，也能够认识到自己的不足并加以改进。对于讲解"从《沁园春·雪》看毛泽东"这个主题，我们小组的准备不是很充分，但在老师的鼓励和最后课堂全体同学的齐声朗诵中，我们从这首词中感受到了毛主席的意气风发、宏大的气魄、必胜的革命信念。

在小组合作完成成果报告后的个人论文撰写，又是一次对自己能力的全面提升，而后的社会调查在实践层面上又让我受益良多。在准备问卷的过程中，为了不出差错，我们多次打磨问卷，期间我们的严谨性得到了锻炼和提升；在收集问卷、分析问卷过程中，我们提高了分析问题和解决问题的能力，也将贝叶斯公式等其他学科学习到的知识成功应用在了实践中，我感到无比充实。

润物无声的课堂教学

刘泽宇（2018级物理学韶峰班）

本学期的《概论》课程由李雅兴老师讲授。老师的新颖教学方式让我眼前一亮，我们以课堂讲解、实地调查并撰写报告、小组讨论进行PPT展示、回顾党史百年来重大人物和事件等方式进行，这种新颖的教学方式让我眼前一亮，即使是远在宁波进行交换学习，但经过整个学习过程和完成任务的过程，我对党史、毛泽东思想和中国特色社会理论体系有了深入的了解，对我个人的成长和价值观的养成有很大的帮助和指导。

课程中，李老师将理论与实际相结合，潜移默化地帮助我树立正确的世界观、人生观、价值观。期间，我们合作解决问题的能力得到了很大的提升，正像老师让我们观看的网课中所讲，理论联系实际是至关重要的。我们一起去宁波大学实地调查，邀请大学生填写我们的“关于中国战‘疫’对大学生思想政治影响”的调查问卷，一起完成PPT制作和演讲排练。在调研小组成果汇报时，我们各自调研了党史百年中的感人人物和事件，深刻体会到了今天的和平多么来之不易。

“老师是知识的化身，是生活的典范。”李雅兴老师巧妙的教学技巧、合理的考核方式让我受益匪浅。作为入党发展对象，这让我更加热爱我的祖国和人民，更坚定了我要加入中国共产党为人民服务的信心和决心。最后感谢李老师在学习过程中的耐心指导，我会将老师所讲所授付诸实践，作为新时代青年为实现中国梦砥砺前行、不懈奋斗！

总之，我在研讨式学习过程中收获颇多，并很认可这种教育改革方式，认为它是创新的、里程碑式的，是湘潭大学教育改革的一大亮点和关键点。

研讨式教学让“中国梦”生动进课堂

王祎隆（2018级物理学韶峰班）

这个学期，通过对《概论》课程的学习，我收获颇多。李雅兴老师对传统的教学方法进行了改革，在书本原有的知识体系中，穿插了党史教育内容，促进了师生的交流互动的同时又极大提高了学生的学习兴趣。特别是老师新增了一个研讨性学习的板块，需要学生以小组的形式自主收集资料、自主制作并讲解课件。这极大提高了学生的自主学习、团队合作和表达交流能力，学生对所学知识掌握得更加牢靠，理解得也更加透彻。

通过这种学习方式，我们系统地学习了党的先进理论。在课堂学习时，每当涉及有关的历史人物和事件，老师都会相应地进行扩展，讲一些波澜壮阔的历史事件。这极大地扩展了我们的知识面，丰富了我们的知识储备。我们看到了青年毛泽东奋发向上的求学岁月，感受了周恩来立下“为中华之崛起而读书”的誓言，感受了习近平总书记知青岁月所立下来的宏伟志愿。

《概论》课程最令人激动和印象深刻的当数最后的研究性学习展示环节。各小组可谓是八仙过海、各显神通。同学们选取了建党百年来不同时期的人物和事件，让建党百年来的历史在我们眼前一幕幕地呈现。我们看到，全体中华儿女都在为实现“中国梦”不懈努力奋斗着。我们当代大学生要接过先辈手中的接力棒，为中国人民谋幸福，为中华民族谋复兴。

中国特色社会主义事业是面向未来的事业，需要一代又一代有志青年勇敢地、自觉地担当起继往开来的历史责任。我们广大青年要坚定理想信念，志存高远，脚踏实地，勇做时代的弄潮儿，在实现中国梦的生动实践中放飞青春梦想，在为人民利益的不懈奋斗中书写人生华章！

经过一个学期《概论》课程的学习，我收获了很多，也有些许遗憾，总觉得课程时长太短，希望学校能多安排一些《概论》课时。

提升综合能力的研讨式教学

黄恺杰（2018 级物理学韶峰班）

本学期我们学习了《概论》这门课。通过研讨式的学习，我和一起完成研究成果报告的同学们都受益良多。

我们小组选择的研究主题是《探究中国战‘疫’对大学生思想政治认知的影响》。在此次调研中，我们学会了问卷调查的基本形式，学习了问卷的制作和宣传方法。为了获得更多可靠的问卷数据，我们在宁波材料所以及宁波大学进行实地调查，增长了我们的实践能力。而在小组成果报告中，我们以《学国防史，筑强国梦》为主题，通过文献搜集，学习了中国科技和国防的历史，仿佛经历了一遍中国从贫弱到富强、从落后到发达的全过程。在论文准备和撰写过程中，我加深了对党的先进理论的理解，学习了林俊德老先生的“马兰”精神，提高了我的思想觉悟。作为一名预备党员，这种收获对我大有裨益。PPT 制作与汇报这种形式也使我受益颇多，既让我们理顺了自己的逻辑，又让我们有上台锻炼自己的机会。因此，对于我来说，此次《概论》课的研讨式教学是知识、思想觉悟、实践、表达能力的综合提升。

这次研讨式教学也让我颇受启发。通过文献调研制作问卷、线上或实地发放获得数据、最后分析数据得出结论的模式，使我深刻领会到理论能指导实践，而实践是检验真理的唯一标准的道理。在今后的学习生活中，我一定会以理论联系实践，学好每一门课，做好每一件事。我们从调研人物事迹中还学习到了奉献精神与家国情怀。作为新时代大学生，我们不能只考虑自己的利益，要把自己的个人理想同祖国未来的发展结合起来，为中华民族伟大复兴而奋斗。

此次研讨式教学中我认为还存在一点不足。课程任务大多以小组形式进行，在研究方面老师给予了我们很好的指导，但我们在小组讨论方面缺乏相关经验，导致我们小组讨论的效率很低，所以我们应该进一步锻炼自己的能力。

塑造完美人格的《概论》课教学

罗霄（2018级物理学韶峰班）

在本学期，我们学习了《概论》课程。经过老师系统、全面、生动翔实的讲解，使我对毛泽东思想和中国特色社会主义理论体系有了更深的认识，也纠正了过去由于我的知识体系不全面而导致的一些错误想法。

我们结合研究和讨论来汇报、总结自己的学习成果，将书本中的知识真正的理解运用，融会贯通。这使我们摆脱了在枯燥无味的文字海洋中沉浮的困境，更多的时候可以冷静地倾听与思考书本中的内容。

研讨式教学使我受益匪浅。

首先，个人论文我选择了“张闻天在瓦窑堡会议中的贡献”的题目。印象最为深刻的事迹是：在30年代初“左”倾路线统治时期，张闻天作为当时中共中央主要领导成员之一，在统一战线的策略问题上也犯过严重的“左”倾错误。但他能把过去的错误变为总结历史教训的宝贵财富，从而促成了党的政治路线的根本转变。这不禁令我感慨：一个人犯过错不是问题，只要知错能改就好。

其次，从调查问卷报告，我也学到很多。从开始的确认主题，到组员们热情讨论，对问题的反复修改与确认，使我们对研究的内容有了更为深刻的认识。收集问卷过程中，我们不断地寻找同学朋友来填问卷，这也考验了我们的沟通能力与耐心。最后在问卷分析与报告撰写过程中，通过对每一个问题的分析、每一个群体的对比，更是让我们懂得学以致用，在实践中检验真理，这是我们以后检验自己理论体系正确与否的最佳途径。

最后，也是印象最为深刻的小组讨论，我们选择的是王尽美同志的光辉事迹。在整理和讲述PPT的过程中，我对王尽美同志有了跨越时代的亲切感，王尽美同志就算身患恶疾心中也牵挂着党，把党和国家放在第一位，令人心存敬意。这使我下定决心要学习前辈不怕苦不怕累、一心为党、一心为国的精神。同时，其他小组的汇报也使我受益匪浅。思维的碰撞必然产生火花，在他们的人物讲述与对各种历史事件的说明中，我领悟了“理论与实践相结合”的道理，提高了自身的知识修养，完善了自身的人格塑造。

经过老师系统、全面、生动翔实的讲解，我深刻理解了《概论》课对于帮助青年学生树立正确的世界观、人生观、价值观的重要意义。同时我明白了“纸上得来终觉浅，绝知此事要躬行”，研讨式教学丰富了我们的实践经验，增强了我们的团队协作能力，使我们更加深入地了解当代社会。

此外，在学习过程中，我也看到自己的许多不足，如表达能力不够强、团队协作能力较弱、记录水平较差等情况。虽然在课程中改善了很多，但在未来我仍会继续加以改正进步。作为一名21世纪的大学生，我们绝不能坐井观天，必须积极投身社会，把自己所学的知识应用于实践，从实践中不断分析、总结，从而提高自身解决问题的能力。

以扎实的理论学习凝心铸魂

谭敏（2018级化学类韶峰班）

本学期，通过对《概论》的学习，我对毛泽东思想和中国特色社会主义理论体系有了更深刻的认识。我不仅学习了党史，还明白了如何客观地看待历史人物和评价历史事件。《概论》这门课程对于帮助青年学生树立正确的世界观、人生观、价值观都具有重要意义，使我们更自觉地以马克思列宁主义、党的先进理论作为自己的行动指南。在新时代，我们应立志为建设新时代中国特色社会主义贡献力量。

经过一个学期全面系统的学习，我对毛泽东思想有了更深刻的认识，我的思想觉悟也有了很大的提高。明白了许多以前不明白的道理，这对我的人生观的形成起了巨大的推动作用。在今后的学习和生活中，我更要进一步认清自己的使命，明确自己的目标，认真做好自己的每一件事，自觉把人生追求同国家和民族的前途命运联系起来，努力成长为对国家、对社会的有用之才。

学习毛泽东思想这一内容，我学到了毛泽东思想及其历史地位、新民主主义革命的道路和基本经验、社会主义改造理论以及社会主义建设初步探索的理论成果。我明白毛泽东思想是对我国新民主主义、社会主义革命和建设正反两方面经验的理论概括。

学习邓小平理论这一内容，我学习到了邓小平理论的主要内容及其历史地位。邓小平理论坚持和发展了毛泽东思想，是马克思主义在中国发展的新阶段，是改革开放和社会主义现代化建设的科学指南。

学习“三个代表”重要思想这一内容，我知道了“三个代表”重要思想的形成条件、形成过程、核心观点以及主要内容，它是对马克思主义建党学说的新发展，是推进中国特色社会主义事业的强大理论武器。

学习科学发展观这一内容，我了解到发展绝不仅仅是经济的增长，而应该是经济、政治、文化、社会、生态的全面协调发展，而应该是人与自然和谐的可持续发展，我国要把科学发展观贯彻落实到国家发展的各个方面。

学习习近平新时代中国特色社会主义思想这一内容，我了解到习近平新时代中国特色社会主义思想内容的含义、历史地位以及主要内容。习近平新时代中国特色社会主义思想从世界观和方法论的角度，深刻回答了中国特色社会主义进入新时代后，中国共产党应举什么旗走什么路、应担负什么样的历史使命、实现什么样的奋斗目标等一系列重要问题，把我们党对于共产党执政规律、社会主义建设规律、人类社会发展规律的认识提高到新的水平，开辟了马克思主义中国化时代化新境界。

在上课时，李老师除了给我们讲解课本内容外，还给我们播放视频，让我们对中国历史有了更多的认识，开阔了我们的视野，我们的一些传统观念也不断得以转变。课堂上放映的各种视频极大地提高了我的学习兴趣，让我对历史和社会的本质有了更深刻的了解。思政课的教学项目给我们每一个人都提供了一个展示自我、锻炼自我的机会，很多同学也都因此能够很好地表现自己，例如在老师开展的研讨式教学活动中，以小组的形式进行PPT成果展示，我们小组第一次尝试做视频，极大地提高了同学们的积极性。课下，老师还组织我们做了一次社会调查，锻炼了我们运用所学的理论知识观察、思考、分析现实问题的能力。

我知道自己还有很多地方不足，对于理论思想的理解还不够深，我现在虽然已成为一名预备党员，但是与成为正式党员之间还有一段距离，所以我更加需要学习思想理论来提升自己，让自己变得更好。总之，在这学期的《概论》课学习之后，我感到自己的知识增长了不少，谢谢李老师给我们扩展了很多课外的知识，使我们的思维不只是停留在课本上，同时我也很开心在这学期能够跟随李老师学习这么好的课程！

享受学习乐趣的《概论》课堂教学

杜岩（2018级化学类韶峰班）

本学期开设的《概论》课程采取了和以往不同的上课形式，即研讨室教学。李雅兴老师首先为我们讲了毛泽东从幼年到青年、从当老师再到参与革命的故事，让我对少年毛泽东的反抗精神、青年毛泽东对求学的坚定追求印象深刻，之后老师又带领我们深入学习了理论知识，我明白了毛泽东思想是在我国新民主主义革命、社会主义革命和建设的实践中、在总结我国革命和建设正反两方面的基础上，逐步形成和发展起来的。

与我平时接触的上课方式不同，此次《概论》课程采取了常规上课和研讨式教学相结合的方式，让我们的学习过程变得更加灵活。我在搜集资料、小组讨论、信息整合、分析理解等方面提高了不少并了解了许多在课本上学不到的知识。我们组虽然最终汇报不是很完美，但是通过这次机会让我对袁隆平精神有了更加深入的理解和体会，也让我明白了团队协作的重要性，并且也给了我展示自己的机会，对我来说这绝对是一次难忘的回忆。我能充分理解每一次汇报背后都是小组成员的辛勤付出，因为自己在准备材料的过程中也付出了大量的时间和精力，所以在其他组进行汇报时，我也会尊重他们的劳动成果，认真听他们的讲解。每个小组都有自己的特色，精致的剪辑视频、动情的诗朗诵、富有创意的情景短剧、渲染气氛的背景音乐，多元化的上课形式使我能更快地投入课堂中，使我更容易对这一个个感人的党史故事产生心灵的震撼，老师在每组汇报结束后都会进行总结升华，并提出诚恳建议，这也给我们带来了宝贵的财富，教学助教为我们拍下的照片也会成为我们难忘的回忆。

通过对这些党史故事的学习，我认识到了在我们幸福美好的生活背后，存在着众多默默付出的英雄人物，他们用汗水，用双手，用坚守，用信念，甚至用生命为我们搭建出了现在的中国。就像习近平总书记强调的那样“在全党开展党史学习教育，是牢记初心使命、推进中华民族伟大复兴历史伟业的必然要求”。中国共产党历经了不忘初心、牢记使命，奋勇前行、砥砺奋进，不断探索、勇于开拓的征途，党的光辉历史告诉我们，沧海桑田，时代可以变，初心永不变。我们作为青年一代，作为这个国家的新鲜血液，我们要响应时代的呼唤，担负起民族振兴的责任，以聪明才智贡献国家，以开拓进取服务社会，我们要用行动证明，中国青年是有远大理想抱负的青年，是有深厚家国情怀的青年，是有强大创造力的青年，无论是过去、现在还是未来，中国青年始终都会是实现中华民族伟大复兴的先锋力量。

通过本学期的课程我对毛泽东思想和党史故事都有了初步的了解，当然这些肯定是远远不够的，在今后的日子中，我会更加深入学习党史，树立正确的党史观，并且在党史学习中能够真正做到“学而思”“思而悟”“悟而得”。最大的遗憾就是我准备时间不够充足，我们组最终呈现的汇报没有达到我们预期的效果，我相信如果今后还有类似的机会，我一定会尽我最大的努力完成一次完美的汇报展示，弥补我心中留下的遗憾。最后感谢李雅兴老师对我们四个班级同学的倾情付出和尽心指导，为我们带来了独一无二的上课体验。

传承先辈精神的《概论》课堂教学

贺晨尔（2018级化学类韶峰班）

在搜集资料拟定我们小组要讲述的党史故事的主题时，我就在思考，在这百年征程上燃烧生命为我们带来光和热的人们身上的共同点是什么，我认为不仅仅是他们拥有同一种身份或者同样拥有值得我们学习的品格。直到在寻找素材时，我无意中看到的一句话“这不是个人，而是一种精神，一种信仰”令我恍然大悟，他们有着共同的信念、一样的目标，以不同的形式为实现中华民族伟大复兴而努力，我认为“奋斗百年路 启航新征程”这一主题体现的正是这样一种信念的传承。

这条已经走了一百年的路，是一条布满了荆棘和未知风险的路，这不是依靠一个人的力量就能迈过的，这是由一代又一代的人传承先辈的信念、交接未完成的使命，一步一个脚印地走出来的。“这世上本没有路，走的人多了，也便成了路”，我这才能稍微明白鲁迅先生的话，这条本没有的路是无数人穷尽一生一尺一寸地摸索出来的，每一次经历交接、跌倒、转折后，再开始的又是新的征程，每一步都奔向新的期待。

通过这次研讨式的教学活动，我也在其他小组的讲述中学到了很多。其中令我印象最为深刻的主题是“抗美援朝”战争背后的故事，该主题中的内容很多，但不冗杂，令我深有感触。他们的讲述让我想到了一位参加过这次战争的老兵说的话：“什么叫祖国？当我们跨过鸭绿江，看到战火的时候，我后背就是祖国。”这也是我在翻找素材时看到的，当时就触动了我，作为负责视频剪辑的人，我出于私心把这段视频放到了展示视频的最后一部分。1950年有中国人民志愿军赴朝作战，2020年有全国各地医疗队驰援武汉战“疫”，这恰好也是我想传达的关于“传承信念”的想法。

这组同学最后讲到了2020年6月牺牲在中印边境的四位解放军战士，他们驻守在海拔四千五百米的地方，在冰水中展开双臂，用生命捍卫祖国领土，“宁将鲜血流尽，不失国土一寸”。原本我很庆幸自己生活在一个和平的年代，或者说生活在一个和平的国家。但事实上，不仅仅是这四位烈士在捍卫，在我们现在的时代，在我看不见的地方，在我不知道的时候，有太多人甚至有很多我的同龄人，以生命为代价，替我背负起了重于泰山的责任。他们牺牲自己照亮了阴暗的角落，给了我“一心只读圣贤书”的机会。他们值得被铭记，也应该被铭记，却有太多人因为种种原因而不为人所知，我突然觉得这是对他们的亏欠，他们为我而死，我却不明白如何去报答。

所幸我的专业给了我做些贡献的机会，我从未有一刻像现在这样希望未来能在专业领域里做出成果，希望它不仅仅是停留在理论层面而是能够真正的投入生产，哪怕只能给“他们”背后的祖国带来一点点的改变，我要将这种已经传承了一百年的精神、信念继续传承下去。

引导自主学习的课程改革

郑竹彦（2018级化学类韶峰班）

在大三的这个学期，我们接触学习了《概论》这门课。在李雅兴老师的教导下，我们对毛泽东思想以及毛泽东的各项事迹有了更加清晰的认知，而且我也深刻地认识到毛泽东思想、邓小平理论、“三个代表”重要思想、科学发展观和习近平新时代中国特色社会主义思想对于建设中国特色社会主义社会所起到的重大作用。

李老师在这门课上进行了课程改革，摈弃了传统的教学模式，选择了研讨式的教学方法，由同学们进行分组讨论研究相关的课题，并面向老师和同学讲述自己的研究内容和所获得的启发。在这个过程中我遇到了许多过去没有面对过的困难与挫折，但是同样也获得了不少珍贵的收获。首先在确定题目和研究问题的阶段，我面临着如何在众多的选题中选择适合自己的主题以及确定选题后如何从大量的信息来源筛选出有用信息的难题，从一开始的不知所措到后来翻阅众多文献资料后，对这些历史与人物事迹有了一个初步的认识，这不仅让我了解了一些不曾听说过的故事和逸闻，也从中选取到我们需要讲述的方向和内容。在小组讨论的过程中，我们也曾遭遇过一些问题，由于组员的意见迥异，我们经历了一番讨论才确定了终稿。虽有争论，但争论过后，我们对这一内容也有了更为深刻地理解。然而让我收获最多的还是上台展示这一过程，在这之前我们的PPT由于内容的问题经过了一次又一次的修改，甚至中间还经历了一次推翻重来的过程。在这期间我们一遍又一遍地背诵、记忆，从磕磕绊绊，说一句忘一句，到十多次的排练之后逐渐熟练，从可以记住所有的内容到可以准确连贯地讲述出来，却又在好不容易记住之后又要背诵新的内容，还有那一个个复杂的数据，这些都导致了我们这一过程的艰难。但是在看到我们上台之后顺利地展示成果和老师对我们的鼓励与表扬，也让我们感受到了胜利的喜悦和收获的满足。

但是与别的小组相比，我也感受到了我们的不足，由于记忆的困难，我们在讲述的过程中便没有带有饱满的感情，只是逐字逐句的背诵。而且我们也没有想出使我们讲述的内容富有新意的形式。然而这些有许多小组都做到了，他们以充沛的感情朗诵，充满新意的话剧表演，还有统一的服装道具更是让他们在展示的过程中吸引了绝大部分同学的眼球，让大家为他们感到惊叹。甚至还有一个小组为了更好地展示他们的成果而去了长沙做调研，他们的用心和努力都是我们所比不上的，也是值得我们学习的。

在这门课上我学到了很多，但是也感受到了一些问题。我们进行研讨式教学的时间不够充分，有很大一部分同学在理论课快要结束时才开始选题并研究，这就导致了我们对选题的研究不够深入，也有同学对题目的选择不够严谨，在发现问题后也没有足够的时间进行修改，这更是导致了研究内容与题目不相符合的问题；第二，在进行研究讨论的过程中，因为没有老师的全程参与，我们研究的正确性无法得到保证，研究的效率也不是很高。就以我们组为例，由于我们只在快要进行展示时才将研究结果给老师看，导致一部分内容必须推翻重来。

基于上述提到的问题，我认为需要更多的老师参与进来，对每一个进行研讨式教学的小组跟进指导，才能让我们从中得到更多的收获，学习到更多的知识。而且我们也需要花费更多的时间和精力投入研讨式教学中来，这样才能使我们的研究结果更加完善，从而使我们对这一部分内容的认识和理解更加深入。

独特魅力的党史课堂

陈健（2018级化学类韶峰班）

我们在李老师的热情带领和讲解下，学习了《概论》课程，同时也开展了党史教育的小组研讨活动，经过这一个学期的学习，我由衷地觉得受益良多。我原以为《概论》课只是一味地讲枯燥乏味的大道理，可是当我真正地开始学习这门课时，我被课堂内容深深地吸引了，不仅是因为李老师声情并茂的讲解，也是因为先进思想和党史故事的独特魅力。《概论》课已经结束了，它给我带来的优良的影响十分深远。

首先是理论知识上的收获。在《概论》课上我们学习了毛泽东思想、邓小平理论、“三个代表”重要思想、科学发展观、习近平新时代中国特色社会主义思想的主要形成和发展内容、历程以及历史地位。除了书本上的知识，李老师还为我们拓展了许多党史上的感人故事，最让我印象深刻的是毛主席年轻时代求学求知的故事，还有邱少云、刘胡兰、李大钊等英雄的伟大事迹等。虽然课程已经结束，但所学所知余音绕梁，每次回味《概论》课上的知识，我都有新的感慨和收获。

《概论》课带给我的还有精神的洗礼和综合能力的提升。我们十分幸运能在建党一百周年学习《概论》课，在上理论课的同时，我们以小组为单位开展了和党史教育有关的研讨活动。我们组首先把选题定为“党领导下的疫情防控阻击战”，主要介绍在抗击新冠疫情期间，我们党发挥的领导作用和党员们的先锋带头作用，以及青年的抗疫力量和伟大的抗疫精神。完成研讨后，我深刻地感受到，我们党在这场抗疫斗争中又一次焕发出了伟大的斗争精神，彰显了一个永葆青春的大党！

我们小组做好研讨活动和上台展示的准备后，在李老师的指导下，将研讨的主题改为纪念袁隆平爷爷，非常感谢老师对我们小组的信任和指导！我们在三天时间内完成了课件的制作和讲解的准备，以纪念袁爷爷为主题，介绍了袁老的一生的贡献以及留给我们的宝贵精神。虽然上台展示的效果不理想，但我在这一过程中收获颇丰，在查找资料能力、总结信息能力、交流讨论能力、团队合作能力以及语言组织能力等多方面都得到了很大的提升。

观看其他小组的成果展示之后，我有很多感慨，认识到了自身的不足之处。首先是准备不够充分，一方面是我们缺少正式的排练，对于在台上可能出现的状况没有准备，另一方面时间也比较紧迫；然后是我们的讲解比较生硬，仅是对着文稿朗读，没有做到声情并茂；最后是课件的质量，我们没有做到详略得当，有的段落过于冗长，效果不好。

看着其他小组在讲台上慷慨激昂的演讲，我的思绪被带回到那段峥嵘岁月，革命烈士、战斗英雄、国家元勋仿佛就在我身边，他们的口号在我脑海中久久回响，他们的伟大精神在我心中长存。听完其他小组的演讲，我发现了差距，他们能够做到身临其境，投入真情实感，带动观众的情绪，引起大家的情感共鸣，这是我们组所缺少的。经过所有小组的展示与讲解，我学习到了很多演讲的技能，如果有机会能再次上台，我有信心表现得更好。

总之，《概论》课不仅带给我丰富的理论知识，还提升了我在信息查找、交流讨论和团队协作等多方面的能力，让我认识到了自身在演讲能力上的不足。更重要的是，它给我带来了思想和精神的洗礼，让我对我们党和国家有了新的认知，让我更加庆幸能生于这个伟大的民族。最后，非常感谢李老师一个学期的教导，《概论》课虽然已经结束，但我在这堂课上的所学所知将是我一生的宝贵财富。

《概论》激发党史学习的积极性

李斌（2018级化学类韶峰班）

李老师为了更好地将党史教育融入课堂，与大家深入探讨交流“为什么中国共产党行”等主题。同时老师为了鼓励我们更加积极主动地参加党史学习教育，让大家分成小组进行党史故事的展示。在查找资料、展示和聆听别人的报告的过程中，我收获了很多，也了解到自己的不足并积极改正。这次研讨式学习有效地促进了我们在探究式、情景式、研讨式、体验式学习中学史明理、学史增信、学史崇德、学史力行。

“保卫祖国领土，寸土不让！”在进行我们小组的研究报告时，我再一次对71年前的那场保家卫国的战争有了更深刻地了解。为了反击美军对东北的侵略，以张振智为代表的革命英雄跨过鸭绿江，在1953年将“联合国军”打回到“三八线”。这场战争维护了祖国的国土安全，也使中国的国际地位大大提高。他们也有家庭，但是选择舍小家为大家，他们与国家休戚与共的精神让我感受到中华民族强大的精神力量。同时去年的西藏边境与外军的冲突使我意识到，生活在和平安定的社会中，我们常常忘记了中国的国际周边环境的复杂性，“疆独”和“藏独”等分裂组织与敌对势力勾结，经常在我国边境城市搅扰，以及西方国家不断侵扰中国海域。但是有我们的人民子弟兵保护着我们，我感到十分幸福，但是我也更加坚定了自己要努力学习专业知识来报效祖国的决心。每一个有血性的中国人看到自己同胞被伤害、领土被侵略，怎能不感到愤怒！

作为一名中国共产党预备党员，我深知入党不仅仅是组织上入党，更要在思想上入党。作为基础学科专业的学生，我们要以知识为武器，攻克“卡脖子”问题。基础研究是科技创新的源头，中国面临的很多“卡脖子”技术问题，根本原因是基础理论研究跟不上，源头底层的东西没搞清楚。因此，未来我们应加强基础研究，实现更多从无到有的突破，这是作为未来中国基础研究中坚力量所要面对问题的核心所在。在了解中国能源组成之后，我立志未来为中国能源安全做出自己的贡献，积极投身于电化学的研究。

在聆听其他同学的展示时，我更充分体会到中国共产党的伟大。1949年之前，中国共产党进行了28年浴血奋战，打败日本帝国主义，推翻了国民党反动统治，完成了新民主主义革命，建立了中华人民共和国；建国之后，中国共产党完成了农业、手工业和资本主义工商业的社会主义改造，建立了社会主义制度；改革开放以来，中国共产党带领中华民族从此富起来了；进入新时代，党和国家事业发生历史性变革、取得历史性成就。

在调查和研究的过程，我也看到了自己的缺点和不足，自己性格比较内向，交流沟通的能力有待提高，例如在讨论时没有积极提出自己的想法，在调查时不会调动被调查者的兴趣等。

未来我会更加主动地去说出自己的看法；此外，自己查阅文献等信息的方法单一，没有学会充分利用自己的资源，例如学校图书馆馆藏等。在以后的学习生活，我将在了解充分的情况下，尝试多方面、多角度地搜集信息。这是一个信息爆炸的社会，如何查找信息将会是生存的必要手段。

本次李老师教学改革对于我们学生的能力和素质都有很大提升，我们学习思政课的积极性和主动性都被真正调动了起来。对于这学期的《概论》课程，我终生难忘！

寓教于乐的研讨式教学

邓惠贤（2018级化学类韶峰班）

这学期的《概论》课程，我们老师采用的是一种新的教学方式——研讨式教学。这种教学方式的考查方式不同于其他课程，先有老师给我们布置任务，再由我们几个人组成的小组自己确定主题，然后收集资料做成PPT，最后上台表演。这种方式给我带来了一种新的感受，让我受益匪浅。

在这次研讨式教学中，对于我个人来说帮助是非常大的，我是一个非常害羞的人，是那种一上台就紧张得说不出话的那种。通过这样的教学方式，在我们小组几个人的鼓励下，我努力地克服了自己内心害怕的心理，完成了这次表演。上台完成讲演，对我自己来说我完成了一次挑战，我相信通过这次的表演，我在下一次一定会完成得更好。

在这个学习过程中，让我收获很大的是锻炼了自己的动手能力和自主学习能力。以前学习都是在老师的带领下去学习，虽然在学习的道路上我们会少走很多的弯路，同样我们也失去了自己的想象力和独立解决问题的能力。这次学习中，我们每个人都是先独自去查资料，做调研调查，独立地去思考问题然后去解决它，这样不仅锻炼了我们的自主实践能力也提高了我们的想象力。

最后，这个过程中也让我明白了团结合作的重要性，俗话说得好“团结就是力量”，在这次活动中就充分体现出来了。我们通过讨论确立主题后，我们小组立刻做出了任务的分配，每个人负责收集一个方面的资料，最后再进行汇总。由于我们分工明确，我们不到一个星期就大致完成了我们的PPT。然后我们进行了讨论，在这过程中我们分享了各自收集资料的方法，对批次的资料进行了评价，对不好的地方提出了修改方法。这个过程我学到了其他人优秀的方法，接受了他人提出的意见，对自己以后做同样的事有很大的帮助。

这次的教学方式给我最大的一个启示是兴趣的重要性，我国伟大的思想教育家孔子说过“知之者不如好之者，好之者不如乐之者”。这句话讲的就是兴趣是我们最好的老师，只有你对这件事感兴趣，你才会去做好它。这次的研讨式教学就充分地体现了这一点。作为理科生的我们，大部分学生对这种文学性的课程应该都不是很感兴趣，更不用说去研究它了。但这次老师让我们上台展现的主题是由我们自己去确定的，通过我们小组自己几个人的沟通，确定了我们都比较感兴趣的主题，这样就相当于我们把老师布置给我们的任务变成了我们喜欢做的事，让我们有兴趣去完成好这件事，有利于我们去收集资料，做PPT等工作，最后在台上给老师和同学们展现出一个好的表演，不仅提高了学生的知识水平，也能在这过程中锻炼学生的动手能力，创新能力。这就是“授人以鱼不如授人以渔”。

虽然在这种研讨式学习的方式下，我收获到了许多，但我也发现了在这过程中存在的问题。我们以为这门课的考查方式不是考试，就把大部分时间都放在了收集资料，做调研报告等事情上面。对于书本上的知识，因为不考试而忽视，所以就没有仔细地去看书，导致对书本上的知识不熟甚至完全不了解，但作为学生还是应该以书为本，书本是很重要的学习资源。不要为了应对老师的检查，而敷衍了事地把书看一遍，我们读书是为了自己而读，而不是为了老师而读。还有我们在收集资料的过程中，不是很熟练，走了许多的弯路，浪费了许多的时间，导致我们在后面准备上台表演的时间不是很充足，对 PPT 的内容还不能做到完全的脱稿，得到了不是很满意的结果。

针对以上我们在这次研讨式学习过程中所存在的问题，我做出如下反思。第一，我们应该端正自己的学习态度，不管是以什么样的方式学习我们都应该以非常认真严肃的态度去对待，不要为了完成老师布置的任务，用敷衍了事的态度去完成，这样只能欺骗我们自己，最后还是要为自己的行为买单。第二，在我们平时的学习过程中，我们自己应该多动手，多动脑，提高自己的动手与思考能力，不至于在关键时刻给队友拖后腿。多向身边优秀的人学习，学习他们查找的资料的速度和质量，学习他们对待学习的认真态度等。

《概论》深化思想认识，践行初心和使命

肖炜杰（2018 级化学类韶峰班）

通过一学期的党史教育融入《概论》课研讨式教学，我感到收获颇多。我和小组各成员积极参与《概论》课布置的各项活动，深度学习党史，从一个个鲜活的人物和典型事件中，体会到了什么是共产党人的初心和使命。

通过学习党史，我们要坚持以史为鉴，述往思来，从中汲取精神之钙，要在学懂弄通做实上下苦功夫，不断提升自身认识水平，增强自己的思想自觉和行动自觉。深刻认识人民才是历史的创造者，是决定党和国家前途命运的根本力量。在具体工作中和学习中，我们要把学习党的创新理论与党史学习联系起来，困难面前豁得出，关键时候顶得上，把心血和汗水洒遍千山万水、千家万户。

在收获之余，仍有些许遗憾。例如在展示环节，有的小组准备不够充分，导致进展缓慢，初期的任务分配不够清晰具体，具体展示的 PPT 由于领会错课程要求因而大改了好几番题目，导致最后留给展示准备的时间不够充裕。面对这些遗憾，我认为小组需要积极组织讨论。任务安排上要明确到个人、明确到具体内容，最后将组员的资料汇总到一起，再开展讨论各部分的准确性、连贯性和完整性。

对于《概论》课，我觉得在课上讨论书本内容时，可以增加一些学习通上课堂的讨论和问答。在 PPT 展示上，同学们的讲解都很具有感染力，全场上课的氛围很好，我感到收获很大，了解了很多党史重要人物和重要事件，听完讲解后很受鼓舞。另外有些组有些同学没有很好地发挥，同时有些组的时长控制得不太好，我觉得需要进一步地调整和规范。

最后，《概论》课圆满结课，感谢老师的悉心教导，同时也感谢参与教改的各位同学，短短几个月的时间里，通过互相交流学习，我不仅了解了很多书本与课堂内的知识，并且在这期间自己找资料，做 PPT，学习了更多课堂本身之外的事物道理。

党史教育融入《概论》教学

李玺龙（2018 级化学类韶峰班）

本学期，我有幸参与了李老师的党史教育融入《概论》教改研讨学习课程。在此课程中，老师一改思政课“大课堂讲授”的传统授课方式，将学生与老师的身份交换，通过让学生以小组为单位查找资料、收集信息、集体讨论等研讨性学习的方式，将学习成果总结以 PPT 形式汇报。凭借小组合作、师生互动的环节，让同学们对党史故事、英雄事迹产生更深刻的认识。作为参与教改课的学生之一，在这次难得的学习经历中，我深有感触与体会。

老师在课程中取消了结课考试这一制度，并让出了部分上课时间为我们的研讨学习提供讨论与资料查阅的时间。在一轮充分的准备下，各小组都将自己的成果上台展示，通过各种不同的演绎方式，有视频剪辑、诗歌集体朗诵、话剧演绎、情景剧对话等引人入胜的方式，将台下的观众带进了一个又一个感人故事中，给我们带来了视觉、听觉等多方面的冲击。这不仅提高了展示者的演讲积极性，同时也为同学们对党史的学习增添了许多乐趣，常言道：“兴趣是我们最好的老师”。越能引起我们兴趣的内容，越能让我们印象深刻。

每组完成了他们的展示之后，李老师还会详细地做一个总结，帮助同学们梳理、理解并消化，让同学们认识到一个个重大事件、英勇人物背后的时代使命与他们心中的时代精神。与此同时，同学们通过学习、对比，不断认识与深化，对中国共产党百年来艰难并且光辉的奋斗历史逐渐有了更加深刻的理解。

虽然学到了不少知识，然而自己在课上的表现仍然存在不足：展示时准备不够充分，不能做到脱稿演讲，无法突出展现出人物的精神张力；缺乏与台下同学的互动，没有完全调动同学的积极性。希望自己下次可以表现得更好。

我认为，作为一名大学生，要做实现中华民族伟大中国梦的奋斗者，担负着中国未来建设的重担，需要具备党员精神才能将这个国家建设好，才能称之为一名合格的接班人。

在师生“零距离”互动中学史增信

赵陈可（2018 级化学类韶峰班）

作为一名大学生，我深知自己应该时时刻刻进行学习来保持自己的先进性，而这学期的《概论》课程给了我一次良好的机会。我们的《概论》课主要是以党史教育为主题，进行研讨式教学的方式开展的，这是一种非常新颖的教学方式，我被这种教学方式给深深地吸引了。为了能够很好地跟上课堂，我积极地与老师互动并且参与小组讨论，所以我在这几个月来一直加强自己的理论学习，以完善自身的各种不足。课堂上老师的激情授课，同学们精彩的成果展示，让我感觉收获满满。

记得有一组同学展示的是有关于抗美援朝相关事迹的 PPT，我感触颇多，课程结束之后，我专门去查找了有关中国人民志愿军的相关纪录片，这再一次地震撼了我。志愿军战士面对敌人的入侵，背后是亲人与祖国，为了家庭，为了国家，只能向前冲锋。我们的国家正处在建国初期，百废待兴，百业待举，面对美国与其他国家组成的“联合国军”，我国的领导人作出组成中国人民志愿军，抗美援朝的决定！“打得一拳开，免得百拳来！”这是毛主席的十字箴言！作出这样的决定需要多么大的勇气呀！正是有这样的领导人，有这些不畏艰险、不惧牺牲的志愿军，我们才能有未来 50 年相对平稳的发展时期，我们告诉世界一个道理“中国人民已经组织起来了！”“中国人民是惹不得的，惹翻了是不好办的！”我们生活在如今这个和平的年代，我们应该感谢这些革命先辈。任何力量都无法阻止中华民族伟大复兴！

这种课堂的模式使得我们能够积极地参与到课堂里面，让我们不再做课堂上的“局外人”，做到了真正意义上的师生“零距离”互动，在课堂上仿佛老师与学生的称谓已经没有那么重要了，更加像是一群志同道合的共产主义者，仿佛回到了那个充满激情的年代，每个共产主义者们畅所欲言，把酒言欢，诉说自己的理想，诉说对光明未来的期待，对共产主义社会的期待！

我认为这次课程不足之处在于，课程的时间较短，而无法使得所有同学都参与到课程的讨论与发言中来，希望可以将课程时间进行适当的延长，或者选择更加开阔的地带，而不仅仅只限于教室，我们可以身临其境，组织相关的活动到那些带有革命意义的地带，去深入学习，去感受，去体会。我们这堂课的意义不应仅仅局限于课堂上，只有这样才能发挥最大的作用。十分感谢老师能够给我们这样一次机会，让我们能在这样的课堂上汲取知识，对我们的国家、我们的党有了更加深刻的认识，我会在此后学习生活中保持自己的先进性，虽然我还不是一名中共党员，但是我会以一名党员的标准严格要求自己，争取早日加入这个光荣的组织！

再次感谢老师的辛勤付出，祝老师身体健康，工作顺利，生活愉快！

研讨式教学，在学知识中加深友谊

刘思思（2018 级化学类韶峰班）

在中国共产党的领导下，中国从一个起点走向另一个起点，从一次胜利迈向另一次新的胜利。三峡工程、青藏铁路的全线贯通；港澳回归、北京成功举办奥运；西部开发、神舟六号、七号载人飞船成功上天、嫦娥一号卫星发射、上海世博会成功举办等，我国取得了举世瞩目的成绩。

以研究式小组学习的方式将党史教育融入《概论》课堂，我觉得这比传统课堂中老师讲、学生听的学习模式更能引起我的兴趣，也让我有了很多参与感。在开展小组合作学习的过程中我遇到了很多困难，走了许多的弯路，但在我和其他组员的共同努力下，我们最终完整地展示了我们的调查报告。此次学习我收获颇丰，主要有以下几点感触：

第一，我明白了团体的力量是非常强大的。我们曾在确定演讲故事主题之后陷入过短暂的迷茫。因解放战争涵盖了众多具有历史意义的战役，时间跨度虽不太长，但重要的党史故事实在太多了，究竟选择哪一个故事才能最有代表性呢？我们小组成员共同努力，大家一起出谋划策，最终确定我们选择淮海战役中的军民鱼水情，并以“淮海战役中的小推车”主题为切入点。后续 PPT 的准备，相关的资料、图片以及视频的查询工作非常大，仅凭我一人之力，是绝对无法完成的，正是因为有团体合作才能在规定的时间保质保量地完成。

第二，我学会了在小组学习中和其他组员相处的方式，也交到了更多朋友。我完成了属于自己的工作后，我以为我已经做到了最好，但在小组成员的建议下，我发现我还是有许多的不足之处。人往往很难看出自己做得不好的地方，这时就需要别人的指正。同时我也明白了提意见的方式一定要委婉礼貌，这样才更有可能让对方接受。

第三，我明白了党史教育的重要性。在历史的长河中，有多少共产党人为了中国的伟大复兴，抛头颅洒热血。我们这一辈人是在先人所栽的大树下乘凉的那一批人。中华民族伟大复兴的征程的接力棒也应该要交到我们手里了。而党史教育能帮助我们更好地回忆和记住过去的历史。在缅怀先辈的同时，我也深深地被革命烈士们的英雄气概和大无畏的精神所感动。一想到我和这样一群可爱的人们流着同样的血，我就多了勇气和力量，更加有信心完成历史交给我们这一代人的任务。

这次将党史教育融入《概论》课堂的形式给了我很多启示，回忆一下小组的研究学习展示，我也发现了很多不足和遗憾之处。主要有以下几点：

首先，我们的成果展示并没有做到最完美。在看完别的小组的同学的展示后，我觉得我们可以做出很多改变。我们应该花更多的时间来练习，这样不仅在做到脱稿的同时还能够训练一下说话的感情腔调。

其次，在准备小组展示的PPT的过程中，我也觉得我们有一些不足之处。我们寻找资料的渠道太少了。仅仅从网络和学校图书馆寻找资料，所能获取的资源很少。我们湘潭大学处在毛主席的故乡湘潭，其实有很多红色革命的革命纪念馆等红色文化资源。很遗憾的是，因为时间和经费问题，我们小组并没有去参观。

以上就是我这次研究性学习的个人心得体会。

融学于趣的《概论》课程

刘乐（2018 级化学类韶峰班）

经过一个学期的《概论》课程的学习，我获益匪浅。此课程上半学期的授课形式以老师讲述为主，我们认真吸收知识并做好笔记。通过老师的讲述我对整本书内容有了大致了解。后半个学期进行的是党史教育融入《概论》课研讨式教学，以小组为单位进行展示的授课形式。我们小组的展示从选择主题、选择文本、策划形式、提前排练入手，最后再到上台表演，这一过程尽管艰难但又非常有收获。一方面，我们对中国共产党的丰功伟绩，和其中涌现出的感人事迹有了了解，对党史的主要内容、精神实质、历史地位和指导意义有了深入的学习以及思考。另一方面，通过自己亲力亲为、积极参与，我也收获了一些技能。我学习了研究报告以及调查报告的正确形式，一定程度上提高了自我写作能力，并且拓展了查阅知识的多种渠道。我们小组都能团结协作、集思广益，小组协作水平得到提升。

我觉得党史教育融入《概论》课研讨式教学这种形式是别出心裁的，并且是值得推广借鉴的。这种教学方式不仅能遵循以学为本的前提，而且能采用寓教于乐的形式，提供了理论和实际的联系形式，培养了我们的创新精神和科研能力。就我的个人体会而言，一方面，在听研讨式教学课时，因为通过插入视频、音频形式，表演、小品等手段，再加上讲课同学饱满的情感，确实能够快速地抓住我的兴趣，帮助理解讲课内容，也加深了我的记忆。比如我现在还清楚地记得其中一个小组以话剧的形式讲述一个特务的工作，他们生动的表演吸引了全班同学的注意力，也给我留下了深深的印象。另一方面，在我自己准备的过程中，有几乎两周左右的时间全身心地投入这个课题，我现在对我所讲的主题都还记忆犹新。而且要完成好这个任务，就需要我们整合各种资源，包括我们各自的优势。把我们这个组的课题任务都分配到个人，再由个人把自己的资料整合到一起，这之间需要一个强有力的衔接，我们搜集完资料必须把资料传接到整理资料的同学手中，再转到撰写 PPT 同学的手中，最终上台讲解 PPT 的同学熟悉整个内容。其中团结合作的协作能力在这整个过程中就完全的体现出来了。

在这学期的研讨式教学活动结束后，我回想整个教学过程，确实是一个小组付出得越多，他们准备得就越充分，教学效果也就越好。我们小组成员虽然也付出全力，但是和那些完成得特别好的小组也还存在差距，这让我也不断地反思自己的不足，并且也总结了一些经验以及启示。一是要学会创新，我要不断寻找适合自己的学习方法，在寻找的过程中学习充实自己；二是要明白只有在实践中才能检查理论知识的正确性。我们现在的大学其实很多都还是讲究理论与实践相结合，而在以前的高中我们学到的纯理论性的知识，很少付诸实践中。只有自己亲自动手去做才能了解到史实；三是不论是在学习还是在生活中，我们都要学会怎样明确分工和团结合作，并且要认真负责地完成自己的任务并提出建议，才能达到最佳效果。

在这次的教学活动中我受益良多，但同时也暴露出了我的缺点。我也希望以后在学习生活中能多一点类似的教学活动，真正实现寓教于乐。衷心地感谢老师的别出心裁！

《概论》在课程改革中更加春风化雨

杨念（2018级化学类韶峰班）

本学期，我们系统学习了《概论》这门课程，就所学的知识和自己的感悟，我有如下心得体会：

首先是老师上课的方式。老师的教学方法多样化，充分利用PPT和视频等现代化工具调动我们的学习积极性，用自己丰富的学科知识熏陶我们，也给予了我深刻的影响和启迪。刚开始课程的几周，老师会发布问题在学习通上，让大家一起参与回答。这样既提高了课堂的趣味性，激发了同学们的学习兴趣，同时也让同学们积极思考、勇于表达，更多地参与到课堂中。

在《概论》课程的学习过程中，我对于先前学习的马克思主义理论有了更加透彻的了解和掌握，加深了我对毛泽东思想和中国特色社会主义理论体系的了解，一定程度上改变了我的世界观、人生观、价值观，使我更自觉地以马克思列宁主义和党的先进理论作为自己的行动指南。在课程的学习中，我感触最多的便是“实事求是”的章节部分。“实事求是”是马克思主义中国化理论成果的精髓，对中国现代化的建设起到了至关重要的作用，是中国未来发展方向的灯塔。同时，作为理科生，我们更应该具备实事求是的精神，坚持一切从实际出发，坚持在实践中检验真理、发展真理。求真务实，脚踏实地，坚决不碰学术不端这条红线，踏踏实实做学术，搞研究。

我收获最多、印象最深刻的就是小组学习报告的活动。老师给我们布置了一个大的课题——党史故事的讲述。党史是中国共产党自诞生以来领导中国人民为实现中华民族伟大复兴而进行的探索史、奋斗史、创业史，是全体中国人民智慧的结晶。回望过往奋斗路，眺望前方奋进路，必须把党的历史学习好、总结好，把党的成功经验传承好、发扬好。“榜样凝聚力量，无私铸就伟大。”各个小组所讲述的党史故事中，有完成了“志在世无饥饿民”的丰功伟业，“耄耋老骥不停蹄”的袁隆平；有坚贞不屈，大义凛然的李大钊；也有一生奉献给革命和妇女解放运动的向警予。正是因为有了这样一群人，才有了中国共产党，才有了新中国。他们看似都是独立的个体，但凝聚在他们心中的都是一种积极向上的精神。榜样的力量是无穷的，每次听到这些革命先辈的故事，我总是热泪盈眶，热血沸腾，被先辈们敢为人先、百折不挠、忠诚为民的精神所感动。常言道：“以铜为鉴，可以正衣冠；以古为鉴，可以知兴衰；以人为鉴，可以明得失；以史为鉴，可以知兴替。”从这些革命先辈的身上，我汲取了继往开来的精神力量，了解了中国共产党苦难辉煌的历程，明确了中国共产党和中国未来的发展方向，明白了“今日之责任，不在他人，而全在我少年。”党的十九大报告明确指出，要注重强化“社会责任意识、规则意识、奉献意识。”在中华民族伟大复兴的今天，世界正经历百年未有之大变局，时代赋予我们传承革命精神的责任和使命，我们必须进一步锻造忠诚警魂，不忘初心、牢记使命，以昂扬姿态为新时代的历史使命而努力奋斗。

开设《概论》课程的本质目的是知识的传授、能力的培养、价值观的教育，他们之间的关系是紧密联系、互相促进的。党史教育融入《概论》课研讨式教学的方式，让我们查找资料、自主学习的能力得到了提高，锻炼了我们分析问题、解决问题的能力；在小组合作的过程中，我深刻地意识到了团队合作的重要性，个人的力量是有限的，一个人再伟大，也离不开团体。在此次学习报告中，我们小组分工明确，各司其职，最终圆满完成了党史故事的讲述，取得了一份满意的答卷；在与小组成员分析和解决问题的过程中，也提高了我与他人交流的能力。在讲述党史故事的学习活动中，我们小组分享了向警予的故事。从了解向警予的生平开始，我逐渐走进了这个女子短暂而光辉的一生。向警予为妇女解放、为劳苦大众和共产主义奋斗一生，她不为名，不为利，为的就是一个理想，靠的就是一种信仰。每每读到向警予同志英勇就义，我总是潸然泪下。她的精神鼓舞着我，激励着我，重任在肩，更需策马加鞭。作为新世纪接班人的我们，要有责任、有担当，脚踏实地，树立正确的奋斗目标，为中华民族伟大复兴奉献自身。

《概论》这一课程让我收获良多，虽不能完整地表述于此份心得体会中，但已经作为一份宝贵的财富深藏我心。在以后的学习和工作中，它将不断激励着我、鼓舞着我，不畏艰险，一直向前。

《概论》以真理光辉启航前行

杨宇晴（2018 级化学类韶峰班）

通过一个学期对《概论》课程的学习，我的思想与精神境界更上一个阶梯。课程的前半个学期，老师用她饱满的精神状态给我们讲授书本上的理论知识，也给我们讲述了一段光辉又伟大的历史。这让我对党史故事、毛泽东思想等有了更深一层的理解，我的视野也变得更广阔，也为之后我们小组上台展示研究报告奠定了坚实的基础。

课程的后半段是党史教育融入《概论》课研讨式教学，这一部分是我面临困难最多的环节，也是收获最多的环节。在上台汇报前，我们小组对于选择怎样的题目进行过激烈的讨论，并在反复询问老师之后，最终才确定我们的主题。然后，再经过我们小组成员搜集资料和多次磨合，才有了最终的成果，过程艰辛不易。我们小组积极地准备课件，认真地制作课件，学习制作课件的技能，我们通过反复修改才把 PPT 呈现到大家面前。上台汇报也是一个非常艰辛的过程，我们花了很多时间来背诵演讲稿，并且做了很多心理预设，才能够勇敢地站上讲台。

通过这次汇报，我自身的语言表达和随机应变能力有了极大的提升，自己检索文献、撰写讲稿、沟通写作等方面的能力也取得了进步。我觉得让党史教育融入《概论》课的研讨式教学特别有效，老师课堂结合同学们的反映来进行授课，让学生有非常高的参与度，真正让同学感觉到自己是课堂上的一份子。如果下次还有汇报的机会，我也会非常踊跃地参加。

本次教学活动中，我也存在一些缺陷。第一，我仍然能够清晰记得有些组表演得特别出色，他们用表演，诗歌朗诵的形式，甚至还去长沙进行调研，我对他们很佩服。我觉得这种精神和创新意识是值得我学习的，也是我下一次汇报需要改进的目标。第二，我的台上表现比较稚嫩，理论知识以及实践知识比较浅薄，所以才导致我在这次汇报中表现得不是特别出彩，这也是我接下来努力奋斗的目标。

践行知行合一的课程改革

姜舒心（2018级化学类韶峰班）

对于《概论》课，我在不同的学习阶段有着不同的认识。经过为期16周的连续学习，现课程已经结束，下面我将分享汇报自己在学习《概论》课过程中的心得体会：

我发现本课程内容并非如此令人费解，任课的李老师与曾经教授思政课的老师相比风格迥异。李老师主张的开放式、研讨式教学模式使这门课程的魅力充分展现，日常的学习包括老师的讲授和同学们的分组展示。相比起传统的课堂学习模式，这样的授课模式更大程度调动了同学们学习的积极性，增强了参与感，使我对毛泽东思想和中国特色社会主义理论体系有了更深刻的认识。

就像学习理工科的专业知识一样，如果仅仅是死记硬背公式定理，没有究其根本，学到的知识永远是不扎实的、不牢靠的！要想学得深入、学得透彻，就要自己亲自去推导一遍，再亲自放到题目中演练一遍，才能掌握其本质。而《概论》课程的学习模式，恰恰与上述学习方法如出一辙，对我的指导意义堪称重大。老师的讲解深刻独到，对问题的剖析入木三分；同学们的展示活灵活现，呈百家争鸣之势；自身处于小组讨论学习和调查研究之中，充分锻炼了思维能力，在研究的方向上做到了深入学习和探索，在调查之中亲身体会了无产阶级革命家在中国大地上播撒社会主义圣火的辛劳。整个学习过程使我逐渐认识到毛泽东思想和中国特色社会主义理论体系在当今时代的重要作用。

“文能换骨余无法，学但穷源自不疑。”李老师深入浅出、生动形象的教学和同学们丰富精彩的学习成果分享，使我对毛泽东思想产生前所未有之兴趣。但其思想体系的博大精深实在需要投入更多的工夫才能理解，因此，我在图书馆借阅了相关书籍和杂志以扩充知识体系，如：《毛泽东选集》《毛泽东传》《毛泽东诗词》《中国特色社会主义理论与实践研究》《习近平新时代中国特色社会主义思想概论》《社会主义与资本主义的比较》等，正因为接受了系统的课程教育，我并未感到他人口中所述的无趣。相反，我仍可以从中挖掘不少乐趣，读起书来也更加起劲。尽管仍有大量内容难以理解，但相较于从前，我已有质的飞跃。

回想起李老师的一句话：“学好了概论课，你起码不会得抑郁症。”这句贯穿整个课程的经典之言，直到学完了整个课程，我才真正体会。正是在真理的感召下，我更加理性与辩证地看待世界，从而将这种思想应用到生活的方方面面，甚至是专业课程的学习。因此，十分感谢李老师精彩的课堂教授和同学们的精心展示与倾情奉献，为我学习毛泽东思想和中国特色社会主义理论体系开辟了全新的道路，指引我从这片沃土中不断吸收知识财富！

为了使研讨式教学更好地普及与发展，结合我自身的学习情况，本人建议在今后开课学习过程中要给同学们更多交流思想的机会；在调查研究的过程中可以继续扩大主题范围；在小组学习展示方面鼓励更多模式与方法，力求深入浅出，通俗易懂；同时在课时安排上可以适当增加课时数，让同学们有更扎实的理论基础和思维功底！

最后，衷心希望《概论》课程的研讨式教学模式能在湘大校园美丽绽放，在整个中国教育体系中发挥重要作用！

在新颖独特的教学方式中学史增信

张曦月（2018级化学类韶峰班）

这个学期我们学习了《概论》课，经过一个学期的学习和老师系统、全面、生动详细地讲解，让我对毛泽东思想和中国特色社会主义理论体系有了更深的了解。我更加深刻地认识到我们的理论是多么正确，我们的国家是多么伟大。

为了营造更加良好的学习氛围，让同学们拥有更加舒适的课程体验，李老师另辟蹊径，采用新颖独特的教学方式，没有故步自封，拘泥于课本的死板枯燥，通过小组展示党史人物故事的方式，充分激发了大家的思维，调动了我们自主学习的积极性，令我印象深刻。在整个任务的完成过程中，我的收获与感触颇多。为确定小组讲解的党史人物，我们查找了很多资料，有出现在课本上的大家耳熟能详的人物，也有默默无闻的人物，但无论哪一类人物，他们都一心求索，为国家为人民奉献青春甚至牺牲生命，他们的英勇事迹和高尚精神令我感触万千。查找资料的过程中，我好几次都忍不住哭了出来。同时，小组任务使得我提升了与人沟通的能力和团队合作能力。我认为自己是个不善言辞，比较胆小，不擅长这类公开演讲的人，但最终我们组上台展示的时候，大家都声音洪亮，全身心投入。这次上台展示对我来说是一次挑战，但更是一次宝贵且难忘的经历。

在各个小组的展示下，似乎也带领我回到了那些年代，参与到了他们的人生，对于他们经历的一切，我虽无法感同身受，却也万分动容，每一次都会被扑面而来的悲壮和惨厉所心颤，为无数先辈的爱国情怀所感动，为他们信仰的力量所震撼。“人会忘掉很多东西，但是人要拒绝忘却历史，这样我们才能坚强地活下去。”我们的国家有着上下五千年的历史，她海纳百川，有容乃大。我们的近代史就是一本血泪史，我们任何时候都不应该忘记如今幸福生活的来之不易。不同于那个年代真枪实弹、流血牺牲，如今的战争弥漫的是看不见摸不着的硝烟，温水易煮青蛙，所以我们要警钟长鸣，不忘初心、牢记使命，唯有自立而自强，才能永葆生命力。

如今科技发展迅猛，经济全球化使得各国联系更加紧密，我们处在最接近实现中华民族伟大复兴的时代，但同时我们也面对着百年未有之大变局，历史的重担再次压在我们这一代人的身上，我们依旧要有抛头颅洒热血的斗志，仍需风雨同舟、和衷共济。作为青年的我们要认真学习，奋发向上，用知识不断武装自己，要通过努力去开创历史，让中国龙腾飞在新时代天空，让我们的国家屹立于世界民族之林。

回顾此次课程，我也有做得不足之处。首先我没有做到全身心地投入课程中来，有时上课会开小差。其次，我发现我对于近代史了解得还不够多、还不够深，对很多功绩显赫的先辈，既不了解他们的名字，也不知道他们的英勇事迹，我真的很羞愧，以后我会多花时间去了解我们民族的历史，去记住这些最可爱的人。

同样，对于这门课程我也有一点建议：首先，我希望能够加强课堂讨论，讨论的问题最好是来源于平时生活或是网络热点问题，这样可以结合自己的经历与感想，更有利于同学们加强对课程内容的理解；其次，如果有机会，同学们可以以班级为单位，组织参加一些实践活动，如去韶山毛泽东同志故居实地调研，让大家在实践中学习这门课；最后，老师平时可以多收集一些来自学生的匿名反馈，了解学生对于这门课程的真实想法和建议，并有针对性地进行改进。

后　记

青年是祖国的未来、民族的希望。中国共产党百余年历史是高校思政课最生动、最鲜活的教材，将党史学习教育融入高校思政课教学，对于引导青年学生充分认识中国共产党深刻改变中国人民和中华民族前途命运的历史性成就，从党史学习中升华思想境界、磨砺意志品格、汲取奋进力量，从而“扣好人生第一粒扣子”，“让红色基因代代相传”，自觉抵制历史虚无主义的影响，以及促进思政课高质量发展，都具有十分重要的意义。

2004 年，湘潭大学郭汉民教授（我的大学本科任课教师）主持申报的“研讨式五步教学法的推广和应用”项目，获批全国教育科学“十五”规划重点课题和国家社科基金一般项目，他让我负责子项目“研讨式五步教学法在高校思政课中的推广和应用”，从此，我与研讨式教学结下了不解之缘。20 年来，我以“十年磨一剑”的精神一直坚持在高校思政课中进行研讨式教学改革的探索与创新，这既源于我对思政课堂教学改革的深厚情感，又源于郭老师对我的引导和无私帮助！我既品尝了教学改革的烦琐与艰辛，又收获了学生肯定和赞美的喜悦与幸福。

这本书得以出版，要感谢湘潭大学马克思主义学院张佑祥书记和各位领导的鼎力支持，感谢湘潭大学马克思主义学院和毛泽东思想研究中心的各位同仁的支持与关心，感谢 2018 级数学类韶峰班、物理学韶峰班、化学类韶峰班和材料类师昌绪班全体学生的参与和配合，感谢我的博士生吴艳林、王卓然，硕士生唐博雅、戴亦钊、邓永豪、包松等人的细心校对，还要感谢为本书编排付出辛勤劳动的刘丹博士、张宝香编辑和各位审稿专家、编辑老师！

最后我想说的是，思政课是落实立德树人根本任务的关键课程，思政课教师肩负着为党育人、为国育才的神圣使命，但铸魂育人是一项系统工程，需要全社会都来关心和支持。以研讨式教学法将党史教育融入高校思政课教学，充分发挥了学生的积极性、主动性和创造性，体现了主导性和主体性相统一，对新时代守正创新推动思政课建设内涵式发展，不断提高思政课的针对性和吸引力具有重要意义，真心希望更多年轻教师绵绵用力，久久为功！

由于水平有限，错误在所难免，恳请读者批评指正。

李雅兴

2024 年 8 月 12 日

图书在版编目（CIP）数据

坚持主导性和主体性相统一 ：《毛泽东思想和中国特色社会主义理论体系概论》课研讨式教学改革成果汇编 / 李雅兴主编. -- 湘潭 ： 湘潭大学出版社， 2024.12
ISBN 978-7-5687-0732-9

Ⅰ. ①坚… Ⅱ. ①李… Ⅲ. ①高等学校－思想政治教育－教学研究－中国 Ⅳ. ①G641

中国版本图书馆CIP数据核字（2022）第049720号

坚持主导性和主体性相统一
——《毛泽东思想和中国特色社会主义理论体系概论》课
研讨式教学改革成果汇编

JIANCHI ZHUDAOXING HE ZHUTIXING XIANG TONGYI
——《MAO ZEDONG SIXIANG HE ZHONGGUO TESE SHEHUI ZHUYI LILUN TIXI GAILUN》KE
YANTAOSHI JIAOXUE GAIGE CHENGGUO HUIBIAN

李雅兴 主编

责任编辑：张宝香
封面设计：李 平
出版发行：湘潭大学出版社
社 址：湖南省湘潭大学工程训练大楼
电 话：0731-58298960 0731-58298966（传真）
邮 编：411105
网 址：http://press.xtu.edu.cn/
印 刷：长沙超峰印刷有限公司
经 销：湖南省新华书店
开 本：787 mm×1092 mm 1/16
印 张：18
字 数：446千字
版 次：2024年12月第1版
印 次：2024年12月第1次印刷
书 号：ISBN 978-7-5687-0732-9
定 价：88.00元